高等院校高职高专系列教材

统计学原理

TONGJIXUE YUANLI

主　编　周维义　王　勇
副主编　刘文锦　李元忠
编　委　（按姓氏拼音排序）
何建萍　胡　晏
沈荣泸　徐志军

四川大学出版社

责任编辑：张振刚
责任校对：李爱荣
封面设计：罗　光
责任印制：李　平

图书在版编目(CIP)数据

统计学原理／周维义，王勇主编．—成都：四川大学出版社，2004.8（2007.2重印）
（高等院校高职高专系列教材）
ISBN 978-7-5614-2855-9

Ⅰ．统…　Ⅱ．①周…②王…　Ⅲ．统计学－高等学校：技术学校－教材　Ⅳ．C8

中国版本图书馆CIP数据核字（2004）第083441号

书名　**统计学原理**

主　　编　周维义　王　勇
出　　版　四川大学出版社
地　　址　成都市一环路南一段24号（610065）
发　　行　四川大学出版社
书　　号　ISBN 978-7-5614-2855-9
印　　刷　郫县犀浦印刷厂
成品尺寸　185 mm×260 mm
印　　张　13.25
字　　数　297千字
版　　次　2004年8月第1版
印　　次　2011年6月第7次印刷
印　　数　20 001～23 000册
定　　价　17.00元

◆读者邮购本书，请与本社发行科联系。电话：85408408/85401670/85418023　邮政编码：610065
◆本社图书如有印装质量问题，请寄回出版社调换。
◆网址：www.scupress.com.cn

前　言

为了满足高等职业技术教育“以实践教育为主，理论上够用、适度”的教学要求，我们在四川大学出版社的组织下编写了这本《统计学原理》教材。本教材按照“文字简明、注重应用、便于教学”的原则介绍了统计的基本理论和基本方法。其内容主要包括：总论、统计调查、统计整理、总量指标和相对指标、平均指标、时间数列、统计指数、抽样推断、相关与回归分析、统计预测与统计分析报告和国民经济核算体系共11章。除第十一章外，其余各章均由正文和练习题两部分组成。

本教材第一章由周维义（四川工商职业技术学院）编写，第二、十章由徐志军（四川职业技术学院）编写，第三章由刘文锦（成都电子机械高等专科学校）编写，第四、五章由何建萍（四川农业科技职业学院）编写，第六章由李元忠（四川眉山职业技术学院）编写，第七章由胡晏（成都理工大学成飞校区）编写，第八章由沈荣泸（四川泸州职业技术学院）编写，第九、十一章由王勇（四川交通职业技术学院）编写。全书由周维义统稿并补写部分章节的习题，王勇审定。

在本书的编写过程中，各位参编老师在将统计理论的最新研究成果和自己多年来有价值的教学体会努力体现在教材内容中的同时，参考了部分统计研究文献和不同时期、不同版本的有关统计方面的著作。这些统计研究文献和统计著作对这本教材的形成提供了极大的帮助，我们全体参编人员在此一并向这些统计研究文献和统计著作的作者及编辑们表示深深的谢意！

由于我们的学识水平有限，加之编写的时间十分仓促，书中的缺点和不足在所难免，恳请读者不吝赐教，以便再版时修正。

编　者

2004年8月

目　录

第一章　总　　论 ………………………………………………… 1
第一节　统计的性质 ………………………………………………… 1
一、统计的涵义 ………………………………………………… 1
二、统计的研究对象 ………………………………………………… 2
三、统计的研究方法 ………………………………………………… 3
四、统计的作用 ………………………………………………… 4
第二节　统计工作的过程、原则和任务 ………………………………… 5
一、统计工作的过程 ………………………………………………… 5
二、统计工作原则 ………………………………………………… 6
三、统计工作的任务 ………………………………………………… 6
第三节　统计学的几个基本概念 ………………………………………… 7
一、统计总体和总体单位 ………………………………………………… 7
二、标志和统计指标 ………………………………………………… 8
三、变异和变量 ………………………………………………… 9
习题一 ………………………………………………… 10
第二章　统计调查 ………………………………………………… 12
第一节　统计设计 ………………………………………………… 12
一、统计指标和统计指标体系的设计 ………………………………… 12
二、统计分类的设计 ………………………………………………… 13
三、统计调查方法的设计 ………………………………………………… 13
四、统计工作的组织与协调的设计 ………………………………… 13
第二节　统计调查概述 ………………………………………………… 13
一、统计调查的意义 ………………………………………………… 13
二、统计调查的基本要求 ………………………………………………… 14
三、统计调查的种类 ………………………………………………… 15
四、统计调查方案 ………………………………………………… 17

第三节 统计报表制度 …… 21
一、统计报表制度的意义 …… 21
二、统计报表的种类 …… 21
三、统计报表的内容 …… 22
四、统计报表的资料来源 …… 23
第四节 专门调查 …… 24
一、普遍调查 …… 24
二、典型调查 …… 25
三、重点调查 …… 26
四、抽样调查 …… 27
五、个案调查 …… 27
习题二 …… 27
第三章 统计整理 …… 30
第一节 统计整理的意义和内容 …… 30
一、统计整理的意义 …… 30
二、统计整理的步骤 …… 30
三、统计资料的审核 …… 31
第二节 统计分组 …… 31
一、统计分组的意义和作用 …… 31
二、选择分组标志的原则 …… 33
三、分组界限的确定 …… 34
四、简单分组、复合分组与分组体系 …… 34
第三节 分配数列 …… 36
一、分配数列的意义 …… 36
二、分配数列的种类 …… 36
三、编制组距数列时应注意的问题 …… 38
第四节 统计表 …… 39
一、统计表的意义和结构 …… 39
二、统计表的种类 …… 40
三、统计表的编制规则 …… 42
习题三 …… 42
第四章 总量指标和相对指标 …… 46
第一节 总量指标 …… 46
一、总量指标的概念、作用 …… 46
二、总量指标的分类 …… 47
三、总量指标的计量单位 …… 48
四、总量指标的计算方法 …… 49
第二节 相对指标 …… 49

一、相对指标的概念和作用 …… 49
二、相对指标的表示方法 …… 49
三、相对指标的种类及计算 …… 50
第三节 总量指标和相对指标的运用 …… 55
一、运用总量指标应注意的问题 …… 55
二、运用相对指标应注意的问题 …… 55
三、总量指标与相对指标的结合运用 …… 56
习题四 …… 56
第五章 平均指标 …… 59
第一节 平均指标的概念和作用 …… 59
一、平均指标的概念 …… 59
二、平均指标的作用 …… 59
第二节 数值平均数 …… 60
一、算术平均数 …… 60
二、调和平均数 …… 63
三、几何平均数 …… 64
第三节 位置平均数 …… 65
一、中位数 …… 65
二、众数 …… 67
第四节 标志变异指标 …… 68
一、标志变异指标的概念和作用 …… 68
二、标志变异指标的种类和计算方法 …… 69
第五节 平均指标的运用应注意的问题 …… 75
一、平均指标只能用于同质总体 …… 75
二、以组平均数补充说明总平均数 …… 75
三、用次数分布资料补充说明总平均数 …… 75
四、用变异指标补充说明平均指标 …… 76
习题五 …… 76
第六章 时间数列 …… 82
第一节 时间数列的构成及种类 …… 82
一、时间数列的概念及构成 …… 82
二、时间数列的种类 …… 82
三、时间数列的作用 …… 83
四、编制时间数列的原则 …… 83
第二节 时间数列水平分析 …… 84
一、发展水平 …… 84
二、平均发展水平 …… 84
三、增长量和平均增长量 …… 88

第三节　时间数列的速度分析 …… 89
一、发展速度 …… 89
二、增长速度 …… 90
三、增长1%的绝对值 …… 90
四、平均发展速度 …… 91
五、平均增长速度 …… 92
习题六 …… 92
第七章　统计指数 …… 98
第一节　统计指数的概念和作用 …… 98
一、统计指数的概念 …… 98
二、统计指数的作用 …… 99
三、统计指数的种类 …… 99
第二节　综合指数的编制原理及方法 …… 100
一、个体指数的编制 …… 100
二、综合指数的编制原理及方法 …… 101
第三节　平均指数的编制原理及方法 …… 104
一、加权算术平均指数 …… 105
二、加权调和平均指数 …… 105
三、固定权数平均数指数 …… 106
四、统计指数的实际应用 …… 107
第四节　指数体系与因素分析 …… 109
一、指数体系 …… 109
二、因素分析 …… 110
习题七 …… 115
第八章　抽样推断 …… 118
第一节　抽样推断的意义和作用 …… 118
一、抽样推断的意义 …… 118
二、抽样推断的作用 …… 119
三、抽样推断法的理论基础 …… 120
第二节　抽样推断的基本概念 …… 120
一、全及总体和抽样总体 …… 120
二、全及指标和抽样指标 …… 121
三、重复抽样和不重复抽样 …… 123
第三节　抽样误差 …… 124
一、抽样误差的概念和影响抽样误差的主要因素 …… 124
二、抽样平均误差 …… 125
三、抽样极限误差 …… 129
第四节　参数估计和推断 …… 130

一、总体参数的点估计…………………………………………………………………… 130
二、总体参数的区间估计………………………………………………………………… 130
三、全及总体总量指标的推算…………………………………………………………… 134
第五节 抽样调查的组织方式…………………………………………………………… 135
一、简单随机抽样………………………………………………………………………… 135
二、机械随机抽样………………………………………………………………………… 136
三、分类随机抽样………………………………………………………………………… 137
四、整群随机抽样………………………………………………………………………… 137
五、多阶段抽样…………………………………………………………………………… 138
习题八………………………………………………………………………………………… 139
第九章 相关分析与回归分析……………………………………………………… 143
第一节 相关分析的意义和内容………………………………………………………… 143
一、相关分析的涵义……………………………………………………………………… 143
二、相关分析的分类……………………………………………………………………… 144
三、相关分析的主要内容………………………………………………………………… 145
第二节 相关关系的测定………………………………………………………………… 145
一、相关关系的判断……………………………………………………………………… 145
二、相关系数……………………………………………………………………………… 147
第三节 一元线性回归分析……………………………………………………………… 149
一、回归分析的意义……………………………………………………………………… 149
二、相关分析与回归分析的区别与联系………………………………………………… 149
三、一元线性回归模型…………………………………………………………………… 150
四、估计标准误差………………………………………………………………………… 152
第四节 应用相关分析与回归分析应注意的问题……………………………………… 152
一、在定性分析的基础上进行定量分析………………………………………………… 152
二、要注意现象质的界限及相关关系作用的范围……………………………………… 152
三、要将各种分析指标结合运用………………………………………………………… 153
四、要对参数的有效性进行检验………………………………………………………… 153
习题九………………………………………………………………………………………… 153
第十章 统计预测与统计分析报告………………………………………………… 156
第一节 统计预测概述…………………………………………………………………… 156
一、统计预测的意义……………………………………………………………………… 156
二、统计预测的步骤……………………………………………………………………… 156
三、统计预测的原则……………………………………………………………………… 157
四、统计预测的分类……………………………………………………………………… 157
第二节 定性预测………………………………………………………………………… 158
一、调查研究法…………………………………………………………………………… 158
二、德尔菲法……………………………………………………………………………… 158

第三节　动态数列预测……………………………………………………………… 159
一、长期趋势变动的测定……………………………………………………… 160
二、季节变动的测定…………………………………………………………… 168
第四节　预测误差的分析…………………………………………………………… 171
一、平均误差 $\bar{e}$ …………………………………………………………… 172
二、平均绝对误差 MAE ……………………………………………………… 172
三、均方误差 MSE …………………………………………………………… 172
四、均方根误差 RMSE ……………………………………………………… 172
第五节　统计分析报告……………………………………………………………… 174
一、统计分析报告的种类……………………………………………………… 174
二、编写统计分析报告的步骤………………………………………………… 174
三、写好统计分析报告的条件………………………………………………… 175
习题十………………………………………………………………………………… 177
第十一章　国民经济核算体系……………………………………………………… 180
第一节　国民经济核算的基本概述………………………………………………… 180
一、国民经济核算的概念……………………………………………………… 180
二、国民经济核算原则………………………………………………………… 181
三、国民经济核算的基本方法………………………………………………… 181
四、国民经济核算与其他学科的关系………………………………………… 184
五、国民经济核算工作的重要性……………………………………………… 184
第二节　我国国民经济核算体系的建立、发展和完善…………………………… 186
一、国民经济核算体系是一个循序渐进的变化体系………………………… 186
二、建立新国民经济核算体系过程中实现的突破…………………………… 187
三、中国国民经济核算体系新方案的最终确立……………………………… 188
第三节　国民经济核算中的基本概念与重要指标………………………………… 192
一、国民经济核算中的基本概念……………………………………………… 192
二、国民经济核算中的基本单位和部门分类………………………………… 194
三、国民经济核算中的重要指标……………………………………………… 196
参考文献……………………………………………………………………………… 199

第一章　总　论

第一节　统计的性质

一、统计的涵义

统计作为搜集社会经济统计资料的社会实践活动已经有几千年的历史。但是，“统计”这样的用语出现只有不到300年的时间。

统计一词源于中世纪拉丁语的Status，意思是各种现象的状态和情况。由这一语根组成的意大利语Stato，表示“国家”的概念，也含有国家结构和国情知识的意思。作为学名使用的“统计”一词，最早是由18世纪德国政治学教授阿亨瓦尔（G. Achenwall，1719—1772）提出的，他把国势学定名为Statis tika，即统计学。此后，各国相继沿用“统计”这个词，并把这个词译成各国的文字，法国译为Statistique，意大利译为Statistica，英国译为Statistics，日本最初译为“政表”、“政算”、“国势”、“形势”等，直到1880年在太政官中设立了统计院，才确定以“统计”二字正名。1903年，钮永建、林卓南等翻译出版了四本横山雅男所著的《统计讲义录》一书，“统计”这个词才从日本传到我国。1907年，彭祖植编写的《统计学》在日本出版，同时在国内发行，这是我国最早的一本统计学书籍。“统计”一词在我国从此就成了记述国家和社会状况的数量表现和数量关系的总称。

目前，统计一词作为科学术语使用时一般包含统计工作、统计资料和统计学三方面的涵义。统计工作是对各种社会经济现象的数量方面进行搜集、整理、分析的工作过程；统计资料是反映各种社会经济现象的数量表现的数字资料和相关的文字资料；统计学是系统论述对社会经济现象数量方面进行搜集、整理、分析的理论和方法的科学，是统计实践的理论概括和总结。

统计工作、统计资料、统计学的涵义虽然各不相同，但三者是相互联系的，即：及时、准确的统计资料必须依靠统计工作取得；统计学只有在统计实践的基础上进行总结、概括才能上升到理论；而统计工作又必须在统计理论的指导下才能顺利及时地取得准确的统计资料。因此，统计一词是统计工作、统计资料、统计学的综合概括，是统计的过程与结果、实践与理论的辩证统一。

二、统计的研究对象

统计是人类认识社会的重要工具之一。它以马克思主义哲学、政治经济学为基础，在质与量的辩证统一中研究大量社会经济现象的数量方面，即大量社会经济现象在一定时间、地点、条件下的数量表现、数量关系和数量界限；同时，通过对大量社会经济现象数量方面的研究，揭示出社会经济的现状、本质及其发展规律。例如，通过对某地区房地产市场数量方面的研究，我们能够对该地区房地产的投资规模、销售状况、价格走向、资源利用程度、发展趋势和发展方向等有一个明确的认识，从而及时制定相应的政策或采取相应的措施，引导该地区房地产市场健康、持续发展。

统计的研究对象是大量社会经济现象的数量方面，这句话的含义有以下几点。

1. 统计是研究社会经济现象数量方面的

一切事物都有质和量的两个方面。社会经济现象的数量方面是人们认识现实生活的重要渠道。例如，社会的人口数量及其构成、社会财富的数量及其分配、生产建设的规模及其发展速度、人民群众的物质文化生活水平等等，它们的历史、现状和发展情况，构成了我们对社会的基本认识。在建设有中国特色社会主义的过程中，必须全面、准确、及时、系统地掌握这些数量内容及其变化情况；否则就不可能有正确的方针政策，也就不可能实现全面建设小康社会的目标。

尽管统计不研究自然技术本身，但它必须从社会经济与自然技术相互联系的角度去研究自然条件与技术条件的变化对社会经济活动的影响程度。

2. 统计是在质与量的辩证统一中研究社会经济现象数量方面的

社会经济统计不是“纯数量”的研究，它和研究抽象数量关系的数学不同。根据马克思主义哲学和政治经济学关于任何事物都是质与量的辩证统一体，质和量总是密切联系、相互依存的观点，统计在研究社会经济的现象和发展过程中，必须先确定现象的质的特征，而后才能正确地研究现象的数量方面。例如，要研究工业这一现象的数量方面，必须首先确定什么是工业，不然关于这方面的研究工作就无法开展。

另外，任何一种统计数量都必须反映一定的社会经济现象和深刻揭示现象的本质及其内在联系，这样才能为社会各方面掌握情况、正确决策发挥应有的作用。

3. 统计是研究大量社会经济现象的数量方面的

从统计研究的目的看，任何一种统计实践活动都是为了揭示某一现象总体的基本特征和发展变化的规律性，而现象总体的基本特征和发展变化的规律性只有在大量观察的基础上才能显现出来。例如，要研究职工的收入情况，首先就要对每个职工的收入情况进行登记，然后才能进行汇总和分析。在这个过程中，对每个职工的收入情况进行调查不是统计的目的，而是为了集合大量个别职工的事实来反映职工收入的现状，只有这样才能确定职工的收入水平是否合适。显然，为了判断某一时期职工收入水平是否合适这个问题，用某一个或几个职工的收入水平来衡量是极不科学的。

但是，统计也并不是一概不研究个别事实，因为以大量观察为依据得到的综合数据不可避免地会趋于一般化、抽象化，有必要选择个别典型单位的资料来丰富人们对现象总体的现状和发展过程的认识。统计的这种对个别事物的研究也是为了更有效地反映总体数量方面的特征。

三、统计的研究方法

在长期的统计实践活动中，人们根据统计研究对象的特点和研究目的的需要，创造和总结出了一系列专门的科学研究方法，如大量观察法、统计分组法、综合指标法、动态分析法、指数分析法、抽样推断法、相关分析法、统计预测法等等。这一系列方法的有机结合，构成了统计特有的研究方法体系。其中，大量观察法、统计分组法、综合指标法是最基本、最主要的研究方法。准确把握这些方法的基本思想和精神实质，对于搞好统计工作和从事统计研究具有十分重要的意义。

1. 大量观察法

大量观察法是指对研究对象的全部单位或足够多数的单位进行研究，使研究对象中非本质的偶然因素的影响相互抵消或削弱，借以显示整个现象的一般特征和规律性的统计研究方法。

社会现象是复杂、多变但又相互联系的。在统计研究中，某种现象的个别单位由于某些偶然因素的影响，其个体特征总是具有一定的特殊性。例如，人口现象中的男女比例问题，如果就某个家庭看，有可能这个家庭的成员都是男性或者都是女性，但这种表现显然不是人口现象中男女比例的一般特征。这个家庭之所以出现这样或那样的成员结构，肯定是受到了某些偶然因素的影响。为了消除这些偶然因素的影响，准确地揭示人口现象中男女比例的一般特征和规律性，就必须对整个社会的所有家庭或足够多数的家庭的成员进行性别调查，以获得正确的结论。

2. 统计分组法

统计分组法是指根据特定的统计研究目的，将现象总体按照某种标志划分为若干组成部分（或若干个组）的统计研究方法。

在统计研究中，统计总体是由具有某种共同特征的许多个别单位组成的整体。由于社会现象的复杂性，虽然组成统计总体的个别单位在某一方面具有共同的特征，但在其他方面又各自具有明显的特性，且每种特性在个别单位之间又存在一定的差异，从而决定了在同一总体范围内的个别单位之间具有许多不同的差别。例如，在社会人口这一统计总体中，就存在年龄、文化、职业、收入上的种种差别。统计分组把总体内不同性质的单位区别开来，使性质相同的单位归在一个组内，可以区分现象的类型，反映总体的结构，揭示现象间的依存关系，从而使得对统计总体的数量表现、数量关系、数量界限的研究更加深入透彻。

3. 综合指标法

综合指标法是指在统计研究中运用总量指标、相对指标、平均指标等各种综合指标对大量社会经济现象的数量方面进行综合分析，概括地表明其一般特征和规律性的统计研究方法。

在统计研究中，运用各种综合指标来描述、分析现象总体数量方面的一般特征是最常用的方法。例如，在人口统计中，要用人口总数、男女比例、年龄构成、文化构成、平均寿命等指标来描述或分析某一时期人口现象的数量特征。这些指标是大量的人口统计资料经过分组汇总、分析计算后而获得的。说明人口现象总体和各组特征的数字，包含着丰富的政治经济内容，是党和国家制定方针、政策的重要依据。

四、统计的作用

列宁指出：社会经济统计是“认识社会最有力的武器之一”。列宁的这一论断，不仅明确了社会经济统计的性质，而且是对社会经济统计基本作用的高度概括。

1. 统计是认识社会经济现象本质及其发展变化规律的一种有力武器

辩证唯物主义认为：世界是物质的，物质是运动的，运动是有规律的，规律是可以认识的。人们通过统计调查搜集到的大量的社会经济现象的基本数据，只能对社会经济现象产生感性认识。只有这些数据经过分组汇总、分析计算得出了社会经济现象的发展变化规律后，人们对社会经济现象的认识才能上升到理性认识，才能对社会经济现象做出正确的判断；否则，离开了客观的统计数据，全凭主观想象来认识错综复杂的社会经济现象，必然会得出错误的、歪曲的结论。正如毛泽东所批评的那样：“我们有许多同志至今不懂得注意事物的数量方面，不懂得注意基本的统计、主要的百分比，不懂得注意决定事物质量的数量界限，一切都是胸中无‘数’，结果就不能不犯错误。”

2. 统计是人们掌握社会经济信息的重要手段

信息是指人们对客观事物的认识。凡是反映客观事物特征、运动规律的各种消息、数据、资料、观点、理论、设计等等都是信息。有组织的信息就是知识，反映事物规律性的信息就是科学。因此，可以说，信息是人类知识的总和，而统计信息则是统计活动的成果，是社会经济信息的主体。

在人类的社会实践活动中，社会各方面为了实现某一目标而进行决策是经常需要面对的重要问题。为了保证决策的正确、有效、可靠，社会各方面都必须及时、充分地占有准确、全面、系统的，与决策问题有关的信息。由于统计有一整套搜集大量社会经济信息的手段和方法，因而，社会各方面都广泛地依靠统计来获取各种信息，为自己的决策服务。所以，统计是社会各方面掌握社会经济信息的重要手段。

3. 统计是加强社会经济管理的重要工具

管理就是对被管理对象进行计划、组织、指挥、监督和协调，以实现管理者的预期目标。在这一工作过程中，计划要合理、科学，必须以准确的预测为基础；而预测要准确又必须以对被管理对象的历史、现状的深刻把握和对被管理对象未来发展变化趋势的准确判断为前提。被管理对象的历史、现状和未来的发展趋势不仅需要定性的分析，更需要定量的描述，这就需要统计为之提供服务。

另外，任何事物都在不断地运动，制定计划时的各种条件在计划的实施过程中可能会发生明显的改变。而这些改变有的可能对计划的完成有利，有的则可能对计划的完成不利，这就必须对计划的完成情况进行及时的检查，分析计划完成与否的原因，并提醒管理当局采取措施予以修正，以保证管理目标能够圆满实现。对计划的完成情况进行监督和检查是统计的重要职能之一。所以，社会经济管理离不开计划，计划的实施需要进行监督和检查，而统计既是制定计划的基础，也是保证计划完成、加强经济管理、实现管理目标的重要工具。

第二节　统计工作的过程和任务

一、统计工作的过程

统计工作的过程就是对社会经济现象的数量方面进行调查，再进行分组、汇总、计算、分析，以揭示社会经济现象的基本特征和规律性的工作过程。这一工作过程是从定性认识开始，经过定量分析后上升到高一层次的理性认识的循环往复过程，一般包括统计设计、统计调查、统计整理、统计分析四个阶段。

1. 统计设计

统计设计就是对统计工作的各个方面、各个环节的通盘考虑和周密安排。统计设计的工作成果表现为统计调查、统计整理和统计分析的各种实施方案。统计设计是保证统计工作质量的基础，也是统计工作顺利进行的前提。

2. 统计调查

统计调查就是根据统计设计的要求，对组成统计总体的各个总体单位的原始的、实际的品质属性和数量特征进行系统的登记，以取得可靠的总体单位的基本资料的过程。这个阶段是统计工作的基础。统计调查质量的好坏，决定着统计最终结果的成败，因而是统计工作中十分重要的感性认识阶段。

3. 统计整理

统计整理就是根据统计设计的要求对统计调查取得的总体单位的基本资料运用分组、汇总等方法进行科学归纳整理和综合汇总的工作过程。统计调查取得的有关总体单位的品质属性和数量特征的原始资料是零星的、分散的、不系统的，不能说明总体的基本特征和规律性。只有通过统计整理，才能使统计调查取得的原始资料系统化、条理化，转变为能够说明总体特征的综合资料。统计整理是统计调查的继续，又是统计分析的前提。

4. 统计分析

统计分析就是根据统计设计的要求，运用各种综合指标对统计整理阶段形成的综合资料结合具体情况进行对比分析和科学概括的工作过程。统计分析要表明社会经济现象的数量特征，反映社会经济现象的数量关系，明确社会经济现象的数量界限，揭示社会经济现象的发展过程和变化规律。它是人们对社会经济现象的本质和规律性由感性认识上升到理性认识的重要环节。

二、统计工作的原则

统计工作必须坚持客观性、科学性、统一性和群众性的基本原则。

1. 客观性原则

客观性原则就是指统计数字必须真实准确。统计数字的真实准确是对统计工作的起码要求，是统计工作的生命。因此，在统计工作中必须坚持实事求是，坚决反对一切弄虚作假的行为；否则，统计工作就失去了意义。

2. 科学性原则

科学性原则就是指在统计工作中必须有一套科学的方法和制度作保证。由于统计工作要把大量复杂的社会经济现象用数字表示出来，又要反映客观现实，而不是简单汇总，所以资料的搜集、整理和分析计算，必须有一套科学的计算方法和统一的规章制度，才能保证统计工作任务的顺利完成。

3. 统一性原则

统一性原则就是指统计资料必须按照统一规定的统计范围、目录、指标和计算方法等进行汇总。只有这样获得的资料才具有可比性。如果各种资料标准不一，没有可比性，统计的研究目的就无法实现。

4. 群众性原则

群众性原则就是指依靠广大群众来做好统计工作。社会经济统计不论是从调查的对象、调查的内容方面看，还是从资料的分组汇总、分析计算方面看，都是一个庞大的系统工程。广大群众不仅是第一手材料的提供者，也是统计资料的真实性和及时性的监督者和支持者。因此，只有充分发挥广大群众的积极性，才能保质保量地完成统计工作的任务。

三、统计工作的任务

《中华人民共和国统计法》规定：统计的基本任务是对国民经济和社会发展情况进行统计调查、统计分析，提供统计资料和统计咨询意见，实行统计监督。统计工作的主要任务包括以下几个方面。

1. 准确、及时地搜集社会经济信息，为党和国家制定方针政策、编制社会经济发展计划提供依据

社会经济统计信息反映的是国民经济和社会发展各方面的基本情况，具有全面性、综合性、及时性的特点。在确立和完善社会主义市场经济体制的过程中，统计及时准确地提供社会经济信息，对于党和国家各级领导了解社会发展现状和经济的运行情况、掌握市场动态、决定资源配置、采用最佳对策等都有着非常重要的意义。

2. 检查党和国家的方针、政策、计划的执行情况，对方针、政策和计划的执行过程和结果实行统计监督

统计是检查和监督方针、政策、计划执行情况的重要工具。统计检查方针、政策和计划的执行过程和执行结果，分析方针、政策和计划实现与否的原因，揭露执行过程中存在的问题，总结先进经验，挖掘生产潜力，提出积极建议，以便各级领导机关及时采

取措施，解决各种矛盾，从而确保我国的社会建设和国民经济全面、协调、持续发展。

3. 依法公布各种统计资料，为国民经济各部门、社会事业各方面加强管理、进行决策提供统计服务

科学管理是确保我国的社会事业和国民经济全面、协调、持续发展的关键环节，而统计是国民经济各部门、社会事业各方面实行科学管理的基础和手段。统计依法公布的国民经济计划和社会发展计划的执行结果，提供的各种可以公开的统计资料，阐明的社会主义物质文明和精神文明建设的总体情况与存在问题，是国民经济各部门和社会事业各方面进行发展方向、投资规模、发展速度等重大决策的重要依据。在建设有中国特色社会主义的过程中，社会发展、经济运行的情况错综复杂且瞬息万变，统计必须及时提供各方面的信息或咨询意见，为国民经济各部门、社会事业各方面进行准确、可靠的预测和决策服务。

第三节　统计学的几个基本概念

一、统计总体和总体单位

（一）统计总体和总体单位的概念

统计总体简称总体，是根据统计研究目的确定的，由性质相同的许多个别单位组成的整体。例如，统计要研究某一地区的工业生产情况，所以该地区的所有工业企业就构成了一个统计总体。

构成统计总体的必要条件是构成总体的各个单位在某一点上的性质相同，而不是指各个单位在所有方面都是同性质的。在上例中，构成这一统计的各个工业企业虽然处于该地区不同的地点，生产不同的产品，分属于不同的部门，产品的经济用途也各不相同，但它们从事的都是工业生产活动，在这点上是同性质的，它们就可构成统计总体。

总体单位就是构成统计总体的各个单位。如上例中，该地区的每个工业企业就是总体单位。

统计总体和总体单位要根据统计研究目的来确定。统计研究目的不同，总体和总体单位就会相应变化。上例中，如果统计的目的是要研究某一地区的工业生产情况，那么该地区的所有工业企业都是这个统计总体的总体单位；如果要研究某一企业的工业生产情况，则该企业就成为统计总体而不是总体单位，该企业的车间或班组则成为总体单位。

（二）统计总体的基本特征

统计总体具有大量性、同质性和差异性的特征。

1. 大量性

统计总体的大量性是指根据统计研究目的确定的统计总体的构成范围要包括全部的总体单位或足够多数量的总体单位。因为统计研究的是统计总体的数量方面，反映的是统计总体的数量特征，只有通过对统计总体的全部总体单位或足够多数量的总体单位进行观察，统计总体的基本特征和规律性才能客观地表现出来。

2. 同质性

统计总体的同质性是指构成统计总体的各个单位在某方面的性质要相同，不然就不能实现统计研究目的的要求。例如，统计要研究当前城市下岗工人的生活状况，那么构成这一统计总体的只能是因企业经营不善破产倒闭或因企业改制、资产重组而失业在家的城市居民，而不能包括城市的其他非就业者和农村的非就业者。否则，统计研究的结果就不是城市下岗工人的情况，而是全社会非就业者的生活情况。

3. 差异性

统计总体的差异性是指构成统计总体的总体单位在其他方面必定存在明显的差别。因为，如果构成统计总体的各个单位在其他方面也是相同的，即同一统计总体的总体单位都完全一样，那就没有统计研究的必要。因此，统计总体的差异性是进行统计研究的必要前提。

二、标志和统计指标

1. 标志

所谓标志就是指说明总体单位的属性或特征的名称。例如，某单位的职工构成一个统计总体，每个职工就是这个统计总体的总体单位，而每个职工身上都有许多区别于其他职工的特征，如姓名、性别、年龄、民族、文化程度、政治面貌、工资水平等。说明这些特征的名称在统计中即称为总体单位的标志。

总体单位的标志是多种多样的，按其属性和特征的不同可分为品质标志和数量标志。

品质标志是指反映总体单位质的特征的名称，其标志的具体表现只能用文字表示，不能用数值表示。在上例中，职工的姓名、性别、民族、文化程度、政治面貌等，都属于品质标志。

数量标志是指反映总体单位量的特征的名称，一般用数值表示。在上例中，职工的年龄、工资水平等，都属于数量标志。

不论是品质标志还是数量标志都是用来说明总体单位的属性或特征的，在各个总体单位身上的具体表现都存在一定的差异。统计就是通过对这些差异进行分析研究来揭示总体的数量特征的。

2. 统计指标

统计指标是指反映实际存在的某一社会经济现象的数量概念（名称）和具体数值，有时仅指总体现象的数量概念。如国内生产总值、人口总数、产品成本、职工人数、工资总额等等，都是统计指标。但是，统计指标还往往包括具体数值，用来表示以某一统计指标名称反映的某种社会经济现象在一定时间、地点、条件下达到的数量、规模或水平。如 2003 年我国全年国内生产总值达到 116 694 亿元，年末就业人口为 74 432 万人，比上年末增加 692 万人等等，也称为统计指标。所以，统计指标一般包括两方面的涵义：统计指标的数量概念，统计指标的概念与具体数值。

统计指标根据具体作用的不同，可分为质量指标和数量指标。质量指标是表明社会经济现象的相对水平或工作质量的统计指标，从质量、效益、强度和效率等角度来说明社会经济现象的质的状况。如劳动生产率、原材料利用率、单位产品成本、产品合格率、资金利用率等等，都属于质量指标。数量指标是反映社会经济现象总规模、总水平或工作总量的指标，如人口总数、社会总产值、国民收入、工资总额等等。数量指标反映的是社会经济现象的总量，所以又称为总量指标。在统计中，数量指标不仅是进行统计分析的基础，也是计算质量指标的重要依据。

3. 标志与统计指标的区别与联系

标志和统计指标是两个不同的概念，但二者之间既有区别又有联系。标志与统计指标的区别主要表现在：

第一，标志是说明总体单位特征的，而统计指标则是说明统计总体的数量特征的。例如，一个企业的所有职工构成一个统计总体，则每个职工劳动报酬水平的“工资额”是说明总体单位的标志，而全部职工的“工资总额”和“平均工资”则是说明总体特征的统计指标。

第二，统计指标都用数值表示，而标志中只有数量标志用数值表示，品质标志不用数值表示。

标志与统计指标的联系主要表现在：

第一，反映总体单位数量特征的标志值汇总起来，就可以得到反映统计总体数量特征的统计指标。

第二，若统计研究目的有所改变，统计总体和总体单位之间的关系也会发生变化，统计指标与标志之间的关系也将随之变化。

三、变异和变量

1. 变异

不论是数量标志还是品质标志都是可变的，称为可变标志。变异是指标志（不论是数量标志还是品质标志）在各总体单位所表现出来的差别。如一个单位的职工构成一个统计总体，每个职工的年龄不同，年龄这个数量标志在各总体单位之间存在客观的差别；每个职工有男女之分，性别这个品质标志在各总体单位身上也存在客观的差别。统计中的变异指的就是这些差别。

变异是统计研究的前提，只有各总体单位在数量标志和品质标志方面存在变异，统计研究才有存在的必要。如果各总体单位在数量标志和品质标志方面的表现都是一样的，不存在任何差别，那么统计就不需要对这一现象进行研究。

2. 变量

所谓变量就是指可变的数量标志。如职工的年龄、企业的职工人数、各企业的平均工资等等，都是可变的数量标志，因而都可以称为变量。某一变量在各总体单位的具体表现值，称为变量值或标志值。由于一个变量在各总体单位有不同的具体表现值，所以一个变量有若干个变量值或标志值。

变量根据其具体的取值情况分为连续变量和离散变量。连续变量是指相邻的两个变量值之间可以有无限多个数值，变量值是连续不断的。在具体表现形式上连续变量的数值可以用小数表示。国内生产总值、粮食产量、劳动生产率等等都可以用小数表示，均属于连续变量。离散变量是指两个相邻的变量之间没有小数，变量值只能用整数表示的变量。例如企业的职工人数、机器设备的台数等都只能用整数表示，因而均属于离散变量。

统计总体与总体单位、标志与统计指标、变异与变量是统计中常用的基本概念，它们既有区别又有联系。统计总体是由性质相同的总体单位构成的，反映总体单位的属性或特征的名称称为标志，标志的具体表现在各总体单位上的差别称为变异，可变的数量标志称为变量，变量的具体表现称为变量值或标志值。统计就是对总体单位的标志的具体表现进行调查、整理和汇总，从而得到说明总体质或量的特征的统计指标的过程。

习 题 一

一、单项选择题

1. 社会经济统计的研究对象是（　　）。

A. 一切现象　　B. 一切现象的数量方面

C. 社会经济现象　　D. 大量社会经济现象的数量方面

2. 要了解某市工业企业的设备情况，统计总体是（　　）。

A. 该市全部工业企业　　B. 该市每一个工业企业

C. 该市工业企业的每一台设备　　D. 该市工业企业全部设备

3. 要了解 50 个学生的学习情况，则总体单位是（　　）。

A. 50 个学生　　B. 每一个学生

C. 50 个学生的学习成绩　　D. 每一个学生的学习成绩

4. 某商店有 60 名职工，把他们的工资加总除以 60，这是（　　）。

A. 对 60 个变量平均　　B. 对 60 个变量值平均

C. 对 60 个标志平均　　D. 对 60 个指标平均

5. 某职工月工资为 260 元，则“260 元”为（　　）。

A. 品质标志　　B. 数量标志　　C. 标志值　　D. 数量指标

6. 统计总体的基本特征表现为（　　）。

A. 同质性、大量性、差异性　　B. 同质性、客观性、大量性

C. 数量性、大量性、变异性　　D. 大量性、具体性、变异性

7. 下列变量中属于连续变量的是（　　）。

A. 人口数　　B. 工厂数　　C. 职工月收入　　D. 机器台数

8. 统计一词的基本涵义是（　　）。

A. 统计方法、统计分析、统计预测　　B. 统计学、统计工作、统计资料

C. 统计调查、统计整理、统计分析　　D. 统计分组、统计指标、统计计算

9. 变量是（　　）。

A. 可变的数量标志　　B. 可变的数量标志值

C. 可变的数量指标和指标值　　D. 可变的品质标志

二、多项选择题

1. 要研究某局所属 30 个企业的职工工资水平，则（　　）。
   A. 总体是某局　　B. 总体是某局所属 30 个企业
   C. 总体是 30 个企业的全部职工　　D. 总体是 30 个企业的全部职工工资
   E. 总体单位是每一个企业　　F. 总体单位是每一个职工
2. 下列指标中是质量指标的有（　　）。
   A. 工人劳动生产率　　B. 单位产品工时消耗量
   C. 利润额　　D. 设备利用率　　E. 废品量　　F. 新产品数量
3. 下列变量中是连续变量的有（　　）。
   A. 身高　　B. 人数　　C. 体重
   D. 设备台数　　E. 年龄　　F. 企业数

三、名词解释

1. 统计总体　　2. 标志　　3. 统计指标　　4. 数量指标
5. 质量指标　　6. 变量　　7. 变异　　8. 总体单位

四、问答题

1. 统计的含义是什么？它们之间有何关系？
2. 社会经济统计的研究对象是什么？有何特点？
3. 什么是总体、总体单位？二者的关系如何？
4. 什么是统计指标和标志？它们有何区别和联系？
5. 要对某市工业企业生产情况进行统计，请指出其中的总体、总体单位、指标、标志、变量、变量值。

第二章 统计调查

第一节 统计设计

统计工作的全过程包括统计设计、统计调查、统计整理和统计分析四个环节，统计设计是统计工作过程中的第一个阶段。它是指根据统计工作的任务以及被研究现象的特点，对统计工作的各方面、各环节进行全盘考虑，预先做出一套科学的、统一的安排。统计设计的结果表现为各种设计方案，如统计指标体系、分类目录、统计制度、调查方案、汇总整理方案等。

由于统计工作的需要和被研究对象的不同，统计设计的内容也会各不相同。但其一般包括以下一些内容。

一、统计指标和统计指标体系的设计

统计工作是通过统计指标来反映和研究社会经济现象的数量方面的情况。而作为研究对象的客体常常是一个复杂的整体，为了全面系统地研究这个客体就需要设计指标体系。因此，设计统计指标和统计指标体系是统计设计中最主要的内容。例如，为了说明工业企业生产经营活动的基本情况，不仅应当反映企业运用生产三要素进行生产劳动的过程，还要说明产品的价值形成过程；同时，也要从资金占用和资金运用过程方面去说明。据此，我们可以提出职工人数、产量、品种、质量、总产值、净产值、产品销售收入、劳动生产率、设备利用率、成本、利润、资金占用等指标，这些互相联系的指标，就形成了说明工业企业生产经营活动基本情况的指标体系。

统计指标体系的设计是从指标名称提出的，也是从定性的角度通盘考虑提出的。为了指导在统计工作中取得与指标名称相应的统计指标数值，我们在统计中还要确定每个指标的科学概念、

统计口径、计算方法等。

二、统计分类的设计

统计分类是与统计指标、统计指标体系紧密相联的另一个重要设计。统计分类是指根据社会经济现象的特点以及研究的需要，按照一定的标志将某种社会经济现象总体划分成若干不同性质的部分。这里的分类是指社会经济现象本身的分类，例如，国民经济部门分类、生产资料所有制的分类、城乡分类、职业分类、设备分类、产品分类等。这些分类与统计的范围、统计口径、计算方法均有密切的联系。这些分类解决不好，指标的计算、资料的取得就会受到直接的影响。

统计分类的设计是一项复杂的工作，它需要有广博的理论知识与丰富的实践经验。统计分类的设计最后表现为制定出统计的分类目录或分类标准。

三、统计调查方法的设计

统计调查的方法有好多种，采用哪一种方法，或是采用哪几种方法，要根据研究对象和统计指标的特点，统计指标的重要程度，对统计指标数值准确程度的要求，参与统计工作的力量，以及经费的多少等等，综合进行考虑。

调查方法选定之后，应进一步设计调查方案。

四、统计工作的组织与协调的设计

一项统计工作在统计设计阶段之后还要有调查阶段、整理阶段、分析阶段。在统计设计中应采取必要的措施以保证后面三个阶段能够互相协调、互相衔接。

此外，在统计设计阶段还应考虑各个部门之间的协调与配合问题。一项重要的统计工作往往要有许多部门参加，不仅需要统计部门参加，还要有领导机关和有关业务部门参加。就统计部门来讲，既要有专门统计机构参加，还要有专业统计机构参加。这就需要一个通盘的组织与协调安排。此外，人力保证，各项工作的职责分工，各项制度的确定，以及制定提高统计人员专业水平的措施等，都是统计设计应考虑的问题。

第二节 统计调查概述

一、统计调查的意义

统计调查和一般社会调查一样，属于调查研究活动。统计调查是根据统计研究的目的和任务，采用科学的调查方法，有计划、有组织地向客观实际搜集真实可靠的统计资料的过程。

统计调查是统计研究工作的第一阶段，是统计整理和统计分析的基础环节和前提条件。“没有调查，就没有发言权。”统计调查的任务在于及时搜集准确、真实的原始统计资料，以便进行统计整理和统计分析。因此，科学地进行统计调查，以保证从社会经济客观实际取得的统计资料的准确性、及时性、完整性，对于整个统计工作具有至关重要的作用。人们认识和研究社会经济现象，首先是从通过统计调查向客观实际搜集资料开始的。因此统计工作任务的完成、统计研究的质量，取决于统计调查资料的质量。

统计调查的基本任务具体表现在根据事先确定的统计指标和指标体系，灵活运用各种具体的统计调查方法进行社会调查，取得反映社会经济现象及其变化的信息。这些信息是反映社会经济现象相应总体各单位的有关标志表现的数字资料。当然这些主要是初级的原始统计资料，尚待整理。

统计调查是一种标准化调查，要采用填写事先设计印制好的调查表的形式进行。调查表是统计工作中搜集资料的基本工具，将统计标志作为调查项目合理排布，以便于搜集数字资料。这就为以后经统计整理分析产生相应的社会统计指标标准准备了条件。

统计调查基本资料可以按照相应的调查标志从被调查者中直接搜集，也可以是被调查单位自身调查整理后的资料，还可以通过查阅统计资料汇编、统计年鉴、书籍刊物等渠道取得。不过，一般来讲，统计调查是以第一种情况即直接向被调查者搜集资料为主，以后两种方法为辅的。

二、统计调查的基本要求

统计调查必须保证质量，也就是要为后续的统计分析研究提供真实可靠的统计资料。因此，必须根据统计研究的要求，遵从实事求是的原则，运用科学的方法开展调查工作。

为此，统计调查的基本要求是必须做到准确、及时和全面完整地搜集资料。

1. 准确性

统计调查的准确性是指搜集的统计资料必须符合实际情况、真实可靠、准确无误，统计资料必须具有客观性和真实性。

准确性是对统计调查最根本的要求。调查资料有可信度，真实可靠，才能有效，人们才能据以准确认识社会经济状况，做出正确判断，得出科学结论，做出科学决策。可以说准确性是统计工作的生命，没有准确的统计资料，统计工作就失去了认识社会的作用。

为了做到调查准确，人们就要加强法制观念，遵守《中华人民共和国统计法》和国家有关规定，坚持一切从实际出发，实事求是地去调查、去搜集资料；反对弄虚作假，反对虚报瞒报，反对伪造篡改，反对随意取舍数据。不能凭主观意向搞实用主义的调查，不搞迎合式、剪裁式、歪曲式的调查；不能从死条条、老框框出发搞按图索骥式的调查。统计机构和人员必须如实地进行调查和提供统计资料；同时，他们依法独立行使统计调查、统计报告、统计监督的职权不容侵犯。

统计调查的准确性要求尽可能消除、减少和控制来自各方面的误差。社会以人为主体，社会经济现象通过人的活动来体现，而人的活动无不受主观目的的支配，因此与自然现象不同，社会经济领域的现象无不打上了人类主观意志的烙印。同时，当今社会人口数量庞大、经济高速发展、社会经济规模空前巨大，这一切导致了社会经济现象的高速流动性（变动性）、高度的模糊性（不确定性）、极大的机遇性和错综复杂性。现代社会经济现象的这些固有特性要求统计调查必须依据科学的、有效的调查方法取得尽可能准确的资料。有鉴于此，对统计调查方法的学习、研究和应用就显得尤为迫切。必须大力提高统计工作人员的知识水平和业务能力，切实加强统计人员的事业心和责任感。

在统计调查中还会发生客观性误差。例如调查过程中出现的"登记误差"：因为笔误、遗忘、理解有误、测量工具不准、计算有误、汇总有误等原因使调查失误而导致误差。再如，因为实施非全面调查而带来的"代表性误差"：因为仅仅对部分单位调查，又以这些单位的资料来推断总体，这就势必出现不准确性。对于这些客观性误差产生原因的减少或控制，在统计学中有专门研究，本教材将在以后相关章节中专门进行讲述。至于人为作假而造成登记误差的，则应通过健全统计法制坚决予以纠正。

2. 及时性

及时性就是时效性，就是要求按照规定的时间完成统计调查工作，完成各项调查资料的搜集、整理和上报，以满足研究工作和相关部门对统计资料的需求。

统计调查有强烈的时间效应，调查必须按期进行并如期完成，资料必须及时提供。因为只有这样，统计资料的社会价值才能得以实现，统计工作才能发挥其应有的社会作用，产生应有的社会效益。社会经济活动瞬息万变，不及时的统计资料，即使准确，也会因为时过境迁失去其使用价值而变得毫无意义，甚至因信息滞后而导致认识错误和决策失误。

及时性也是一个全局性问题。统计工作不应囿于对单一的项目、孤立的个别现象的了解和认识，统计调查不是单一的个人、个别单位所为，而是许多单位通力合作、协同工作的结果。任何一个单位的调查工作不及时，势必影响整个统计工作的完成。这就要求参与统计调查工作的每一个人和单位，及时准确地完成自己的任务。

3. 完整性

这是指必须按照统计调查规定的要求，提供完整全面的资料。调查中统计资料必须搜集齐全，项目和数据必须齐备，不能有遗漏。

完整性还表现在调查资料的系统性上。统计调查资料必须系统，调查项目、统计指标要自成体系，完整地反映客观现象，同时要便于分析事物内在的和彼此间的关系，以进行时间、空间的对比。

不完整的统计资料无法反映社会经济现象的全貌，甚至会导致以点代面、视偶然为必然，把统计研究引上歧途。

此外，统计调查还应考虑可行性，要根据调查主体和客体的需要和可能，要注重现实条件。统计调查的实施要受到各个方面的制约，必须考虑各种主客观存在的可行因素，诸如调查者和被调查者的知识水平、思想状况、承受能力、利害关系等人的因素，以及经费、人力设备、时间等客观因素。统计调查还应考虑效能，必须注意经济效益，注意节约调查经费。

总之，进行统计调查必须根据实际情况，选用合适的调查方法和调查程序，以尽可能满足以上的基本要求。

三、统计调查的种类

社会经济现象错综复杂，又处于不断变动之中，根据不同的调查目的、任务和调查对象的特点，采用不同的调查方式和方法，是统计调查的重要问题。统计调查可以从不同角度来分类。

1. 统计调查按调查的组织形式，可分为统计报表制度和专门调查

(1) 统计报表制度是各下级单位以原始记录为依据，按统一的表格形式、报送时间和报送程序，自下而上向上级部门提供统计资料的一种统计调查方式。

这种调查方式是统一布置的，大多定期进行，以统计报表制度的形式出现。最突出地应用在国家统计系统和各个业务部门定期取得系统、全面的基本统计资料上。对于掌握国民经济活动的基本情况起着重要的作用，在我国统计工作中占有十分突出的地位，是十分重要的基本统计调查方式。

(2) 专门调查是为了某一特定目的、了解某一特定社会现象而专门组织的一种统计调查方式。具体调查方法有普遍调查（普查)、抽样调查、典型调查、重点调查等。

例如，为了掌握我国人口状况进行的人口普查，为了掌握企业固定资产折旧情况而进行的抽样调查，为了掌握大中企业税负状况进行的典型调查，为了掌握我国钢铁生产、销售状况选取几个大型骨干企业进行的重点调查等等，这些都是实施专门调查的事例。

2. 统计调查按调查对象所包括的范围，分为全面调查和非全面调查

进行统计调查第一位的工作是要确定调查对象的范围，这是解决如何选择调查对象、向谁调查、向多大范围的对象调查、是全体还是部分单位的问题。

(1) 全面调查是指对构成调查对象总体的所有单位，都毫不遗漏、无一例外地进行调查的方法。调查范围包括了总体全部单位，目的是取得全面的、周密的基本资料。普查、全面统计报表都属于全面调查方法。

(2) 非全面调查是指对构成调查对象总体中的一部分单位进行调查的方法。在这种调查中，调查范围仅涉及了总体的部分单位。非全面调查由于调查的单位少，因此可以集中力量做深入、细致的调查，调查项目可以较多，调查周期可以较短，这样有利于提高资料的时效性，节约人力物力。非全面调查能适应社会经济调查的某些特定要求，例如对社会商品质量测定时要进行破坏性实验，就只能抽取少数产品进行调查。常用的非全面调查方法有抽样调查、重点调查、典型调查、个案调查等。

3. 统计调查按调查登记时间是否连续，分为连续调查和不连续调查

(1) 连续调查，亦称经常调查、常规调查，是随被研究现象的发展变化做连续不断的调查登记的一种调查方式。这种调查方式可以追溯事物的发展脉络，获得其纵向时序的全貌资料。连续调查对于变化频繁、基本资料数值变动大的现象尤其适用，以便在观察期内经常地进行连续登记。

(2) 不连续调查，亦称一次性调查，是对被研究现象在一定时点上的状况进行一次性登记的一种调查方式。这种调查方式一般是隔较长时间（如一季、一年、数年不等）进行一次调查。因此，不连续调查并不意味着只能对现象调查一次。这种调查可能只进行一次，也可能隔一定时期又进行一次，只是前后调查不是紧密连续、贯穿一致的，而是间隔一定时间，各次调查又相对独立。

统计理论研究认为，连续调查适用于对社会经济领域的时期现象统计资料的搜集，

而不连续调查则适用于对时点现象统计资料的搜集。那么，什么是时期现象，什么是时点现象呢？世间任何事物的运动总是和时间、空间密不可分地联系着的，社会经济现象也不例外，按其时间特征可分为时期现象和时点现象。

时期现象是指随时间的流逝表现出激烈变动状况的社会经济现象，因其变动大，故应及时地经常登记才能把握它。时期现象在数学上表现出一个极鲜明的特征，即其统计资料数据可以实施加法运算，连续几个时期的数据相加即得更长时间的累计。例如，企业会计核算的动态三要素：收入、费用、利润，又如销售量、销售额、产值、产量、生产资料消耗量，银行货币投放量、回笼量，运输企业客货运量，税收的应征税额、入库税额、减免税额等。这些统计量事实上都是与一定时期相联系着的，例如人们总是顺乎自然地表述为：某某时期的销售额等等。

时点现象是指随时间的流逝表现出相对平稳状态的社会经济现象。因其变动和缓，需经较长时间的变动积累后才会表现出较显著的变化来，因此不必做频繁的连续观测。同时，其统计数据在数字上表现出来的突出特征是不同时点的数据不能累加，其和是毫无实际意义的。每一个数值仅仅是对该现象在一个个静时点上的考察结果，集中表现现象在一个个“孤立”的、“单独”的时点上的特征，显示该时刻的状况。时点现象在社会经济领域也是十分广泛地存在着的，例如，企业会计核算的静态三要素：资产、负债及资本，又如人口数量、职工人数、企业总数、纳税户数等等都是时点现象。

4．统计调查按搜集资料的方式分为直接调查、凭证调查和询问调查

（1）直接调查，是调查人员直接对调查单位进行观察、测量和计量的方法。例如，对农作物收获量进行调查时，调查人员到调查地块参加收割和计量；在研究工人劳动消耗量时，由调查者来测定完成作业所需的时间，等等。

（2）凭证调查，是以各种原始的核算凭证为调查资料来源，向有关单位提供资料的方法。我国现有的企业机关所填写的统计表就属于这种调查方法。

（3）询问调查，就是资料来自被询问者的回答的调查方法。人口普查、各种社会调查和民意测验可采用这种方法。进行询问调查的方式有口头询问和被调查者自填调查表两种。前者是派调查人员对被调查者逐一采访，提出所要了解的问题，从被调查者的回答中搜集资料。这种方式由于双方能直接接触，调查人员能逐项询问研究，因而搜集的资料比较深入和准确。后者是调查人员把调查表交给被调查者，说明填表的要求和方法，并对有关注意事项加以解释，由被调查者按实际情况一一填写，填好后寄回调查机关或统计机关。这种调查就是问卷调查，比口头询问节省人力和时间，但被调查者必须具有相当的文化程度并乐于合作支持，才能保证资料的正确性。被调查者自填调查表的方式，由于调查者与被调查者分离，往往收不回或不能及时收回调查表。这种方法对于调查对象所有单位都要进行调查的全面调查是不适宜的。

四、统计调查方案

统计调查是一项涉及面广、程序步骤多、数据要求精确、复杂细致的工作。为保证达到调查目的，无论采用何种方式方法进行调查，都必须事先制定出周密的调查方案。调查方案的作用类似于施工的蓝图，是调查工作的行动纲领。

统计调查方案又称作调查计划，是调查开始前制定的实施统计调查的计划文件。设计和制定一个科学的、周密的调查方案是使统计调查取得成功的基础。有了调查方案就能够规范和统一调查活动，实现统一认识、统一内容、统一方法、统一进度，克服盲目性，掌握主动权，保证调查质量，取得预期成果。

统计调查方案一般包括调查目的、调查对象和调查单位、调查项目、调查表、调查方法和组织工作等内容。

1. 调查目的

调查目的就是调查方案要明确规定调查所要解决的问题，应体现出调查的动机、宗旨和目标。

调查的目的一般可以从两个方面考虑：①研究成果的目标，调查是为了解决什么问题，了解哪些情况？需要解决或了解到什么程度？是对一般基本状况的了解，还是探索普遍联系？等等。②社会作用的目标，这是从调查的社会效能来考虑的：是填列统计表，进行专题研究提出政策建议、提供咨询，还是要进行学术研究？等等。总之，调查目的必须服务于国民经济和社会发展的需要。

调查目的必须突出重点、具体明确，这样才能进一步确定好调查对象、调查内容和调查方法。这就是说统计调查中总是依据调查研究要达到的具体目的去确定调查哪些对象、调查范围应取多大、调查什么、用什么方法进行调查等。

2. 调查对象和调查单位

调查对象是需要调查的那些社会现象的总体，故亦称作调查总体，也就是前述统计总体。它是由同质的诸多调查单位所组成的。

确定了调查对象，就是明确规定了实施调查的空间范围。例如实施全国人口普查，调查对象就是全国的每一个公民。

确定调查对象还必须同时确定两种单位：调查单位和填报单位。

调查单位就是组成调查对象的个体，是组成调查总体的基本单位。这是所要调查的统计标志的承担者。调查原始资料取自调查单位的实际情况，其特征要作为标志表现登记下来。例如调查某市股份制企业的情况，则该市所有的股份制企业就是调查对象，称作调查总体，而每一个股份制企业就是调查单位。

至于填报单位则是提交调查资料的单位，亦称作报告单位，一般是行政、经济上具有一定独立性的实体，多是基层企事业单位，有时可能是一个家庭，甚至个人，要视调查目的而定。

从理论概念上来说，调查单位和填报单位是不同的概念，应注意区别。两者在实体形式上则可能一致也可能不一致。例如，进行国有大中型企业税负调查，每一个企业就既是调查单位，又是填报单位，两者是一样的；如果要调查国有大中型企业大型生产设备状况，则调查单位是每一台大型生产设备，而填报单位则是每一个企业，这时两者是不一致的。

综上所述，在统计调查方案中要明确规定调查总体、调查单位和填报单位，从而明确调查谁的情况，由谁来具体提供资料，由谁来向上报送资料。

3. 调查项目

统计调查必须确定具体的调查项目。调查项目又称调查纲要，就是依附于调查单位的基本标准。它完全由调查的目的、任务和调查对象的性质、特点所决定，包括由品质标志和数量标志所构成的标志体系。通俗地说，调查项目就是一份在调查过程中应该获得答案的各种问题的清单。

制定调查项目是一件非常有意义而又责任重大的工作。调查项目制定的正确程度如何，决定了整个工作的成效。

调查项目的确定，以调查目的和任务为依据，同时考虑到国家管理、经济运行和科学研究对统计资料的需要。在拟定调查项目时要注意以下三个问题：第一，所选择的项目必须是能够取得确切资料的。对于不必要或者虽然需要但没有可能取得资料的项目，就应该加以限制，以便获得虽然数量不多却非常可靠的材料。第二，调查的每一个项目应该有确切的涵义和统一的解释，以免调查人员或被调查者按照各自不同的理解进行回答，使调查结果无法汇总。第三，各个调查项目之间应尽可能做到互相联系、彼此衔接，以便从整体上了解现象的相互联系，也便于有关项目互相核对，提高调查资料的质量。此外，还要注意现行的调查项目同过去同类调查项目之间的衔接，以便于动态对比，研究现象的发展变化。

制定调查项目是一件复杂的事情。制定者对调查对象及其特征应有非常深刻的认识，因此，调查项目应该由熟悉被研究现象本质的调查人员共同来制定，反复讨论，达成共识。只有这样，调查项目才能与实际相符，才能适应客观情况的变化，经得起实践检验。

4. 调查表

调查表是把拟定的调查项目按一定顺序排列出来制成的表格。把调查项目列示为表格形式，不仅条理清晰、简明准确、便于填写，而且便于今后整理。调查表是统计工作搜集资料的基本工具，统计调查之所以是一种标准化调查，就是因为在统计调查中毫不例外地使用了这种统一设计、统一标准的调查表。调查表是调查项目的物质载体，能够把调查标志及调查结果完整地表现出来。

调查表按其填写调查单位的个数多少分为单一表和一览表两种形式。单一表是一张调查表上只登记一个调查单位。一览表则是一张调查表上登记若干个调查单位，每个调查单位只占一行。

单一表并不限于只是一张表，也可以是多张表，由于只登记一个单位的情况，因此其容纳调查项目较全，容许设计较多、较细的调查标志。

一览表则适用于调查项目较少的调查。它是由一个填报单位负责填写多个调查单位的资料，使用方便；同时，集中多个调查单位于一表，便于在表上对不同调查单位进行对比和合计。

下面列举的人口普查表（表 2-1）便是一览表形式的调查表，每一人是人口普查的总体单位，在表中只占一行，一户填报一张。

表 2-1 人口普查表

本户 住址______省（市、自治区）______市______街道______居委会______居民小组（街巷 号）

姓名	与户主关系	性别	年龄	民族	常住人口的户口登记状况	文化程度	行业	职业	不在业人口状况	婚姻状况	生育子女总数及存活子女总数	上年生育状况
1	2	3	4	5	6	7	8	9	10	11	12	13

申报人______ 普查员______ 填报日期______ 户主姓名______

调查表的基本结构包括表头、表体、表脚和填表说明等部分。表头在调查栏顶线上方，标记表名、填记表名、填报单位名称或调查单位名称、表号、制表机关名称、调查文号等等项目。表体是调查表的主体，是把各种调查标志、标志表现、标志编号、标志计量单位、标志间计算关系等布列于表栏之中构成的，是搜集资料、体现调查结果的核心工具。表脚在表栏底线下方，布列有关人员的签章、填表日期等。填表说明是对调查表内容所做的解释和提示及填表注意事项。其具体内容包括：调查标志的解释即标志含义、计算方法的具体说明、编报范围和编报单位、填写方法、填写注意事项等。填表说明要通俗、具体、明确，使填表人容易掌握，便于正确填写。

5. 调查方法

调查方案中必须明确规定以什么调查方法进行调查。调查方法的选择取决于调查目的和任务的需要。必须根据调查的需要，在主客观条件允许的情况下选择最合适、最有效的调查方法。例如，是依靠统计报表制度进行调查，还是进行专门调查；专门调查时是实施普查，还是非全面调查，如抽样调查、重点调查或典型调查等，都必须根据实际需要和情况选择。

6. 调查的组织工作

调查的组织工作是指必须明确调查机构、调查人员的配置及学习培训、调查经费的筹措使用、调查时间的确定、调查时限的规定、调查步骤的拟定等。

调查时间是调查资料的所属时间，统计上称该时刻为标准时点，该时期为标准时期。规定标准时间，统一取得资料的时间特性，保证调查资料的时间同一，是使资料具有准确性的必要条件。对于时期现象来讲，确定调查时间，就是要划定调查资料所反映的时间范围，规定资料所属的起止日期。

调查时限与调查时间是不同的概念。调查时限是指整个调查工作进行的时间规定，包括从搜集资料到报送资料的全部工作完成所需的时间。如某管理局要求所属企业在2001 年 1 月底上报 2000 年工业总产值资料，则调查时间是一年，调查时限是一个月；又如某管理局要求所属企业在 2001 年 1 月 10 日上报 2000 年产成品库存资料，则调查时间是标准时间 2000 年 12 月 31 日，调查期限是 10 天。调查时限的规定有利于保证调查步调统一和资料的及时。任何调查都应尽可能地缩短调查时限。

调查方案是指导和约束整个调查工作的行动纲领，对于保证调查工作的顺利进行具有重要的指导作用，必须围绕上述主要内容周密谋划于调查之前，同时注意其可行性。

第三节 统计报表制度

一、统计报表制度的意义

统计报表制度简称统计报表，属于报告法范畴。

统计报表是按国家统一规定的表格形式，统一的标志、指标，统一报送时间、程序，由下级单位利用各种原始资料填写，自下而上定期报告社会经济活动情况。

按照《中华人民共和国统计法》规定，严格执行统计报表制度，是各级单位必须履行的义务。我国从中央到地方逐级建立的统计局，已经成为落实这一统计调查制度的重要组织保证。

统计报表具有如下特点：

(1) 统一性。报表由国家统一制定标志项目、指标内容、内容口径、计算方法、报送时间和报送程序，能够保证资料的统一、同时。

(2) 权威性。报表规定的填报单位都必须及时地、不折不扣地填报，保证了资料的准确性和全面完整性。

(3) 严密的时空性。统计报表的时间特性表现为有完整的纵向时序。由于长期地、不间断地记录社会经济发展情况，完整地积累了不同时间的资料，因而统计表能够按时序进行动态对比，分析社会经济的演变。

统计报表的特性表现为有完整的横向综合，反映在同一时间背景下，分布于不同区域中的调查单位各自的和综合的状况。

二、统计报表的种类

1. 按实施层次和范围分类

按实施层次和范围，统计报表可分为国家统计报表、地方统计报表和业务部门统计报表三个部分。三者互相联系，其中国家统计报表是统计报表体系的基本部分，其他两种是针对地方特点和部门需要而制定的补充性质的报表。

国家统计报表和地方统计报表构成了国民经济基本统计报表（简称基本统计报表）。国家统计报表由国家各级统计部门在全国或一定地区范围内使用，反映全国或地方国民经济和社会发展的基本情况，为中央和各级政府掌握国民经济情况、检查工作、制定政策提供依据。地方统计报表是在国家统计报表基础上针对地区特点而补充规定的地区性报表，不仅是对国家统计报表的补充，而且能为地方经济管理和社会发展服务。

业务部门统计报表又称作专业统计报表，是适应本部门特点和专业管理需要而设的统计报表，用于收集系统内各种专业统计资料，并且作为国民经济基本统计报表的补充。专业统计报表必须执行统计标准。

2. 按报送周期长短分类

按报送周期长短的不同，统计报表分为定期报表和年报表。

定期报表是反映年内固定时间内社会经济状况的周期性统计报表，包括日报、旬报、月报、季报和半年报。

年报表则是全年国民经济的全面总结性统计报表，它比周期性的定期报表包括的范围全、指标多、表格多、分组细。

报表周期长短不仅有时间上的差别，同时也决定了其内容、作用上的不同。报表周期越短，时效性越强，就越能及时反映现象的变化，越有利于及时掌握动态、调整行动。在实践中，往往把日报、旬报称作进度统计报表。其相应的报表周期短，调查上报工作频繁，耗费人力、物力、财力多，为此内容上必须简明，标志、指标项目力求少而精、重点突出。反之，报送周期长的，调查项目就可以多一些、细一些。

3. 按报送方式分类

按报送方式的不同，统计报表分为自送报表、邮寄报表和电讯报表。

自送报表由填表单位派员直接送到调查统计部门。

邮寄报表通过邮寄信函的方式递送上级。

电讯报表采用电话、电报、传真方式报送，由于传递迅速，特别适用于远距离、短周期报表如日报、旬报的发送。电讯事业的发展，各种新型传输工具的普及将为统计报表准确、快速传报提供日新月异的报送手段。

4. 按报送单位的层次和性质分类

按报送单位的层次和性质不同，统计报表分为基层报表和综合报表。

基层报表是由基层的企事业单位根据原始记录汇总、整理填报的统计报表。

综合报表是由统计部门或主管部门根据基层报表逐级汇总、整理填制而成的统计报表。

5. 按调查范围不同分类

按调查范围不同，统计报表分为全面统计报表和非全面统计报表。

全面统计报表要求调查总体中的每一个单位都填报，即实行的是全面调查。

非全面统计报表只要求调查总体中的部分单位填报，即实行的是非全面调查。

三、统计报表的内容

统计报表的内容包括三部分：报表目录及表头、报表表式和填表说明。

1. 报表目录及表头

这是指报表名称、报表编号、编报单位、报送日期、报送程序、编报范围等事项和表头填写内容。

2. 报表表式

表式是报表的具体格式和调查项目，是统计报表的主体，是搜集资料的主要工具，是完成报表功能的核心所在，统计资料就是靠对表式的填写取得的。

表式的基本组成是主栏列调查项目，宾栏填写统计指标。

表式中还包括要求填报的各项补充资料。

由于表式中的指标和指标系列是未来的统计资料，因此必须十分慎重、科学地选取，必须从调查的目的和现象实际出发，力求必要，力戒繁杂，力求与其他业务指标体系（如会计核算指标体系）互相照应，相互为用。

表式上还列有填报人和填报单位，以及负责人签章项目，以明确填报责任。

3. 填表说明

填表说明一般又称作表底，列示于表式之下，说明填表应遵守的事项及相关解释，诸如填报范围（说明由谁填报、由谁汇总等）、调查项目和指标内容、涵义、说明及解释、统计分组的规定、计算方法、调查方式等。

表 2-2 包括了统计报表的前两部分内容。

表 2-2　独立核算商业、饮食服务业主要经济指标统计报表

填报单位：　　　　　　　　　　　　　　　　20　　年　　月

指标名称	合计		商业		饮食业		服务业		备注
	本月	累计	本月	累计	本月	累计	本月	累计	
商品销售（营业）收入									
商品零售额									
商品购进额									
商品销售收入净额									
商品销售（经营）费用									
商品销售（营业）税金									
利润总额									
流动资金合计额									
商品库存额									
本月职工人数									
实有网点数									

单位负责人　　　　统计负责人　　　　制表人　　　　报出日期　20　　年　　月　　日

四、统计报表的资料来源

统计报表的资料来源于基层单位的原始记录。原始记录是通过一定表格形式对基层单位生产、经营等经济活动所做的数字或文字的最初记录，是反映社会经济活动的第一手材料。

原始记录广泛存在，在基层单位中，哪里有生产、经营活动，哪里就有原始记录。例如，工业企业的产品产量、质量记录、工人出勤和工时记录、原材料记录等，又如商品销售记录、库存物质的收发记录等都是原始记录。

原始记录的表现形式是各种直接登记的表、卡、册、簿、单等，诸如考勤表、固定资产卡、工资册、账簿、入库单等。

原始记录内容十分广泛，凭据十分繁杂，遍及生产、经营等经济活动的各个环节，因此必须与单位业务管理相配合，健全制度，落实责任，及时加以登记和妥善保管。因为它不仅是贯彻执行统计报表制度的重要条件，还是企业会计核算和业务核算的依据。同时，企业的原始记录又是十分完备的经济技术档案，对于系统积累资料、摸索企业生产规律有重要意义。

第四节　专门调查

统计工作中为研究某些特定的社会经济现象，或者为了深入了解一般统计报表例行填报时无法提供的情况，往往会专门进行调查以获取所需的统计资料，为此必须组织专门调查。专门调查的具体方式有多种，包括普遍调查（普查）、抽样调查、典型调查、重点调查、个案调查等基本方式。这些基本方式分属两大类型：全面调查和非全面调查。其中普查属于全面调查，其余均是非全面调查。

一、普遍调查

普遍调查简称普查，是专门组织的一次性全面调查，主要用来调查属于一定时点上的社会经济现象的总量，搜集某些不能够或不适宜于用定期的全面统计报表搜集的统计资料。

普查是掌握一个国家或地区国情、国力和资源状况，取得专门的详尽资料的重要调查方法。国情国力的状况往往要积累较长时间后才会有显著的、足以专门研究的变动，无须用例行的统计报表方式组织定期的经常性调查，因而通常进行普查。

普查主要的特点是全面性、一次性和时点性。普查对调查总体的每一个单位进行无一例外的逐个调查，并取得每一个总体单位的数字和文字资料，涉及面广，调查标志、指标细，工作量大，资料内容周全，形成了社会经济详尽完整的信息宝库。其作用是统计报表制度和其他经常性调查所不能替代的。全国性普查意义尤为重要，我国进行过多次全国性多领域的重大普查，如人口普查、工业普查、基本建设项目普查、土地资源普查、职工人数普查、税源普查等。为了全面掌握我国第二、三产业的发展规模、结构和效益等信息，建立健全覆盖国民经济各行业的基本单位名录和统计数据库系统，2004年我国进行了第一次全国经济普查，并通过普查取得了详尽、准确、及时的专门统计资料，对于国家掌握国情、国力、人物财源及利用情况，制定国民经济发展政策和规划，安排人民生活，加强社会管理提供了可靠的统计依据。普查往往是不定期地做一次性的调查，不必也不能做经常的连续调查。它对于短期内变动不大，但又需适时做全面了解的时点现象尤为适用。普查表现出严格的时点性，必须在统一的时间标准下进行，其资料是限于某时刻（或某时刻止）的社会经济状况，即是某一特定时点上状况的调查和反映，对于涉及面广、调查耗时长的普查来说，严格时点，显得特别重要。

普查的组织形式有两种，一种是派员询问法。这是建立专门的普查机构负责组织调查，派出专门的调查人员，依据调查表对被调查单位直接询问登记的方法。另一种方式是自填法，即发出调查表由被调查单位利用本身的原始记录、报表资料、核算凭证自行填报的方法。我国在进行物资类库存普查、基建普查时常采用后一种方法。

普查按报送汇总资料的缓急分为一般普查和快速普查。一般普查是采用逐级布置、逐级汇总的办法，调查安排周密详尽，花费时间较长，适用于需要资料全面、项目多、指标细的调查课题，如人口普查。快速普查是因调查任务时间紧迫而采用的一种特殊的争取时间的普查。其特点是越过一切中间环节，由组织普查的最高领导机关直接向各被调查单位布置任务，使其报送资料及时、迅速。快速普查内容一般都比较简单，只列示最急需、最必要的少许几个指标，布置任务和报送资料都可采用电讯方式进行，汇总资料使用电子计算机做快速数据处理，以尽快形成统计资料。快速普查一般采用自填法由基层单位利用现成的原始记录、报表资料、核算凭证直接填写报送，无须另做资料采集。

普查范围广，规模大，调查单位多，耗费人力、物力和财力大，花费时间长，仅可偶尔为之。为保证调查质量，普查必须遵循一些基本原则：

（1）必须规定调查资料所属的标准时点或标准时期。这是指规定某一时刻或现象所属的某一段起止时间作为登记普查对象有关标志表现的统计时间，以保证所有调查单位的调查资料都是反映同一时间特征的。否则资料会因时间不同质，汇总后不能反映客观真实而失去准确性，例如我国人口总量相差一天就会有 5 万人的差异。统一标准时间可以减少因自然变动、机械变动而产生的重复或遗漏。现今社会的高速变动性使因其而产生的误差效应在增大，规定标准时间、严格保证调查资料从属这一时间的时间特性至关紧要。例如第五次全国人口普查时就规定了标准时间为 2000 年 11 月 1 日 0 时。

（2）调查方法、进度必须统一。普查涉及单位多、人员多，必须按照调查计划同时行动，力求同时开始、按期完成，以保证及时汇总形成统计资料，发挥调查的时效价值。保证普查的调查时限一致和规定资料从属的标准时间是两个不同的统计要求，应注意区别。

（3）普查项目必须统一，其内容、解释口径、计算方法等必须有统一规定，不得任意增减、改变。同类现象在各个时期的普查项目应力求一致，能不加变动的尽量保持不变，以便按时序纵向对比其历史发展。

普查的工作过程包括：①制定普查方案及有关细则；②建立组织领导机构、训练人员；③物资、经费的筹备；④调查实施，登记报送，规模大的普查，应先行试点以取得经验，培训人员；⑤汇总、分析；⑥实施必要的抽样复查，评价普查质量，修正资料；⑦公布资料、总结。其中设计好普查方案和培训好调查人员是关键。

普查可以是全国性的，也可以是地区性、部门性、行业性的，甚至是某一特定范围内的。只要是对调查范围内的所有单位都毫不例外地进行了调查，就是实施了该范围内的普查。

二、典型调查

典型调查是非全面调查的一种，是根据调查的目的和要求，在对所研究对象进行全面分析的基础上，有意识地从调查总体中选择若干具有典型性（代表性）的单位进行调查和研究，借以认识同类现象发展变化规律的一种调查方式。

典型调查只对总体中部分有代表性的单位实施调查，这些单位是人为挑选的，更多地取决于调查者的主观判断。为保证调查质量，必须注意防止挑选典型单位时的主观性误差。典型性就是所选单位对同类事物应具有代表性，应该能较好地反映共同属性，使调查形成的各项指标能反映总体的一般水平。

典型调查是一种深入调查法，典型调查的目的在于深入而非普遍。由于调查单位少，可以进行面对面、深入细致的调查研究，并且花费人力、财力少，收效好。

选择好典型是保证调查质量的关键，典型性是指代表性，不是奇特性，必须紧密把握住调查的目的和任务去挑选。例如，如果调查是为了搜集对象总体的一般数量表现，就应选择中等状况的单位作为典型；如果要了解事物的发展规律，就要选择表现形态完整的单位作典型，以“解剖麻雀”，了解一般；如果调查是为了研究新情况、新事物，以便预测事物的发展方向，就要选择有新生事物的单位作典型；如果调查是为了总结经验教训，就应该选择情况最好或最差的作典型；如果调查是为了推算总体数据，就要划类选典，把总体划分为若干类型，然后在各类型中按占总体比例，选择一般状况的若干单位为典型做调查。

典型调查可用简便易行的办法搜集典型资料，并在一些情况下用它推断总体，扩展了非全面调查的作用。人们也常常用它验证全面调查（例如普查）数据的质量，而且典型调查的深入了解也可以作为全面调查的补充说明。因此典型调查也是一种常用的调查法。不过应注意，一般来说典型调查的目的是发现问题、观察趋势，而不能不加限制地直接以调查结果来推断总体。

三、重点调查

重点调查是非全面调查的一种，是在调查总体中选择一部分重点单位进行调查的方式。

重点单位是指所研究现象表现集中、对全局具有决定作用的单位。统计是数量的学科，因而现象的集中就是数量的集中，所以重点单位能够从数量上反映总体的基本情况。不过重点调查的数字资料，一般不能用来推算总体总量的精确数字。

重点调查花费人力、物力较少，时效性强。对于要求了解总体的基本情况而非全面确切数量的调查，且总体中确实存在着重点单位时，采用重点调查法是行之有效的。一般来说，重点单位在全部单位中只是少数（但标志值巨大），由于单位少，调查项目就要尽可以多些、周全些，使获得的资料详尽些。例如要掌握石油生产基本状况，以大庆、胜利、中原等几个大油田为重点进行调查即可完成。虽然它们在石油工业中是少数，但它们是大型油田，产量占绝对大的比重，基本上能反映石油生产的基本状况。

重点调查与典型调查同属非全面调查，实施调查的单位都是少数，这是其相似之处。但两者取得调查单位的依据是不相同的：重点单位的取得是基于其占标志总量的比重大，是同类事物中在所研究数量上具有集中性的单位，这是在经济领域中自然形成的，是既定的，无所谓人为选择，不带主观因素；典型单位的确定则是人为选择的，取决于调查统计人员主观的判断选择，易受主观意志左右，具有一定的不确定性。

重点调查的组织形式有两种：一种是一次性的专门调查，采用派员法，组织调查人员到重点单位上门调查，取得资料；另一种办法是与统计报表制度结合起来，采用报表自填法，也就是建立重点统计报表，由重点单位定期填报，实行经常性调查。

四、抽样调查

抽样调查是非全面调查的一种，是在调查总体中，按随机原理抽选一部分单位作为样本进行调查登记，并以其结果推算总体数量的一种调查方式。

抽样调查的主要特点是：①遵循随机原理抽选样本调查单位，有利于防止主观随意性，保证样本的代表性。②抽样误差是可以控制和计算的，有利于科学地把握调查的准确性。③抽样调查资料依据概率原理，经过统计分析可以精确度很高地推算出总体的全面数量，能起到全面调查的作用。这个独特作用，使它与前面所述的几种同为非全面调查相区别：抽样法是通过非全面调查的途径最终推算求得总体数量；其他方法则只能求得调查部分的资料，一般是无法推演出总体的。抽样调查法在现代统计调查中是一种应用很广、很重要的方法，本书以后有专章加以详细讨论。

五、个案调查

个案调查也是非全面调查的一种，是对特定的个别对象（如一个企业、一个市场、一个自然村、一个家庭、一个人等）进行详尽调查的方法，又称作个别调查。这种调查是针对某种现象，为解决某一具体问题而采用的一种调查方式。

个案调查是受医学上对于个别病例采用深入研究法的启发，在统计中发展起来的调查方法。

个案调查的特点是能全面、完整、深入细致地了解被调查者的全部情况和这些情况从发生、发展到现状的全部历史，从而对其做出明确的统计诊断，揭示事物的因果关系。使用个案调查法能够从生动具体的个案分析中发现同类事物的一般特征，同时能以生动具体的事例补充一般调查，使之切实、具体，有了例证，增强了说服力。应当注意的是，不宜从个案调查的结果做理论性的一般论述。

习　题　二

一、填空题

1. 若要调查某地区工业企业职工的生活状况，调查单位是________，填报单位是________。

2. 调查单位是________的承担者，填报单位是________的单位。

3. 统计调查的基本要求是________、________、________。

4. 统计调查按调查对象包括的调查单位多少，可分为________、________。

5. 重点调查是一种__________，它所选择的重点单位的__________总量占总体全部单位的__________总量的绝大部分。

二、判断题

1. 全面调查和非全面调查是根据调查结果所得的资料是否全面来划分的。( )
2. 调查单位和填报单位在任何情况下都不可能一致。( )
3. 在统计调查中，调查标志的承担者是调查单位。( )
4. 对全国各大型钢铁生产基地的生产情况进行调查，以掌握全国钢铁生产的基本情况，这种调查属于非全面调查。( )

三、单项选择题

1. 连续调查与不连续调查的划分依据是 ( )。

A. 调查的组织形式　　B. 调查登记的时间是否连续

C. 调查单位包括的范围是否全面　　D. 调查资料的来源

2. 某市工业企业 1997 年生产经营成果年报呈报时间规定在 1998 年 1 月 31 日，则调查期限为 ( )。

A. 一日　　B. 一个月　　C. 一年　　D. 一年零一个月

3. 调查时间的含义是 ( )。

A. 调查资料所属的时间　　B. 进行调查的时间

C. 调查工作期限　　D. 调查资料报送的时间

4. 重点调查中的重点单位是指 ( )。

A. 标志总量在总体中占有很大比重的单位

B. 具有典型意义或代表性的单位

C. 那些具有反映事物属性差异的品质标志的单位

D. 能用以推算总体标志总量的单位

5. 下列调查中，调查单位与填报单位一致的是 ( )。

A. 企业设备调查　　B. 人口普查

C. 农村耕地调查　　D. 工业企业现状调查

四、多项选择题

1. 我国统计调查的方法有 ( )。

A. 统计报表　　B. 普查　　C. 抽样调查　　D. 重点调查

E. 典型调查　　F. 个案调查

2. 在工业设备普查中 ( )。

A. 工业企业是调查对象　　B. 工业企业的全部设备是调查对象

C. 每台设备是填报单位　　D. 每台设备是调查单位

E. 每个工业企业是填报单位

3. 属于一次性调查的有 ( )。

A. 人口普查　　B. 全国实有耕地面积调查
C. 职工家庭收支变化调查　　D. 单位产品成本变动调查
E. 大中型基本建设项目投资效果调查

五、简答题

1. 什么是统计设计？统计设计的内容有哪些分类？
2. 统计调查是怎么分类的？分类标准是什么？各有什么特点？
3. 什么是统计报表制度？
4. 调查对象、调查单位与填报单位有何联系和区别？

第三章　统计整理

第一节　统计整理的意义和内容

一、统计整理的意义

统计整理是根据统计研究任务的要求，对统计调查阶段所搜集到的大量原始资料进行加工与汇总，使其系统化、条理化、科学化，最后形成能够反映现象总体综合特征的统计资料的统计工作过程。

通过统计调查所搜集到的统计资料，只是反映总体单位的、分散的、不系统的、零乱的原始资料，所反映的问题常常是现象的表面，不能深刻揭示现象的本质，更不能从量的方面反映现象发展变化的规律性，于是就有必要对统计调查所获得的原始资料进行科学的整理。统计整理就是人们对社会现象从感性认识上升到理性认识的过渡阶段，是统计工作中一个十分重要的中间环节，它既是统计调查的继续和深入，又是统计分析的基础和前提，起着承前启后的重要作用。因此，统计整理的质量不仅直接关系到调查资料能否发挥其应有的作用，而且也直接影响到统计分析和统计预测能否得出正确的结论。

二、统计整理的步骤

1. 对调查资料进行审核

在对调查资料进行汇总整理前，应对原始调查资料按照统计调查开始前提出的要求进行认真地审核，审核其完整性、及时性、准确性，并及时纠正错误。

2. 进行统计分组

按照整理表的要求选择最能说明现象本质特征的分组标志对原始资料进行科学的统计分组。

3. 进行汇总加工，编制分配数列

按统计分组的要求，对统计调查单位的项目进行分组汇总，并在此基础上加以全面汇总，计算出综合指标，编制分配数列，使之能反映调查对象的全貌。

4. 编制统计表

将汇总整理后所得的结果用恰当的统计表格简明扼要地表达出来，形成说明现象总体综合特征的统计表。

三、统计资料的审核

在着手汇总统计资料前，必须对调查所得到的统计资料进行认真的检查，以保证统计汇总工作的质量。

统计资料检查的主要任务是检查统计资料的完整性、及时性和正确性。检查统计资料的完整性和及时性，主要是检查所有调查单位的资料是否齐全，是否按规定时间报送。检查资料的正确性主要是检查统计调查所取得的资料是否准确可靠，还要检查调查资料中各项指标统计的范围、口径、计算单位、计算方法等是否符合要求。

统计资料正确性的检查方法，一般分为逻辑检查和计算检查。

逻辑检查，是从常识上判断统计资料是否合理，查看各个项目之间有无互相矛盾之处。例如，检查某市各企业填报的期末全部职工人数及其工资收入资料时发现，某企业全部职工年末人数为 5 000 人，工资总额为 1 000 000 元。经过计算即知，该企业全部职工月平均工资收入才 200 元，这违反了该市的最低工资收入标准，显然与事实不符。

计算检查，是从各项目数字的计算结果上检查调查资料是否正确。例如，各项目相加之总和是否等于合计数等。

在检查统计资料的过程中，如发现问题，应分情况及时处理，以便在对资料进行汇总前消灭差错。

第二节　统计分组

一、统计分组的意义和作用

（一）统计分组的意义

统计分组就是根据统计研究的需要，按照某种标志将统计总体区分为若干个组成部分的一种统计方法。其做法对总体是“分”，对总体单位是“合”。其目的是把同质总体中的具有不同性质的单位分开，把性质相同的单位合并在一个组，保持各组内统计资料的一致性和组与组之间的统计资料的差异性，以便进一步运用各种统计方法，研究现象的数量表现和数量关系，从而正确地认识事物的本质及其规律性。例如，根据人口性别、年龄、民族、文化程度、职业、企业的占地面积、职工人数、生产能力、产量等标志就可分别对个人和单位进行各种各样的分组。

科学的统计分组在统计资料整理中占有十分重要的地位，它是统计研究中最重要、最基本的方法之一。人们对社会现象进行的不同类型的研究，以及对现象内容结构及其相互关系等等的研究，都是通过统计分组进行的。

（二）统计分组的作用

1. 划分社会经济现象的类型

统计分组是确定社会经济现象各种类型的基础，它能将复杂的社会经济现象划分为各种不同的类型，从数量方面研究其不同的特征。例如，将国民经济各产业部门按其出现的先后顺序划分为第一产业、第二产业和第三产业部门；此外，工业企业按所有制不同、按轻重工业划分等，都说明了不同的经济类型的特点。

2. 反映现象的内部结构

通过统计分组可以反映总体内部各部分之间的差别和相互关系，表明现象总体的内部结构。现象总体按某种标志划分为不同的类型或不同的性质组后，可以通过计算分析，观察出各个组的总体单位数在总体单位总量中所占的比重，或各个组的标志值在相应的总体标志总量中所占的比重，进而了解现象总体的内部结构，反映现象总体的性质特征，研究现象发展变化的趋势及其规律性。

表 3－1 为 2003 年四川省生产总值及其构成情况。

表 3－1—2003 年四川省生产总值及其构成情况统计表

指　标	生产总值（亿元）	构成比重（%）	比上年增长
第一产业	1 128.60	20.68	5.50
第二产业	2 266.10	41.53	16.50
第三产业	2 061.60	37.79	10.10
全省生产总值合计	5 456.30	100.00	11.80

资料来源：根据四川省统计局编《领导干部经济工作手册》2004 年版第 27 页有关数据整理。

从表中可以看出 2003 年全省生产总值有关资料及其分布情况。全省增长速度比上年加快约 12 个百分点。从各产业所占比重来看，仍然是第二产业即工业和建筑业所占比重最大，为 41.53%，可见，全省的经济发展仍以工业和建筑业为基本支柱；其次，为第三产业，其比重占全省生产总值的 37.79%，紧随第二产业；第一产业即农业的发展仍不尽人意，仅占全省生产总值的 20.68%。

3. 研究现象之间的依存关系

社会经济现象之间总是存在着相互联系、相互依存、相互制约的关系，通过统计分组，将总体单位的数量标志中的一个标志作为分组标志进行分组，分析其他标志与该分组标志的关系的变化情况，以此分析现象之间的数量关系。如收入和劳动生产率之间的关系、销售额与流通费用率之间的关系等。

表 3－2 为 2003 年四川省部分地区居民存款与消费情况。

表 3-2 2003 年四川省部分地区居民存款与消费情况统计表

单位：亿元

地 区 名 称	居民储蓄存款余额	社会消费品零售总额
成都市	1 494.42	771.50
绵阳市	266.46	135.69
南充市	258.32	119.68
德阳市	208.67	108.91
乐山市	182.04	87.85
内江市	159.65	59.00
雅安市	76.57	34.19

资料来源：根据四川省统计局编《领导干部经济工作手册》2004 年版第 148 页和 149 页有关数据整理。

从表 3-2 分组资料可看出，社会商品零售总额的高低和该市的居民储蓄存款余额有着依存关系。居民储蓄存款较高，则说明该地区居民收入较高，可用于购买零售商品的支出较多，该市的社会消费品零售总额就多；反之，用于购买零售商品的支出就较少，则该市的社会消费品零售总额就少。

研究现象之间依存关系的方法多种多样，用统计分组法反映这种关系，将现象按影响因素分组，计算各组的平均指标或相对指标，就能揭示其数量变化特征和规律。

二、选择分组标志的原则

分组标志是进行统计分组的依据或标准。正确选择分组标志是保证实现统计分组任务的关键，是统计研究获得正确结论的前提。分组标志的正确选择，必须遵循以下基本原则。

1. 应当从统计研究的目的出发进行选择

行为总是受动机支配的，任何一个总体单位，都有许许多多标志，究竟选择什么样的标志对总体中各单位进行分组，要依据统计研究的目的、任务来确定。例如，要研究某单位的生产经营情况，则其经营规模、职工人数、上交税金、盈利能力、业务收入等都可以成为调查标志；如果要了解某学校学生的身体健康情况，当然应选择健康状况作为分组标志。

2. 选择最能反映事物本质特征的标志进行分组

每一个总体单位一般总是具有多个标志，其中有的标志是反映其本质特征的，而有些则是反映其非本质特征的。进行统计分组时，要根据统计分组的目的，从众多的标志中选择最能反映现象本质特征的标志作为分组标志，并进行统计分组。例如，要说明改革开放以来我国居民家庭生活水平提高的情况，可供选择的分组标志有：居民家庭人口数、就业人口数、赡养人口数、家庭工资收入总额、家庭成员人均工资额、家庭收入总额、家庭成员人均收入额等。当然，最能体现我国居民家庭生活水平高低的标志应当是家庭成员人均收入额。

3. 根据具体的历史条件来选择分组标志

社会现象总是随着时间、地点、条件的变化而变化的。同一标志在某一历史条件下最能反映事物的本质特征，而在另一历史条件下不一定能反映事物的本质特征。因此，随着历史条件的变化，分组标志也应改变。例如，研究企业职工的政治状态时，在强调阶级斗争的年代，家庭成分是作为一个十分重要的标志来使用的，而现在一般不用或很少使用这一标志来进行分组，而是选用企业职工的政治信仰等标志来进行分组。

三、分组界限的确定

统计分组根据分组标志的性质不同，分为品质标志分组和数量标志分组。在品质标志分组情况下，有些标志的分组界限较为简单，而有些标志的分组界限则较为复杂。如企业职工按工种分组、按文化程度分组、按性别分组；企业按行业分组、按规模分组，这些属性不易发生变动，因而对其进行的分组也较稳定，其分组的界限一般来说是很明确的，较容易分清。但是，城乡界限的确定、工农业的划分、按经济成分分组等，要弄清它们的分组界限，就有一定的难度。通常的做法是根据分组任务的要求，经过事先的研究，由国家或主管部门规定统一的划分标准，编制出统一的分类目录。如 1998 年国家统计局重新制定并颁布了《关于统计上划分经济成分的规定》和新的《关于划分企业登记注册类型的规定》。

此外，较为常见的分类目录还有《工业产品目录》、《工业企业生产结构分类目录》、《工业设备目录》和《工业行业分类目录》等等。

数量标志分组是统计分组中最重要的内容。在数量标志分组情况下，有的数量标志的分组界限是明显的，有的则较为复杂。例如，学生的学习成绩可以简单地分为 60 分以下、60 分～70 分、70 分～80 分、80 分～90 分以及 90 分以上等几组，这样的分组界限比较明显。对于比较复杂的数量标志分组界限，如人口的年龄分组，要根据不同的情况进行处理，其中相当部分具有统一的规定标准。再如我国企业的划分标准为：大型企业的标准为年销售收入和资产总额均在 5 亿元及以上，其中，特大型企业的标准为年销售收入和资产总额均在 50 亿元以上，中型企业的标准为年销售收入和资产总额均在 5 000 万元及以上，其余的均为小型企业。

四、简单分组、复合分组与分组体系

1. 简单分组

简单分组是指被研究现象只按某一个标志进行的分组。例如，对某校全部学生按学习成绩进行分组，可分为：

60 分以下
60 分～70 分
70 分～80 分
80 分～90 分
90 分以上

2. 复合分组

复合分组是指被研究现象按两个或两个以上的标志重叠进行的分组，即在按某一标志分组的基础上再按另一标志进行进一步的分组。例如，为了了解学生的年龄、性别等方面对高校学生的学习方面的影响情况，对某校学生按学习成绩和性别两个标志进行重叠分组：

男生：
- 60 分以下
- 60 分～70 分
- 70 分～80 分
- 80 分～90 分
- 90 分以上

女生：
- 60 分以下
- 60 分～70 分
- 70 分～80 分
- 80 分～90 分
- 90 分以上

这样分组的结果就形成了几层重叠的组别。其特点是：可以从几个不同的角度了解总体内部的差别和关系，比简单分组更全面、更深入地研究问题。但在应用时要注意：第一，复合分组的标志不宜过多。因为随着分组标志的增加，所分组数也会成倍增加，被分配到各组的总体单位就会更加分散，这样就违背了“大量”的原则因而失去了通过分组来分析问题的意义。第二，只有在总体包括的单位数很多的条件下，适当采取复合分组才有意义。

注意，复合分组不是两个简单分组。比如下面这个例子：

全国总人口	129 227 万人
其中：城镇	52 376 万人
乡村	76 851 万人
全国总人口	129 227 万人
其中：男性	66 556 万人
女性	62 671 万人

该分组是两个标志并列进行的分组，其实质仍然是简单分组，不能称为复合分组。

3. 分组体系

社会现象是复杂的，需要从各个方面进行观察和研究，以获得对事物的全面认识，这就需要采用相互联系、相互补充的多个分组标志对总体进行多种分组，即建构分组体系。例如对人口总体进行统计研究，必须通过对按性别、按年龄、按民族、按婚姻状况等多种分组形成的分组体系进行研究，才能对人口总体的自然构成有较深刻的认识。

第三节 分配数列

一、分配数列的意义

统计资料经过按某一标志分组后，依一定的分组顺序，列出各组的总体单位数，形成一个反映总体单位在各组间分配情况的统计数列，叫分配数列，也称次数分布或次数分配。分布在各组的总体单位数叫次数，又称频数；各组次数与总次数之比叫比率，又称频率。

分配数列是进行统计分析的重要方法，是统计资料整理的一种重要形式和结果。它可以表明总体的分布特征及内部结构情况，并可据此研究总体某一标志的平均水平及其变动的规律性。

分配数列的构成必须同时具备两个要素：一是按分组标志划分的各类型组，二是分配于各组的总体单位数。

二、分配数列的种类

分配数列按选用的分组标志的性质不同，可分为品质数列和变量数列。

1．品质数列

按品质标志分组所编制的分配数列叫品质数列。它由分组的名称和次数两个要素构成。对于品质数列，如果分组标志选择得当，分组标准定得合理，那么事物性质的差异表现得也比较清楚，总体中各组的划分也较容易解决，从而能准确地反映总体的分布特征。

2．变量数列

按数量标志分组形成的分配数列称为变量数列。

变量数列按照变量类型的不同，可分为离散变量和连续变量。离散变量是指可以按一定顺序一一列举其整数变量值，且两个相邻整数变量值之间不可能存在其他变量值的变量，如企业数、设备数、学生人数等；连续变量是指其变量值不能一一列举，任何相邻整数变量值之间存在无限多个变量值的变量，如职工的月收入额、人口的年龄、学生的学习成绩等。

变量数列按其变量值变动范围的大小，还可分为单项式变量数列和组距式变量数列两种。单项式变量数列又称单项数列或单变量数列，它是以每个变量值为一组而编制成的变量数列。一般说来，当离散变量的变量值的变动范围不大，总体单位数也不多时，可考虑编制单项数列，如表 3－3 所示。

表 3－3 某地区某年妇女生育孩次分布

生育孩次数	比重（%）
0	20
1	75
2	3
3	1.2
4	0.7
5	0.1
合 计	100

组距式变量数列又称组距数列，它是以在一定范围内的变量值为一组而编制的变量数列。一般地，在编制变量数列时，恰遇离散变量且其变量值的变动范围较大，总体单位又多时，如果编制单项数列，则会造成组数太多，使各组的总体单位数相应较少，不利于反映总体分布的规律性，此时编制组距数列较为恰当。此外，由连续变量编制变量数列时，由于连续变量的变量值不能一一列举，编制单项数列会造成总体单位的遗漏，因而只能编制组距数列。组距数列如表 3－4 所示。

表 3－4 某班学生《统计学原理》考试成绩表

学生考试成绩（分）	人数（人）	频率（%）
60 以下	2	4
60～70	10	20
70～80	18	36
80～90	15	30
90 以上	5	10
合 计	50	100

组距的计算公式为：

组距＝每组的最大值－该组的最小值

组距数列中每组的最大值又名上限，最小值又名下限，故上述组距的公式一般表述为：

组距＝上限－下限

在编制组距数列时，各组的组距可以相等，也可以不相等。各组组距相等的变量数列叫等距变量数列，简称等距数列，如表 3－4 就是等距数列；各组组距不相等的变量数列叫异距变量数列，简称异距数列，如表 3－5 所示。

表 3-5　某公司某月职工工资统计表

职工按月工资额分组（元）	职工人数（人）
500 以下	10
500～1 000	40
1 000～2 000	80
2 000～5 000	15
5 000～20 000	4
20 000 元以上	1
合　计	150

三、编制组距数列时应注意的问题

1. 组限的表示方法

组限是指组距数列中每组的上限和下限。组限的表示方法有两种，即重叠组限（又叫连续组限）和不重叠组限（又叫不连续组限）。一般情况下，离散型变量在编制组距数列时，相邻两组的上、下限可以不重合，即采用不重叠组限。例如，企业按职工人数分组：

100 以下
101～500
501～2 000
2 001～10 000
10 001 以上

在实际工作中，离散变量编制的组距数列，对组限的表示方法并未做明确的要求，因此，上例也可用重叠组限来表示，即：

100 以下
100～500
500～2 000
2 000～10 000
10 000 以上

连续变量编制组距数列时，为避免出现部分标志值在汇总中被遗漏的情况，一般要求相邻两组的组限重叠，即连续变量在编制组距数列时组限的表示方法只能采用重叠组限的方法。例如，企业按产值增加值分组（单位：万元）：

100 以下
100～1 000
1 000～5 000
5 000 以上

采用重叠组限的方式编制变量数列进行分组汇总整理时，通常把处于前后两组上下限相重合的总体单位，统一划归后一组即下限所在组，即遵循“上限不在内原则”。

2. 组的开口与闭口

在组距数列中，凡出现“……以上”或“……以下”字样的组，一般是第一组和最后一组，叫开口组。开口组是组限不全的组，有开口组的数列称为开口式组距数列。例如表3－4与表3－5。反之，第一组有下限，最后一组有上限，即组限齐全的组称为闭口组。这样的组距数列称为闭口式组距数列。

3. 组中值

组中值是组距数列中各组的上限和下限的中点数值。

在组距数列中，其组内变量值位于上下限之间，能说明下限至上限的变动距离，却不能反映组内各单位变量值的具体分配情况。在编制组距变量数列时，为满足统计研究的需要，必须假设各单位变量值在组内是均匀分布的，这样，就可以用组中值作为该组组内各单位不同的变量值的一个代表值。

组中值的计算公式为：

$$组中值 = (上限 + 下限) \div 2$$

在开口组中：

$$组中值 = (下限 + 邻组组距) \div 2$$

$$组中值 = (上限 - 邻组组距) \div 2$$

组中值只是各组平均值的代表值，并非各组平均值，它对组内平均值代表性的高低取决于其组内标志值均匀分布的程度。故凡用组中值计算的结果一般只是近似值。

组中值在组距数列中具有重要作用，是研究总体单位某标志集中趋势或离散趋势程度不可缺少的重要计算数据。

第四节　统 计 表

一、统计表的意义和结构

1. 统计表的意义

经过汇总整理后的统计资料，应按照规定要求填列在一定的表格内。统计表就是用纵横交叉的线条来表现统计资料的表格。统计表能够将大量统计数字资料加以综合组织安排，使资料更加系统化、标准化，更加紧凑、简明、醒目和有条理，便于人们阅读、对照比较和说明问题，从而更加容易发现现象之间的规律性。利用统计表还便于资料的汇总和审查，便于计算和分析。因此，统计表是统计分析的重要工具。

2. 统计表的结构

从形式上看，统计表由四个部分组成，即总标题、横行标题、纵栏标题和数字资料。总标题为整个统计表的名称，用来简明扼要地说明全表的主要内容，一般列在表的上端中部；横行标题是表中各横行的名称，在统计表中通常用来表示各组的名称，它代表统计表所要说明的对象，一般列在表的左方；纵栏标题是表中各纵栏的名称，在统计表中通常用来表示统计指标的名称，一般列在表的上方；数字资料列在各横行标题与各纵栏标题交叉处，即统计表的右下方。统计表中任何一个数字的含义都由横行标题和纵栏标题共同说明。如表 3－6 所示。

表 3－6　2003 年四川省几大城市主要经济指标统计表→总标题

	年末总人口（万人）	人均生产总值(元)	人均固定资产投资额(元)	城乡居民储蓄人均余额(元)
成都市	1 044	18 051	8 327	14 419
自贡市	315	6 436	1 414	4 342
绵阳市	528	7 546	1 971	5 079
内江市	421	4 761	1 330	3 794

（图注：纵栏标题；横行标题；数字资料）

资料来源：根据四川省统计局编《领导干部经济工作手册》2004 年版第 143 页、153 页有关数据整理。

从表的内容看，统计表包括主词和宾词两个部分。主词是统计表所要说明的对象，也就是统计表所要反映的总体或总体的各个分组；宾词是说明总体的各个指标。一般情况下，主词排列在统计表的左方，即列于横行；宾词排列在表的上方，即列于纵栏。

二、统计表的种类

统计表按照主词是否分组和分组的程度不同分为简单表、分组表和复合表三类。

1. 简单表

统计表的主词未经任何分组的表，称为简单表。它的特点是反映的内容只按顺序或按逻辑排列，并有合计数，一般在对原始资料进行初步整理时采用这种形式。简单表的主词可以按总体单位简单排列，也可以按时间先后顺序简单排列。按总体单位简单排列的简单表如表 3－7 所示。

表 3－7　某系某年各年级英语成绩统计表

年　级	英语平均绩成	名　次
一年级	85	1
二年级	84	2
三年级	80	3
四年级	78	4
合　计	81	

按时间先后顺序简单排列的简单表如表 3－8 所示。

表 3-8　某公司上半年利润增长情况

月　份	计划利润（万元）	实际利润（万元）	计划完成（%）
1	200	220	110
2	200	240	120
3	200	250	125
4	200	260	130
5	200	270	135
6	200	280	140
合计	1 200	1 520	126.67

2. 分组表

分组表，即统计表的主词按某一个标志进行分组的统计表。其主词可按品质标志分组，也可按数量标志分组，如表 3-9 所示。

表 3-9　近年来四川省各产业生产总值统计表

单位：亿元

产　业	2000 年	2001 年	2002 年	2003 年
第一产业	945.60	981.70	1 027.60	1 128.60
第二产业	1 580.50	1 756.90	1 982.40	2 266.10
第三产业	1 484.20	1 683.20	1 865.10	2 061.60
合　计	4 010.30	4 421.80	4 875.10	5 456.30

资料来源：根据四川省统计局编《领导干部经济工作手册》2004 年版第 59 页有关数据整理。

3. 复合表

复合表，即统计表的主词按两个或两个以上标志进行重叠分组的统计表。复合表能把更多的标志结合起来，可更深入地分析现象的特征和规律性，如表 3-10 所示。

表 3-10　某地区某年企业销售收入和职工人数统计表

项　目	销售收入（万元）	职工人数（人）
国有企业	22 550	68 650
大型企业	9 750	13 600
中型企业	8 500	45 000
小型企业	4 300	10 050

续表 3-10

项 目	销售收入（万元）	职工人数（人）
集体企业	17 300	22 400
大型企业	7 300	7 500
中型企业	5 400	10 400
小型企业	4 600	4 500
合 计	39 850	91 050

三、统计表的编制规则

(1) 表的各种标题，特别是总标题，要简明确切，概括地反映出表的基本内容，表明统计资料所属地点和时间。

(2) 表中的横行标题各行、纵栏标题各栏一般按先局部后整体的原则排列。即先排列各个项目，后排列总体，当没有必要列出所有项目时，可先列总体，后列其中一部分项目。

(3) 如果统计表的栏数较多，通常应加以编号。主词栏和计量单位各栏，一般用甲、乙、丙等文字编号；宾词栏各统计指标一般用 1，2，3 等数字编号。

(4) 表中的数字要对准位数，填写整齐，当某项无数字时，用规定符号表示：如有的规定用“—”表示；当缺乏某资料时，有的规定用符号“…”表示。尤其对于用电子计算机汇总的统计表，填写的符号都有特殊的要求，必须按具体规定填写计量单位栏。若整个统计表只用一种计量单位时，可省去计量单位栏，将计量单位写在统计表的右上方。

(5) 统计表的上、下横线一般用粗线条封口，左右两端不封口，即统计表采用“开口表”格式。

习 题 三

一、名词解释

1. 统计整理　2. 统计分组　3. 分配数列　4. 变量数列　5. 统计表

二、填空题

1. 统计资料整理的任务，是对统计调查所搜集的原始资料进行科学加工，使之__________，以取得反映现象总体______特征的资料。

2. 统计资料正确性的检查，一般分为________检查和______检查。

3. 统计分组在统计研究中的作用，主要有______________，______________，______________。

4. 分配数列按分组标志不同，可分为＿＿＿＿＿＿数列和＿＿＿＿＿＿数列。

5. 一般说来，在变量值变动范围较小，总体单位数不太多时，可编制＿＿＿＿＿＿数列，而在变量值变动范围较大，总体单位数又较多时，宜编制＿＿＿＿＿＿数列。

6. 在编制组距变量数列时，一般应假设各单位变量值在组内是＿＿＿＿＿＿分布的，这样，就可以用组中值作为该组组内各单位不同变量值的一个＿＿＿＿＿＿值。

7. 变量数列是按＿＿＿＿＿＿标志分组后形成的分配数列。变量数列按其变量值变动范围的大小分为＿＿＿＿＿＿变量数列和＿＿＿＿＿＿变量数列。

8. 表现统计资料的常见形式有＿＿＿＿＿＿、＿＿＿＿＿＿和＿＿＿＿＿＿三种方式。

9. 统计表从组成要素看，由四部分组成，即＿＿＿＿＿＿、横行标题、纵栏标题和＿＿＿＿＿＿。

10. 统计表按＿＿＿＿＿＿是否分组和分组程度不同，分为＿＿＿＿＿＿表、分组表和复合表。

三、单项选择题

1. 统计整理主要是对（　　）的整理。
   A. 统计分析资料　　B. 所有统计资料
   C. 原始调查资料　　D. 综合统计资料

2. 统计整理是（　　）。
   A. 统计分析的前提，统计调查的继续
   B. 统计研究的初始阶段
   C. 统计研究的最终阶段
   D. 统计调查的前提，统计分析的继续

3. 统计整理的根本目的是（　　）。
   A. 通过统计分组，研究现象的结构　　B. 通过汇总获得各项综合指标
   C. 对调查资料进行审核　　D. 编制统计表格

4. 分组标志一经选定，就（　　）。
   A. 掩盖了总体在此标志下的性质差异　　B. 突出了总体在此标志下的性质差异
   C. 突出了总体在其他标志下的性质差异　　D. 使得总体内部的差异消失了

5. 按组距式分组，（　　）。
   A. 不会使资料的真实性受到损害　　B. 会使资料的真实性受到损害
   C. 所得资料是虚假的
   D. 资料本身的真实性是不会因为分组的方式而受到损害的

6. 在全距一定的情况下，组距的大小与组数的多少（　　）。
   A. 成正比　　B. 成反比
   C. 无比例关系　　D. 有时成正比，有时成反比

7. 在统计分组时，凡遇到某单位的标志值刚好等于相邻两组的重叠组限时，（ ）。

A. 一般把此值归并到作为上限的那一组
B. 一般把此值归并到作为下限的那一组
C. 一般归并到上限所在组或下限所在组均可
D. 一般对此值单设一组

8. 统计分组的关键问题是（ ）。

A. 确定全距和组数 B. 确定组数和组中值
C. 确定组距和组中值 D. 确定分组标志和各组界限

9. 分配数列是（ ）。

A. 按数量标志分组后形成的数列 B. 按品质标志分组后形成的数列
C. 按数量或品质标志分组后形成的数列 D. 按组距式分组后形成的数列

10. 简单分组与复合分组的区别在于（ ）。

A. 某一总体的复杂程度不同 B. 选择的分组标志的性质不同
C. 组数的多少不同 D. 选择的分组标志的数量不同

四、多项选择题

1. 统计表按其主词是否分组和分组的程度，分为（ ）。

A. 调查表 B. 简单表 C. 汇总表 D. 分组表
E. 复合表

2. 统计资料正确性的检查方法主要有（ ）。

A. 逻辑检查 B. 计算检查 C. 对照检查 D. 逐步检查
E. 查表检查

3. 组中值（ ）。

A. 就是组平均数 B. 是组内变量值的值
C. 是上限与下限之间的中点值 D. 开口组的组中值无法确定 E. 开口组组中值的确定要考虑相邻组的组距

4. 统计表按其作用可分为（ ）。

A. 调查表 B. 时间数列表 C. 空间数列表 D. 汇总表
E. 分析表

5. 下列统计分组属于复合分组的是（ ）。

A. 对工人分别按性别和工资级别进行的统计分组
B. 对企业分别按产值和行业进行的统计分组
C. 对工人先按性别分组，在此基础上按工资级别分组
D. 不同行业的企业分别按产值分组
E. 对学生按性别和学习成绩进行的重叠分组

6. 统计表的主词可以是（ ）。

A. 总体单位的名称 B. 总体的各个组

C. 总体单位的全部　　D. 总体的统计指标

E 总体的各个指标的名称

7. 统计资料整理的内容有（　　）。

A. 对统计调查结果进行审核　　B. 进行统计分组

C. 编制分配数列　　D. 编制统计表

E. 撰写统计分析报告

8. 统计资料检查的主要任务是检查统计资料的（　　）。

A. 经济性　　B. 正确性　　C. 及时性　　D. 系统性

E. 完整性

9. 分配数列由（　　）两部分构成。

A. 统计分组标志　　B. 按分组标志划分的各个组

C. 各组的总体　　D. 各组的总体单位数

E. 各组的总体单位

10. 下列只能编制组距数列的有（　　）。

A. 企业按上交税金金额分组　　B. 职工按月工资额分组

C. 学生按学习成绩分组　　D. 家庭按拥有人口数分组

E. 国家按具有的少数民族数分组

五、判断题

1. 能够对统计总体进行分组，是由统计总体中的各个单位所具有的“同质性”特点决定的。（　　）

2. 统计整理仅仅是对原始资料的整理。（　　）

3. 统计整理就是要把反映总体单位特征的大量原始资料转化为反映总体特征的基本统计指标。（　　）

4. 统计分组法仅限于对统计原始资料的应用。（　　）

5. 统计整理的关键是统计分组，统计分组的关键问题是确定组限和组距。（　　）

6. 两个简单分组并列起来就是复合分组。（　　）

7. 统计表的主词栏是说明总体的各个统计指标。（　　）

8. 分配数列的中心思想是说明统计总体的单位数在各组的分布状况。（　　）

9. 组中值即是组距数列中各组的组平均值。（　　）

10. 统计资料必须要用统计表格来表现。（　　）

六、简要问答题

1. 简要回答统计整理的含义和重要性。

2. 简要回答统计分组的含义和作用。

3. 简要回答分配数列的含义和种类。

4. 简要回答分组标志的含义，正确选择分组标志的重要性和正确选择分组标志的原则。

第四章　总量指标和相对指标

统计分析是统计整理的继续。统计分析的方法有综合指标法、时间数列法、统计指数法、抽样推断法等。其中，综合指标法是统计分析最基本的方法，而时间数列法、统计指数法等都是以综合指标法为基础的。

总量指标、相对指标和平均指标是综合说明客观事物现象总体数量特征的统计指标，称为综合指标。本章将讨论总量指标和相对指标，下一章将讨论平均指标。

第一节　总量指标

一、总量指标的概念、作用

（一）总量指标的概念

总量指标是反映客观事物现象总体在一定时间、地点条件下的总规模、总水平或工作总量的综合指标，表现为绝对数的形式，又称绝对指标。它是统计工作通过采集和汇总而得到的数字资料。例如，某校2002年年末在校学生总人数，全国的总人口数，国民生产总值，一个企业的总利润、净利润等为总量指标。

总量指标的数值随着统计范围的大小变动而增减变动，主要用于研究事物的广度。总量指标是最基本的统计指标，它是计算相对指标和平均指标的基础。

总量指标多是在统计调查和统计整理的过程中直接得到的，也有一些总量指标是根据已知的总量指标通过各种方法间接推算出来的。

（二）总量指标的作用

1．总量指标是认识社会经济现象总体特征的起点总量指标可以反映一个国家的国情、国力，反映一个地区、一个部门或一个企业的人力、物力、财力等情况。例如，了解了一个企业的现有规模、企业职工人数、企业投资总额等，就对这个企业有了基本认识。又如，要了解一个国家的情况，就要掌握这个国家的土地面积、人口总数、劳动力数量、国内生产总值、国民生产总值等总量指标。

2. 总量指标是进行经济和社会管理的重要依据之一

总量指标反映了经济、社会的总体情况，对总量指标进行分析计算又可深入了解经济、社会的基本特征和发展变化的规律，从而为经济管理和社会管理提供依据。

3. 总量指标是计算相对指标和平均指标的基础

相对指标和平均指标一般是由两个有联系的总量指标相对比的结果，它们是总量指标的派生指标。总量指标是否科学、正确，将直接影响到相对指标和平均指标的正确性。

二、总量指标的分类

（一）总体单位总量和总体标志总量

总量指标按其反映的内容不同，可分为总体单位总量和总体标志总量。总体单位总量反映总体或总体各组单位的多少，简称总体总量。它是总体内所有单位的合计数，主要说明总体本身规模的大小。总体标志总量反映总体或总体各组标志值的总和，简称标志总量，主要说明总体各单位某一标志值总量的大小。例如，工人人数、工业企业数等是总体总量指标，工资总额、工业总产值等是标志总量指标。

总体单位总量和总体标志总量随着研究目的和被研究对象的变化而变化。例如，在计算某行业平均工资时，该行业的从业总人数是总体总量，工资总额是标志总量。但在计算该行业每个企业平均从业人数时，从业人员总人数则是标志总量，而该行业的企业数是总体总量。

（二）时期指标和时点指标

总量指标按反映的时间状况不同，分为时期指标和时点指标。时期指标是反映某种现象在一段时期内发展结果总和的总量指标，如产品产量、出生人数、材料消耗量等。时点指标是反映某种现象在某一时刻所处状况的总量指标，如企业个数、学生人数、期末资产总额等。

时期指标和时点指标的区别如下：

（1）时期指标可以累计相加，相加的结果表明现象在一个较长时期内发展结果的总和，如1至6月的利润相加就是上半年的利润。时点指标不能累计相加，只能通过定期登记取得，如某车间第一天出勤51人，第二天出勤50人，不能把两天出勤人数相加得出出勤人数101人。

（2）时期指标值的大小与时期的长短有直接关系，时期越长，指标值越大；反之，则越小。如一个月的销售收入比一个季度的销售收入少。时点指标值的大小与时点的间隔长短没有直接关系，如某系有学生500人，其大小变化只与转入转出、招生毕业有关，而与时间长短无关。

（3）时期指标是通过连续登记，经常性调查取得的，如某月的产量是由每天的产量连续登记汇总得到的。时点指标是通过一次性登记取得的。

三、总量指标的计量单位

总量指标是各种社会经济现象总量的具体表现，必须有一定的计量单位。根据总量指标反映的被研究对象的特点、性质和研究任务的不同，总量指标的计量单位主要有三种：实物单位、货币单位、劳动量单位。

（一）实物单位

实物单位是根据事物的属性和特点规定的计量单位，它可以分为自然单位、度量衡单位、双重单位、复合单位、标准实物单位等。

1. 自然单位

自然单位是按照现象的自然表现形态来计量其数量的计量单位，如学生以人为单位，机器以台为单位，房屋以间为单位等。

2. 度量衡单位

度量衡单位是以长度、重量、面积、体积等统一的度量衡制度规定的单位来计量事物数量的计量单位，如粮食以千克（kg）或吨（t）为单位，水以立方米（m^3）为单位，道路以千米或公里为单位等。

3. 双重单位

有些事物用一种计量单位不能准确地计量，需要同时用两个单位对比起来反映，如电动机以台/千瓦为单位，汽车速度以千米/小时（km/h）或公里/小时为单位等。

4. 复合单位

复合单位是把两种计量单位结合在一起来表示事物的数量，如用电量以千瓦时为单位，旅游人数以人次为单位，货运量以吨公里为单位。

5. 标准实物单位

某些同类事物，由于品种、规格、能力或化学成分含量不同，因而事物的混合量不能确切地反映生产成果，所以，对一些事物，要求按一定的折合标准，折算为一种标准规格或标准含量的实物。用这种标准实物来表示的计量单位叫标准实物单位。例如，将发热量不同的煤折合为每千克发热量为 29 400 焦耳的煤；皮革生产，以牛皮消耗的劳动量为标准，一张牛皮算一张，六张羊皮折合一张牛皮，两张猪皮折合一张牛皮，等等。按标准实物量进行折算后，才能加总出实物量指标的总数来。

（二）货币单位

货币单位是以货币作为价值尺度来计量社会经济现象的，可使用各国的货币单位，如国民生产总值、外汇收入、企业的销售收入、营业利润等。用货币单位来计量的总量指标是价值指标。价值指标可以把不同的事物过渡到可以加总，具有广泛的综合性和较强的概括能力。但价值指标容易掩盖事物的具体内容，比较抽象，有一定的局限性。

（三）劳动量单位

劳动量单位用劳动时间来计量，表示客观事物，用劳动量单位计量的总量指标叫劳动量指标，如工时、工日等。其应用范围多限于微观领域，如企业生产计划、劳动定额等。

四、总量指标的计算方法

（一）直接计算法

直接计算法是对所有总体单位进行调查登记，然后进行汇总而得到总量指标值的方法，是取得总量指标的基本方法。

（二）推算法

推算法是根据各种指标之间的关系或根据非全面调查的资料推算总量指标的方法。常用的推算法有：抽样推算、平衡推算、因素推算等。

第二节 相对指标

一、相对指标的概念和作用

（一）相对指标的概念

社会经济现象之间总是相互联系、相互依存的，要分析社会经济现象，仅利用总量指标是不够的。要对事物做深入的了解，就必须对总体的组成和各部分间的数量关系进行分析比较，就必须计算相对指标。

相对指标是指两个有联系的统计指标之比，得到的比率或比值称统计相对数。例如，用实际销售收入与计划销售收入对比，可得到计划完成程度相对指标；用本期利润与上期利润对比，可得到动态相对指标；用某地的人口数与土地面积对比，可得到该地的人口密度。

（二）相对指标的作用

相对指标表明社会经济现象之间的数量关系，在统计分析和经济分析中得到广泛的应用。它的主要作用有：

(1) 统计相对指标反映现象之间的联系程度，能深入全面地分析事物。如某人去年月收入 400 元，今年月收入 480 元，今年比去年增加了 80 元，增长了 20%，只用 80 元，很难说明收入提高的程度，用 20% 则能较好地说明收入提高的程度。

(2) 相对指标在社会经济管理中发挥着重要作用，能使一些不能或不宜直接比较的量具有对比的基础。

(3) 利用相对指标可以分析研究社会经济现象总体内部的结构，分析研究各种比例关系。

二、相对指标的表示方法

相对指标是一个抽象的数，是用一个指标作基础，另一个指标与之相对比，用得到的比值来反映它们之间的关系。其比值的表示方法主要有以下几种。

（一）百分数（%）

用百分数表示相对指标，是将对比的基数抽象为 100，用% 来表示相对指标。这是一种最常用的表示方法。如某企业的营业收入，今年是去年的 120%。

（二）倍数

用倍数表示相对指标，是将对比的基数抽象为 1 来计算相对指标。一般当用百分数表示计算结果太大时，就用倍数表示。如某企业今年与 10 年前对比，所得结果为 1000%，这时通常用 10 倍表示，而不用百分数。

（三）系数

用系数表示相对指标，也是将对比的基数抽象为 1。总体内部各组成部分之间的比例关系通常用系数表示，其他一些经济比例也常用系数表示。

（四）千分数（‰）

用千分数表示相对指标，是将对比的基数抽象为 1 000，用‰表示。通常，人口出生率、死亡率、自然增长率、迁入率、迁出率，以及牲畜的出生率、死亡率等用千分数表示。

（五）成数

用成数表示相对指标，是将对比的基数抽象为 10，即将基数分为 10 份，每一份就是一成。如某地区今年粮食产量比去年增长两成，即增长了 20% 或 2/10。

（六）复名数

前面五种方法表示的相对指标都没有计量单位，称为无名数。而两个性质不同又有联系的总量指标对比计算得到的相对指标，一般就有计量单位，是有名数，并且用双重单位计量，称为复名数。如人口密度的计量单位是人/平方公里。复名数通常在强度相对数中使用。

三、相对指标的种类及计算

由于研究目的和任务不同、对比的基数不同，相对指标可分为：计划完成程度相对指标、结构相对指标、比例相对指标、比较相对指标、强度相对指标和动态相对指标。

（一）计划完成程度相对指标

计划管理在宏观与微观管理中都是重要内容，为掌握计划完成的进度，检查计划完成程度，就需计算计划完成程度相对指标。

计划完成程度相对指标是某现象在某一段时间内的实际完成数与计划完成数之比，用以表明计划完成的情况，一般用百分数表示。其计算公式为：

$$计划完成程度相对指标=\frac{实际完成数}{计划数}\times 100\%$$

在计算与应用计划完成程度相对指标时，要求子项与母项在指标含义、计算口径、计算方法、计量单位及时间范围和空间范围等方面完全一致。由于计划数是衡量计划完成与否的标准和基础，所以子项与母项不能互换。判断计划完成程度的好坏，要根据计划数的性质而定，如果计划指标以最低限额做规定，如收入、产量、利润等指标，计划完成程度相对指标等于或大于 100% 为好，需大于 100% 才算超额；如果计划指标以最高限额做规定，如费用、成本、消耗等指标，计划完成相对指标小于或等于 100% 为好，需小于 100% 才算超额。

1．计划指标的类型不同，计划完成程度相对指标的计算亦有所不同

（1）计划指标为总量指标时，直接用实际水平与计划水平对比，得到计划完成程度相对指标。它一般适用于考核社会经济现象的规模、水平或工作总量的计划完成情况。

例 4－1　某企业2003年实际营业收入 1 000 万元，计划为 900 万元，求该企业营业收入的计划完成情况。

$$计划完成程度=\frac{1\ 000}{900}\times 100\%=111.11\%$$

计算结果表明，该企业 2003 年营业收入计划完成程度为 111.11%，超额完成计划 11.11%（111.11%－100%＝11.11%）。

（2）计划指标为相对指标时，计划指标一般以前期的实际数为基础，规定计划比前期提高或降低的百分率，应先将提高或降低率转变为计划完成率和实际完成率，再进行计算。

$$计划完成程度相对指标=\frac{实际完成数}{计划数}=\frac{1\pm 实际提高或降低率}{1\pm 计划提高或降低率}\times 100\%$$

例 4－2　某企业2002年的利润计划比 2001 年提高 10%，而实际比 2001 年提高了 20%，求该企业利润的计划完成情况。

$$计划完成程度=\frac{1+20\%}{1+10\%}\times 100\%=109.09\%$$

计算结果表明，该企业利润的计划完成程度为 109.09%，超额完成计划 9.09%（109.09%－100%＝9.09%）。

例 4－3　某企业生产成本今年计划比上年降低10%，实际降低了 5%，求该企业生产成本的计划完成程度。

$$计划完成程度=\frac{1-5\%}{1-10\%}\times 100\%=105.56\%$$

计算结果表明，该企业生产成本的计划完成程度 105.56%，未完成计划。

（3）计划指标为平均指标时，可直接用实际平均数与计划平均数对比，得到计划完成程度相对指标。一般适用于考核以平均数表示的技术经济指标的计划完成情况。

例 4－4　某企业产品的计划单位成本为100元/件，实际单位成本 96 元/件，计划完成情况为：

$$计划完成程度=\frac{96}{100}\times 100\%=96\%$$

计算结果表明，单位成本实际比计划降低了 4%，降低金额为 4 元/件。

2. 计划执行进度检查

在实践中，对长期计划的完成情况进行考核，除了前面讲到的在计划期结束以后计算计划完成程度相对指标，还需要在计划执行期中计算、检查计划执行情况，亦即检查计划期中各阶段的计划完成情况。由于计划指标的规定不同，所以计划执行进度的检查有两种不同的方法。

（1）水平法。如果计划指标只规定在计划的末期应达到的水平，则在计划期中，哪一期达到了计划数，该期就完成了计划。

例 4－5　某企业五年计划规定，最后一年的产量要达到 200 万吨，各年生产情况如表4－1。

表4－1

	第一年	第二年	第三年	第四年				第五年			
				第一季度	第二季度	第三季度	第四季度	第一季度	第二季度	第三季度	第四季度
产　量（万吨）	130	135	135	20	30	40	50	50	60	65	75

第一年、第二年、第三年、第四年的产量均未达到200万吨，而从第四年的第三季度到第五年的第二季度的产量刚好达到200万吨（40＋50＋50＋60＝200），说明到第五年的第二季度末完成了计划，提前了半年时间。

（2）累计法。如果计划指标规定的是整个计划期累计应达到的水平，则应将实际各期的数字累计起来，再与计划指标对比，以确定累计至各期末的计划完成情况。

例4－6　某企业产量资料及计划执行进度如表4－2。

表4－2

产品名称	全年计划产量（吨）	实际产量（吨）				计划执行进度（%）			
		第一季度	第二季度	第三季度	第四季度	第一季度	第二季度	第三季度	第四季度
甲	100	20	30	25	40	20	50	75	115
乙	200	46	50	60	80	23	48	78	118
合计	300	66	80	85	120	22	49	77	117

从表中可以看出，第一季度末甲、乙两中产品均未完成计划，合计差3%（22%－25%），其中甲产品只完成20%，差5%（20%－25%），乙产品只完成23%，差2%（23%－25%）；累计到第二季度末该企业也未完成计划，差1%（49%－50%），其中甲刚好完成计划，乙未完成计划，差2%（48%－50%）；累计到第三季度末企业生产情况好转，超计划2%（77%－75%），其中甲仍然刚好完成计划，乙超计划3%（78%－75%）；累计到第四季度末的情况更好，甲、乙均超额完成计划。

（二）结构相对指标

1. 结构相对指标的计算

结构相对指标是指在统计分组的基础上，总体中的各组数值与总体数值进行对比得到的比值或比率。它表明各组在总体中所占的比重，说明总体的内在结构，通常用百分数表示。

计算结构相对指标的分子与分母可以是各组与总体的单位数，也可以是各组与总体的标志总量。由于各组数值之和等于总体数值，所以各组的结构相对数之和一定等于100%或1。计算公式如下：

$$结构相对指标=\frac{总体部分数值}{总体全部数值}\times 100\%$$

2. 结构相对指标的作用

(1) 说明总体内部结构的情况。如某班学生50人，其中女生占40%，而男生占60%，这两个结构相对指标说明了全班学生性别的内部结构。

(2) 通过不同时期结构相对指标的对比，可以反映事物的发展变化趋势，如表4-3：

表4-3 某厂产品产值比重情况表（%）

产品名称	2000年	2001年	2002年
甲	20	18	10
乙	30	40	60
丙	50	42	30
合计	100	100	100

从表中可以看出，甲产品和丙产品的比重不断降低，而乙产品的比重不断增加。

(3) 利用结构相对指标，有助于管理中分清主次。如表4-3中，从2000年到2002年，乙产品逐渐成为了企业最重要的产品，而丙产品则降为相对次要的产品，甲产品则逐渐萎缩。

（三）比例相对指标

比例相对指标是同一总体中各组成部分之间的比值，反映各组成部分之间的联系程度和比例关系。比例相对指标通常用百分数或几比几的形式表示，有时也用$1:n:m$的形式来表示各部分间的比例关系。计算公式为：

$$比例相对指标=\frac{总体中某部分数值}{总体中另一部分数值}$$

如某企业生产工人200人，行政后勤人员100人，则行政后勤人员占生产工人的50%，或用1:2表示。

比例相对指标和结构相对指标都是在统计分组的基础上计算的，比例相对指标也能反映总体结构，是一种结构性的比例；与结构相对指标密切联系，只是对比的方法不同、角度不同。

在计算比例相对指标时，如果选择不同的部分为基础，则分子、分母就不同，也就是说分子、分母可以互换。如上例中，行政后勤人员占生产工人的50%，分子、分母互换，则生产工人与行政后勤人员的比例为2:1。

（四）比较相对指标

比较相对指标是反映社会经济现象同类指标在同一时间不同空间条件下数量对比关

系的相对指标。它是同类事物同类指标的静态对比，表明社会经济现象在不同单位发展的不均衡程度。比较相对指标通常用百分数或倍数表示。计算公式如下：

$$比较相对指标=\frac{某条件下的某指标数值}{另一条件下的同类指标数值}$$

例如，2002 年家庭人均年收入，甲城市为 8 000 元，乙城市为 9 000 元，丙城市为 11 000 元。如果以甲城市为基础即作分母，可计算得到：乙城市人均年收入是甲城市的 112.5%（9 000/8 000），丙城市人均年收入是甲城市的 137.5%（11 000/8 000）。

用来计算比较相对指标的指标可以是数量指标，也可以是质量指标（平均指标或相对指标），但多用质量指标，如单位成本、人均产值、劳动生产率等质量指标。

比较相对指标可用于不同国家、不同地区、不同单位的比较，也可用于先进与落后的比较，还可用于与规定的国家标准、行业标准等的比较。

计算比较相对指标时，哪一个作比较的基础，也就是公式中的分母，须根据研究目的确定。一般情况下分子、分母可以互换，从不同角度反映问题，但通常以指标值较小的作分母。

（五）强度相对指标

强度相对指标是由两个性质不同而又有联系总体的总量指标进行对比，反映现象的强度、密度、普遍程度和利用程度的相对指标。计算公式如下：

$$强度相对指标=\frac{某一总量指标数值}{另一总量指标数值}$$

强度相对指标与其他相对指标不同，是不同类现象之间的两个不同的总量指标的对比。根据对比的两个指标的关系及对比结果的表现形式的不同，强度相对指标有无名数和有名数两种。无名数一般用百分数、倍数、千分数表示，如商业统计中的商品流通费用率、毛利率、净利率等。这类强度相对指标的分子、分母指标的计量单位相同，所以对比的结果没有计量单位，抽象为无名数。有名数表示的强度相对指标，一般用双重单位作计量单位，如人口密度用人/平方公里作计量单位。有名数强度相对指标的分子、分母的计量单位不同，所以计算结果保留了分子、分母的计量单位，组成了双重计量单位，以准确反映强度相对指标的数量特征。

强度相对指标与比例相对指标、比较相对指标一样，其分子、分母可以互换，分别称为正指标和逆指标。强度相对指标值的大小与现象的强度、密度和普遍程度成正比的是正指标；强度相对指标值的大小与现象的强度、密度和普遍程度成反比的是逆指标。

（六）动态相对指标

动态相对指标是同类事物在不同时间的指标之比，反映现象在时间上的发展和变化程度，通常用百分数或倍数表示。其基本计算公式如下：

$$动态相对指标=\frac{报告期指标数值}{基期指标数值}$$

例如，某企业去年职工人均收入 10 000 元，今年人均收入 11 000 元，则今年的职工人均收入是去年的 110%（11 000/10 000），说明人均收入提高了 10%。

通常把比较的基础，即公式中的分母指标所属的时间叫基期，而把研究或计算的时间，即分子的指标所属的时间叫报告期。两个时间比较，一般前面的时间是基期，后面的时间是报告期，所以动态相对指标的分子、分母不能互换。

动态相对指标与比较相对指标都是同类指标的对比，但动态相对指标是不同时间的对比，而比较相对指标是不同空间的对比，所以动态相对指标又叫动态相对数，比较相对指标又叫静态相对数。这里只是介绍了动态相对指标的基本内容和计算方法，详细内容将在动态数列和统计指数两章中专门介绍。

第三节　总量指标和相对指标的运用

一、运用总量指标应注意的问题

要正确的计算和使用总量指标须注意以下几个方面的问题。

（一）要正确确定总量指标的含义

总量指标是社会经济现象的数量表现，有确定的经济内容，所以必须明确总量指标的概念、构成、范围、计算方法和计量单位等要素，亦即总量指标对应的总体范围等相关内容。

（二）同质总体才能相加汇总

在计算和运用总量指标时，如果总量指标按实物单位计量，现象必须具有同质性，这样的总量指标值才可以相加，否则没有任何经济意义。例如，一只水杯与一台电脑简单相加没有意义，一只水杯与一支笔也不能直接相加。

（三）总量指标的计算方法和计量单位应一致

在实践中，同一个总量指标如果采用的计算方法不一致，得到的指标值可能有差异，所以必须注意计算方法一致，避免造成错误。在总量指标的运用中，一个总量指标可能有几种计量单位，必须注意计量单位的统一，否则将造成错误和混淆。例如，土地面积的计量单位可以用亩，也可以用公顷，但总量指标汇总时，计量单位必须统一。

二、运用相对指标应注意的问题

前面介绍的六种不同的相对指标从不同的角度运用不同的方法，对社会经济现象和事物进行对比分析，揭示了不同指标之间的关系和联系程度。统计分析中，相对指标的计算和分析是常用的基本分析方法。在计算和运用相对指标时，应注意下面几个问题。

（一）正确选择对比的基数指标

相对指标的分母是对比的基础和标准，基数选择得是否合适将决定相对指标的质量，决定对事物反映的客观及准确与否。基数的选择必须从研究目的出发，结合研究对象的性质、特点和现象之间的关系，还应考虑当时的客观条件等有关因素。

例如要分析服装的销售情况，就要考虑各类服装的季节性，旺季与旺季对比；要考虑服装的功能性，同一功能的服装进行对比。只有这样，相对指标才有意义，才能反映客观情况。

（二）保持分子、分母的可比性

可比性是指进行对比的指标所包含的内容、统计范围、计算方法、计算价格、所属时间等有关方面是否一致，是否可比。例如，某城市的 GDP 在不同年份的比较，如果在这些年中该城市的所辖范围发生了变化，则不能用各年的 GDP 直接对比，而必须对每个指标的计算范围调整一致后，方可进行对比。

再如，由于我国的宏观统计指标体系与其他市场经济国家不同，在进行宏观指标对比时，要注意指标的计算方法和计算口径的不同，调整可比后才能使用。

在价值指标的对比中，要注意各指标使用的计算价格的可比性。现行价格和不变价格是不同的，只有采用同种价格的价值指标才能对比；否则应进行折算，使它们的计算价格相同。

（三）各种相对指标要结合应用

六种相对指标各有特点，各自说明不同的问题，各自反映社会经济现象的不同数量特征和事物间的联系程度。社会经济现象复杂丰富，各有特色，要从不同角度分析研究，就必须综合利用各相对指标，以全面、清晰、准确地反映客观事物。

三、总量指标与相对指标的结合运用

总量指标用绝对量来说明事物的“面”上的总量，表现事物的实际数量。相对指标则由绝对数抽象而来，表明事物的联系变化等，反映事物间的差异。可见两种指标各有所长，而两者结合起来，正好可以既反映绝对量、实物量，又反映关系程度等深入的内容，可以全面深入地分析事物的发展变化情况。例如我国的某些矿产资源，从绝对量来看，储量十分丰富，但从人均储量来看却非常有限。

习 题 四

一、简答题

1. 什么是总量指标？它有什么作用？
2. 什么是统计相对指标？它有什么作用？
3. 统计相对指标有哪些表现形式？
4. 什么是计划完成相对指标？怎样计算？怎样进行计划执行进度的检查？
5. 什么是结构相对指标、比例相对指标、比较相对指标、强度相对指标、动态相对指标？分别怎么计算？

二、填空题

1. 综合指标包括__________指标、__________指标、__________指标。
2. 反映总体规模或水平的指标称为__________。
3. 总量指标按其反映的时间状况不同分为__________指标和__________指标；按其说明总体的内容不同分为__________指标和__________指标。
4. 总量指标的计量单位有__________单位、__________单位、__________单位。
5. 反映总体内部结构的相对指标称为__________。

6. ____________是将对比的基数抽象为100而计算的相对数。

7. 当计划指标以最高限额规定时，计划完成相对指标要____________100%才算超额完成计划。

三、判断题

1. 总量指标是认识客观事物的起点。（ ）

2. 某企业月末实有生产设备680台，是时期指标。（ ）

3. 所有相对指标的具体表现都是无名数。（ ）

4. 我国耕地面积占世界的7%，养活占世界总人口的22%的人口，上述两个都是结构相对指标。（ ）

5. 上海市人口数相当于8个左右的西藏自治区人口数，这是比较相对指标。（ ）

6. 时期指标与时期长短成正比，时点指标与时点间隔成正比。（ ）

四、单项选择题

1. 结构相对指标用来反映总体内部的（ ）。

A. 量关系　　B. 密度关系
C. 各部分占总体的比重　　D. 计划关系

2. 总量指标是（ ）。

A. 有计量单位的指标　　B. 没有计量单位的指标
C. 无所谓有无计量单位的指标　　D. 不一定

3. 下列指标属于比例相对指标的是（ ）。

A. 工人出勤率　　B. 农轻重的比例关系
C. 每百元产值利税额　　D. 净产值占总产值的比重

4. 下列指标是总量指标的是（ ）。

A. 人均粮食产量　　B. 资金利润率
C. 产品合格率　　D. 学生人数

5. 下列指标属于时点指标的是（ ）。

A. 国内生产总值　　B. 流通费用率
C. 人均利润率　　D. 商店总数

6. 用“水平法”检查长期计划的执行情况适用于（ ）。

A. 规定计划期初应达到的水平　　B. 规定计划期内某一期应达到的水平
C. 规定计划期末应达到的水平　　D. 规定整个计划期应达到的水平

五、多项选择题

1. 在相对指标中分子和分母可以互换的有（ ）。

A. 比较相对指标　　B. 比例相对指标
C. 动态相对指标　　D. 结构相对指标

E. 强度相对指标　　F. 计划完成程度相对指标

2. 相对指标中属于不同总体数值对比的有（　）。

A. 结构相对指标　　B. 比较相对指标

C. 动态相对指标　　D. 强度相对指标

E. 比例相对指标　　F. 计划完成程度相对指标

3. 某企业利润总额为 100 万元，这是（　）。

A. 质量指标　　B. 品质标志　　C. 数量指标　　D. 平均指标

E. 总量指标　　F. 时期指标

4. 实物计量单位包括（　）。

A. 货币单位　　B. 劳动单位　　C. 自然单位　　D. 度量衡单位

E. 标准实物单位

六、计算题

1. 某企业规定，本年的劳动生产率比上年增长 8%，实际结果是，比上年增长 15%，求劳动生产率的计划完成程度。

2. 某企业规定，单位成本今年比去年降低 5%，结果比去年降低了 10%，求单位成本的计划完成程度相对指标。

3. 甲、乙、丙三个企业的利润分别为：甲企业 100 万元，乙企业 150 万元，丙企业 200 万元，试计算比较相对指标。

4. 某地区 2000 年末人口数为 100 万人，商业网点有 500 个，求强度相对指标的正指标和逆指标。

5. 某公司下属三个企业的利润额资料如下表：

单位：万元

	2001 年利润	2002 年					2002 年为 2001 年的百分比（%）
		计　划		实　际		计划完成程度（%）	
		利润	比重（%）	利润	比重（%）		
甲	1 500	1 600		1 800			
乙	2 000	2 200				90	
丙	800			1 200		105	
合计							

要求：（1）填空。

（2）指出宾词各栏是什么统计指标。

第五章　平均指标

第一节　平均指标的概念和作用

一、平均指标的概念

平均指标是指对同质总体各单位某方面的数量差异进行抽象，以反映总体一般水平的综合指标，又叫统计平均数。例如，全班同学的平均年龄、商品的平均价格、职工的月平均收入等都是平均指标。

在一个同质总体中，各总体单位在某一数量标志方面一般总是存在着或大或小的差异，为了反映总体的数量特征，将各总体单位的某一标志值的差异抽象化，用一个具有代表性的数值来说明总体各单位在某一变量上的一般水平，这就是平均指标，是一个代表值。在变量数列中，多数情况下变量值越接近平均数，其出现的次数越多，而偏离平均数越远的，次数越少，平均数两边的离差大致相等并相互抵消，所以平均指标反映了某一变量数列总体分布的集中趋势。

平均指标按其所属总体的时间范围不同分为两种：对同一时间内总体各单位间的标志值差异抽象化，称为静态平均指标；对现象标志值在不同时间上的差异抽象化，称为动态平均指标。本章主要讨论静态平均指标，动态平均指标在下一章中专门讨论。

二、平均指标的作用

（一）使现象具有可比性

平均指标可以消除总体范围不同而带来的总体数量差异，可将同类现象的一般水平在不同空间和不同时间上进行比较分析，用以表明现象在不同单位、地区之间的差别，即现象发展的同一总体在不同时间上的趋势。例如，甲企业和乙企业的增加值分别是100万元和200万元，但职工人数不同，难以比较，如果用人均增加值指标做比较，则可以比较出优劣。如甲企业人均增加值1 000元，乙企业人均增加值1 010元，那么乙企业略优于甲企业。

（二）说明现象的发展变化趋势

同一总体在不同时间上的平均数按时间顺序排列，形成平均数数列，可以说明该现象总体的发展变化趋势。如某地将粮食平均产量按时间顺序排列，可以看到粮食生产的变化趋势。

（三）利用平均指标可以分析现象之间的依存关系

例如，在农业生产中，按施肥量或不同耕作方法分组，计算各组平均产量，可以分析施肥量或不同耕作方法与农作物产量之间的依存关系。

（四）利用平均指标可以评定或推断其他指标

例如，用劳动生产率、平均单位产品成本等平均指标，可以考核和评定工人劳动效率和生产消耗定额；还可以用部分总体单位的平均指标来推断总体的平均指标或标志总量。

第二节　数值平均数

现象平均指标的确定通常有两种方法，一种是用各总体单位的变量值计算后得到平均指标，称为数值平均数；另一种是用总体各单位变量分布的位置情况确定平均指标，称为位置平均数。数值平均数又按计算方法不同分为算术平均数、调和平均数和几何平均数。

一、算术平均数

（一）算术平均数的计算公式

算术平均数是用总体标志总量与总体单位总量对比的结果。其基本公式如下：

$$\text{算术平均数} = \frac{\text{总体标志总量}}{\text{总体单位总量}}$$

算术平均数的分子与分母是同一总体的两个总量指标，且分子是标志总量，分母是单位总量，两者不能互换，与强度相对指标不同；计算算术平均数的标志是数量标志，一般不能用品质标志。

计算算术平均数时，由于依据的资料不同，计算方法有所不同，可分为简单算术平均数和加权算术平均数。

（二）简单算术平均数

如果总体单位数不多，资料未经分组，计算算术平均数应采用简单算术平均数的方法。计算过程是先把总体各单位标志值加总，再与总体单位数对比，即可得到算术平均数。计算公式如下：

$$\bar{x} = \frac{x_1 + x_2 + x_3 + \cdots + x_n}{n} = \frac{\sum x}{n}$$

式中：$\bar{x}$—— 算术平均数；

x—— 总体各单位标志值；

n—— 总体单位数；

$\sum$—— 加总的符号。

例 5－1　有五个学生某科成绩分别是40分、50 分、60 分、70 分、80 分，求他们的平均成绩。

$$平均成绩=\frac{40+50+60+70+80}{5}=60\text{（分）}$$

（三）加权算术平均数

如果资料已经过分组整理，形成了变量数列，则应采用加权算术平均的方法。就是将各组的变量值与各组的单位数相乘，再将这些乘积加总求和，然后用这个和除以各组的单位数之和，得到平均数。计算公式如下：

$$\bar{x}=\frac{x_1f_1+x_2f_2+x_3f_3+\cdots+x_nf_n}{f_1+f_2+f_3+\cdots+f_n}=\frac{\sum xf}{\sum f}$$

式中：x—— 各组标志值；

f—— 各组的次数。

例 5－2　某企业职工工资分布情况如下表：

表 5－1　某企业职工工资分组表

工资额（元） x	工人人数（人） f	工资额×工人人数 xf
400	5	2 000
800	20	16 000
1 000	40	40 000
1 200	30	36 000
1 500	5	7 500
合　　计	100	101 500

根据资料，计算出该企业职工平均工资为：

$$\bar{x}=\frac{\sum xf}{\sum f}=\frac{101\,500}{100}=1\,015\text{(元)}$$

从上例中可以看出，平均数受两个因素的影响：一个因素是各组的标志值 x，各组标志值的绝对量的大小直接影响平均数的大小；另一个因素是各组的总体单位数或次数 f，次数小的组对平均数的影响小，而次数大的组对平均数的影响大。在这里，各组的次数对平均数起着权衡轻重的作用，称为权数。

权数的表现形式可以是绝对数，如上例中的工人人数 f；也可以是相对数，即频率

（比重）。将上面的加权算术平均数的公式变形，可得按频率加权计算的加权算术平均数公式：

$$\bar{x} = \frac{\sum xf}{\sum f} = \sum\left(x \frac{f}{\sum f}\right)$$

例 5－3 根据上例中表5－1的资料，得到表 5－2，用比重作权数，计算加权算术平均数。

表 5－2 某企业职工工资分组表

工资额（元）x	工人人数（人）f	人数比重（%）$\frac{f}{\sum f}$	$x \cdot \frac{f}{\sum f}$
400	5	5	20
800	20	20	160
1 000	40	40	400
1 200	30	30	360
1 500	5	5	75
合　计	100	100	1 015

$\bar{x} = 400 \times 5\% + 800 \times 20\% + 1\,000 \times 40\% + 1\,200 \times 30\% + 1\,500 \times 5\% = 1\,015$(元)

从例 5－3 中可以看到，用次数作权数计算加权算术平均数，与用次数比重（频率）作权数计算加权算术平均数的结果是相等的。权数对算术平均数的影响，不是次数本身绝对量的大小，而是各组次数占总次数的比重，即总体内部的结构对平均数产生的影响。

上面的例题采用的是单项式数列，如果资料是组距式数列，则应先计算组中值来代表各组的标志值 x，再计算平均数。

例 5－4 某班学生某科成绩资料如表5－3所示：

表 5－3 某班学生某科成绩整理表

成　绩（分）	组 中 值（分）	人数比重（%）	$x \cdot \frac{f}{\sum f}$
60 以下	52.5	10	5.25
60～75	67.5	30	20.25
75～85	80.0	40	32.00
85 以上	90.0	20	18.00
合　计	—	100	75.50

$$\overline{x} = 52.5 \times 10\% + 67.5 \times 30\% + 80 \times 40\% + 90 \times 20\% = 75.50(\text{分})$$

用组中值代表各组标志值来计算平均数，是假定各组内的标志值是均匀分布或对称分布的，但实际不一定如此，所以计算的结果可能有一定误差，这个结果只能是一个近似值。

二、调和平均数

（一）调和平均数的概念和分类

调和平均数是标志值的倒数的平均数的倒数，又叫倒数平均数。由于采用的资料不同，调和平均数可分为简单调和平均数和加权调和平均数。

1．简单调和平均数

为了便于理解，下面以实例说明什么叫简单调和平均数。

例 5－5　某市场上出售的苹果，早晨的价格是 2 元，中午的价格是 3 元，晚上的价格是 1 元，某人早、中、晚各买了 1 元钱的苹果，计算其平均价格。

$$\text{平均价格} = \frac{1+1+1}{\frac{1}{2}+\frac{1}{3}+\frac{1}{1}} = 1.64(\text{元})$$

上式中，苹果平均价格的计算采用了新的计算方法，是因为资料与算术平均数的资料不同。在这里，有各组的标志值即价格，没有各组的次数即购买量，而有两者的乘积即购买额，所以将购买额除以价格即得到购买量作分母。上例的计算方法就是简单调和平均数的计算方法，与算术平均数的计算道理相同。简单调和平均数的计算公式如下：

$$H = \frac{n}{\sum \frac{1}{x}}$$

2．加权调和平均数

例 5－5 中刚好各组的购买额相等，如果不相等，则需要，采用加权调和平均数计算。加权调和平均数的计算公式如下：

$$H = \frac{m_1 + m_2 + m_3 + \cdots + m_n}{\frac{m_1}{x_1} + \frac{m_2}{x_2} + \frac{m_3}{x_3} + \cdots + \frac{m_n}{x_n}} = \frac{\sum m}{\sum \frac{m}{x}}$$

式中：m——各标志值所属的标志总量。

例 5－6　承上例，如果这人早晨买 1 元，中午买 2 元，晚上买 3 元钱的苹果，则平均价格为：

$$H = \frac{1+2+3}{\frac{1}{2}+\frac{2}{3}+\frac{3}{1}} + \frac{6}{0.5+0.667+3} = \frac{6}{4.167} = 1.44(\text{元})$$

（二）调和平均数的运用

1．用变量数列计算平均数

调和平均数与算术平均数在计算上是相通的，但各自适合不同的资料，在公式中，

m 相当于 xf。所以，当已知资料各组单位数或比重时，用算术平均数计算；当已知资料各组的标志总量时，用调和平均数计算。

2. 调和平均数在计算相对指标和平均指标的平均数中的运用

在实践中，平均指标分析应用广泛。不仅需要对分布数列计算平均数，更多的时候需要对相对指标或平均指标计算平均数。在一般情况下，对相对指标或对平均指标计算平均数，如果已知相对指标、平均指标的分母资料，可用它作权数 f，采用加权算术平均数的方法计算；如果已知相对指标、平均指标的分子资料，可用它作权数 m，采用加权调和平均数的方法计算。

例 5－7 某集团公司销售收入资料如表5－4：

表 5－4 某集团公司销售收入表

计划完成程度(%)	子公司数(个)	组中值(%)x	实际销售收入(万元)m	m/x
90～100	5	95	532	560
100～110	20	105	4 200	4 000
110～120	10	115	2 300	2 000
合　计	25	—	7 032	6 560

试求：该集团公司的计划完成程度。

$$H = \frac{\sum m}{\sum \frac{m}{x}} = \frac{7\ 032}{6\ 560} = 107.20\%$$

计算结果表明，该集团公司销售收入的计划完成程度是 107.20%，超额完成计划 7.20%（107.20% − 100%）。

上例就是对计划完成程度相对指标计算平均数。计划完成程度相对指标＝实际完成数/计划数，实际完成数为分子，所以用加权调和平均数计算。

三、几何平均数

几何平均数是 n 个变量值的连乘积的 n 次方根，是计算平均比率和平均速度的方法。其计算公式如下：

$$G = \sqrt[n]{x_1 \cdot x_2 \cdot x_3 \cdot \dots \cdot x_n}$$

式中 x 为各期的发展速度或各个比率。几何平均数的具体应用在动态数列中将详细讲述。

第三节　位置平均数

第二节所介绍的几种平均数都是由标志值计算得到的，通常称为数值平均数。本节将介绍位置平均数，即根据总体各单位标志值所处的位置确定的平均数，包括中位数和众数。

一、中位数

中位数是将总体各单位某一数量标志的标志值按大小顺序排列，处于中间位置的那个数值就是中位数。可见，中位数将全部标志值分成两半，一半小于中位数，一半大于中位数，所以中位数又称为二分位数。在统计中，中位数作为数据集中趋势的代表值之一，具有重要的作用。

由于已知的资料不同，中位数的确定方法视资料分组与否有两种情况，现分别介绍如下。

（一）根据未分组资料确定中位数

首先，把标志值按大小顺序排列起来，然后，计算中位数所在的位置，计算公式如下：

$$\text{中位数位置} = \frac{n+1}{2}$$

式中：n 是标志值的个数。

例 5－8　某班的5名学生的身高分别是 152 cm，160 cm，163 cm，165 cm，170 cm，则：

$$\text{中位数的位置} = (5+1)/2 = 3$$

即第三名学生的身高 163 cm 就是这 5 名学生身高的中位数。

上例中的总体单位数是奇数，所以计算的中位数的位置正好是整数，可以在数列中直接找出中位数。如果总体单位数是偶数，则应取中间位置相邻的两个标志值来计算算术平均数，得到中位数。如果上例中还有一名身高 172 cm 的学生，则：

$$\text{中位数的位置} = (6+1)/2 = 3.5$$

中间位置相邻的两个标志值是 163 cm 和 165 cm，则：

$$\text{中位数} = (163+165)/2 = 164 \text{ (cm)}$$

（二）根据分组资料确定中位数

如果资料已经分组，就不能直接得到中位数，而只能用近似方法求得。

1. 单项式数列

首先，将各组次数累计。

其次，计算中位数所在位置（仍然是 $(n+1)/2$），并从次数累计中找到中位数所在的组。

最后，该组的标志值就是中位数。

例5-9 某工厂工人按产量分组，编制成单项式数列，如表5-5，试求日产量的中位数。

表5-5 工人日产量分组表

日产量（件）	工人人数（人）	累计人数（人）
22	10	10
25	20	30
26	25	55
27	40	95
29	30	125
30	5	130
合　计	130	—

中位数的位置＝（130＋1）/2＝65.5（人）

从人数累计中找到中位数所在的组是第四组，则中位数是27件。

2. 组距数列

前面的步骤与单项式数列资料的做法相同。首先，将各组次数进行累计；其次，计算中位数所在的位置，并从次数累计中找出中位数所在的组。由于资料是组距数列，所以找到的是一个标志值的区间，假定中位数所在组内的标志值分布均匀，按比例计算中位数近似值。

中位数的计算公式有两个。

（1）下限公式：

$$m_e = L + \frac{\frac{\sum f}{2} - S_{m-1}}{f_m} \times i$$

式中：m_e—— 中位数；

L—— 中位数所在组的下限；

f_m—— 中位数所在组的次数；

S_{m-1}—— 小于中位数所在组的各组次数累计；

$\sum f$—— 总次数或次数合计；

i—— 中位数所在组的组距。

下限公式适用于次数累计采用向上累计的情况。

（2）上限公式：

$$m_e = U - \frac{\frac{\sum f}{2} - S_{m+1}}{f_m} \times i$$

式中：U——中位数所在组的上限；

S_{m+1}——大于中位数所在组的各组累计次数。

上限公式适用于次数累计采用向下累计的情况。

例 5－10　某企业职工工资资料如表5－6：

表 5－6　某企业职工工资资料表

人均月收入（元）L	职工人数（人）f	次数累计 S_m	
		向上累计	向下累计
400～800	50	50	800
800～1 200	200	250	750
1 200～1 600	500	750	550
1 600～2 000	40	790	50
2 000～2 400	10	800	10
合　计	800	—	—

首先，计算中位数所在组的位置，（800＋1）/2＝400.5；然后找到中位数所在的组，不论向上累计还是向下累计，中位数都是在 1 200～1 600 这一组。

用下限公式计算为：

$$m_e = 1\ 200 + \frac{\frac{800}{2} - 250}{500} \times 400 = 1\ 320(\text{元})$$

用上限公式计算为：

$$m_e = 1\ 600 - \frac{\frac{800}{2} - 50}{500} \times 400 = 1\ 320(\text{元})$$

从上例可以看出，用下限公式与用上限公式计算的结果相同，它们的差别在于次数的累计方向不同。

二、众数

众数是总体中出现次数最多的标志值，表现标志值的集中趋势，是总体各单位一般水平的代表值。在次数分布图中的最高点对应的数值就是众数。众数可能不存在或不唯一。如果只须掌握一般的、最常见的变量值，可以采用众数。

由于资料不同，确定众数的方法有两种。

（一）资料为单项式数列

资料为单页式数列时，根据单项式数列确定众数，次数最多的组的标志值便是众数。

（二）资料为组距数列

资料为组距数列时，首先在数列中找到次数最多的组；然后，用公式计算众数的近似值。计算公式如下：

下限公式：

$$m_0 = L + \frac{\Delta_1}{\Delta_1 + \Delta_2} \times i$$

式中：m_0—— 众数；

L—— 众数组的上限；

Δ_1—— 众数组次数与下一组次数的差；

Δ_2—— 众数组次数与上一组次数之差；

i—— 众数组的组距。

上限公式：

$$m_0 = U - \frac{\Delta_2}{\Delta_1 + \Delta_2} \times i$$

式中：U——众数组的下限。

例 5-11 某地区农户年收入资料如表5-7：

表 5-7 农户收入情况表

年收入额（元）	农户数（户）
1 000～2 000	250
2 000～3 000	500
3 000～4 000	2 000
4 000～5 000	500
5 000～6 000	250
合　计	3 500

从表中看出，3 000～4 000 这组的次数最多，即是众数组。

用下限公式计算：

$$m_0 = 3\,000 + \frac{2\,000 - 500}{(2\,000 - 500) + (2\,000 - 500)} \times 1\,000 = 3\,500(\text{元})$$

用上限公式计算：

$$m_0 = 4\,000 - \frac{2\,000 - 500}{(2\,000 - 500) + (2\,000 - 500)} \times 1\,000 = 3\,500(\text{元})$$

两种方法结果相同，只是用的资料有所不同。

第四节　标志变异指标

一、标志变异指标的概念和作用

（一）标志变异指标的概念

标志变异指标是反映总体各单位标志值的变动范围和离散程度的综合指标，也称标志变动度。

平均指标从一个侧面反映了总体各单位标志值的集中趋势和程度，标志变异指标则从另一个侧面反映总体各单位标志值的差别大小、离散程度和波动范围。平均指标和标志变异指标分别反映同一总体在数量上的共性（集中趋势）与特性（离中趋势），两者相辅相成，有助于全面认识社会经济现象的数量规律，从而为统计分析和决策提供有力的工具。

（二）标志变异指标的作用

1. 标志变异指标是评价平均数代表性的尺度

平均指标是总体各单位某一数量标志的代表值，其代表性的大小决定于总体各单位标志值变异程度的大小，就是标志变异指标的大小。标志变异指标大，说明标志值之间的差异大，则平均数的代表性小；标志变异指标小，说明标志值之间的差异小，则平均数的代表性大。

例 5-12 某班有两个小组，每组 5 人，他们的成绩分别是：

甲组：10，30，50，70，90

乙组：40，45，50，55，60

两组的平均数都是 50 分，但两组的分数的差异程度不同，甲组最低是 10 分，最高是 90 分，最大差异是 80 分，差异较大；乙组最低是 40 分，最高是 60 分，最大差异 20 分，差异较小。那么乙组的平均成绩比甲组的平均成绩的代表性大。

2. 标志变异指标可以用来研究现象的均衡性、节奏性和稳定性

标志变异指标大，差异程度大，则均衡性差、节奏性差、稳定性不好；标志变异指标小，差异程度小，则均衡性好、节奏性强、稳定性好。例如，对生产计划执行情况进行检查，除了计算平均完成程度外，还要利用标志变异指标，研究计划执行的均衡性和节奏性。又如，在商品质量检测中，常用标志变异指标说明商品质量的稳定性。

3. 标志变异指标在抽样调查中有重要作用

它与抽样方式、抽样数目和抽样误差的确定有着密切的关系。

二、标志变异指标的种类和计算方法

社会经济统计中常用的标志变异指标有：全距、平均差、标准差和标志变异系数。

（一）全距

全距是指总体各单位标志值中最大值与最小值的差。由于它是两个极端值之差，所以又称为极差。全距的计算公式如下：

$$全距\ R = 最大标志值 - 最小标志值$$

全距值越小，说明标志值变动程度小，波动范围小，标志值集中，平均数的代表性大；相反，全距值大，说明标志变动程度大，标志值分散，平均数的代表性小。

如例 5-12 中：

$$甲组全距 = 90 - 10 = 80\ (分)$$

$$乙组全距 = 60 - 40 = 20\ (分)$$

乙组的全距比甲组的全距小，标志值的变动范围小，则平均数的代表性强。

上面介绍的是资料未分组的情况，如果资料已经分组，是组距数列，没有极端值，则只能用近似值代表。计算公式如下：

$$全距\ R = 最高组上限 - 最低组下限$$

全距的优点是计算简便，缺点是只考虑了极端值，不能反映中间的其他标志值的差异。全距在误差检测中使用较多。

(二) 平均差

平均差是指各标志值与算术平均数的离差的绝对值的平均数。用各标志值分别与算术平均数相减就得到若干离差，这些离差有的正，有的负，并且正离差之和等于负离差之和，为了避免正负相抵，所以将各离差取绝对值，然后对这些绝对值求算术平均数。

平均差分为简单式和加权式平均差两种，分别介绍如下。

1. 简单式平均差

简单式平均差是将各标志值与平均数的离差的绝对值之和除以项数得到的数值。当资料未经分组整理时，算术平均数的计算采用简单平均法，平均差的计算采用简单式平均差。其计算公式如下：

$$A \cdot D = \frac{\sum |x - \bar{x}|}{n}$$

根据例 5－12 的资料计算平均差如下：

甲组平均差：

$$A \cdot D = \frac{|10-50|+|30-50|+|50-50|+|70-50|+|90-50|}{5} = 24(分)$$

乙组平均差：

$$A \cdot D = \frac{|40-50|+|45-50|+|50-50|+|55-50|+|60-50|}{5} = 6(分)$$

表 5－8 为例 5－12 所给资料的平均差计算表。

表 5－8　平均差计算表

甲组			乙组		
分数（分）	离差	离差绝对值	分数（分）	离差	离差绝对值
10	－40	40	40	－10	10
30	－20	20	45	－5	5
50	0	0	50	0	0
70	20	20	55	5	5
90	40	40	60	10	10
合计	—	120	合计	—	30

结果表明，甲乙两组的平均数相等，都是 50 分，但甲组的平均差为 24 分，乙组的平均差为 6 分，因此乙组的平均数的代表性比甲组的平均数的代表性高。

2. 加权式平均差

加权式平均差是对各标志值与平均数离差的绝对值，用各标志值的次数作权数，求加权平均数得到的数值。当资料已经分组整理，算术平均数的计算采用加权平均法计算时，平均差的计算应采用加权式平均差。其计算公式如下：

$$A \cdot D = \frac{\sum |x - \overline{x}| f}{\sum f}$$

例 5－13 某班学生某科期末考试成绩资料如表5－9和表5－10所示，求其成绩平均数和平均差。

表 5－9 成绩统计表

按成绩分组（分）	人数（人）
50～60	2
60～70	5
70～80	20
80～90	10
90 以上	3
合　　计	40

表 5－10 平均差计算表

分　组	组中值	人　数 (f)	各组分数 (xf)	离　差 $(x-\overline{x})$	离差绝对值 $(\lvert x-\overline{x}\rvert)$	离差绝对值之和 $(\lvert x-\overline{x}\rvert f)$
50－60	55	2	110	－21.75	21.75	43.50
60－70	65	5	325	－11.75	11.75	58.75
70－80	75	20	1 500	－1.75	1.75	35.00
80－90	85	10	850	8.25	8.25	80.25
90 以上	95	3	285	18.25	18.25	54.75
合　　计	—	40	3 070	—	—	272.25

平均数：

$$\overline{x} = \frac{\sum xf}{\sum f} = \frac{3\ 070}{40} = 76.75(\text{分})$$

平均差：

$$A \cdot D = \frac{\sum |x - \overline{x}| f}{\sum f} = \frac{272.25}{40} = 6.81(\text{分})$$

平均差是根据全部标志值计算出来的，受极端值的影响比较小，克服了全距的缺点，所以对所有标志值的离散趋势有较充分的代表性。但由于平均差采用绝对值的计算方法，不适宜进一步运用数学处理和计算机处理，因此，在实际应用中受到限制，在统计中应用较少。

（三）标准差

标准差是指各标志值与算术平均数的离差的平方的算术平均数的平方根，又称均方差。标准差的实质与平均差相同，都是先求各标志值与算术平均数的离差，再求其平方的算术平均数。由于标准差的计算中采用了平方，所以对最后的结果需要求平方根。标准差比平均差计算更科学，在统计中被广泛应用。

标准差分为两种，分别介绍如下。

1．简单式标准差

如果算术平均数采用简单算术平均数，则标准差的计算就采用简单式标准差。其计算公式如下：

$$\partial = \sqrt{\frac{\sum (x - \overline{x})^2}{n}}$$

其计算步骤如下：首先，将各标志值与算术平均数相减，求各标志值与算术平均数的离差。其次，将这些离差分别求平方。第三，将这些平方的和再除以它们的个数求平均数。最后，对得到的平均数开方，求得的平方根就是要求的标准差。

下面用例 5－12 的资料求标准差：

甲组的标准差：

$$\partial_{甲} = \sqrt{\frac{\sum (x - \overline{x})^2}{n}} = \sqrt{\frac{4\ 000}{5}} = 28.28(分)$$

乙组的标准差：

$$\partial_{乙} = \sqrt{\frac{\sum (x - \overline{x})^2}{n}} = \sqrt{\frac{250}{5}} = 7.07(分)$$

从上面的计算结果来看，与前面的全距和平均差的结论一致，仍然是乙组的标准差小，平均数的代表性强。

表 5－11　标准差计算表

甲　组			乙　组		
成绩（分）	离　差	离差平方	成绩（分）	离　差	离差平方
10	－40	1 600	40	－10	100
30	－20	400	45	－5	25
50	0	0	50	0	0
70	20	400	55	5	25
90	40	1 600	60	10	100
合　计	—	4 000	合　计	—	250

2.加权式标准差

如果算术平均数的计算采用加权平均数的方法，则标准差的计算须采用加权式标准差的计算方法。其计算公式如下：

$$\partial = \sqrt{\frac{\sum(x-\overline{x})^2 f}{\sum f}}$$

其计算步骤如下：首先，将各标志值与算术平均数相减，求得它们的离差。其次，将这些离差分别求平方。第三，将这些平方与各组的次数相乘。第四，将这些乘积相加，再把它们的和除以各组次数的和，即以各组次数做权数求加权平均数。最后，对这个平均数开方，得到的平方根就是标准差。

下面用例 5－13 的资料计算标准差：

学生成绩的标准差为：

$$\partial = \sqrt{\frac{\sum(x-\overline{x})^2 f}{\sum f}} = \sqrt{\frac{3\,377.5}{40}} = 9.19(分)$$

计算结果表明，该班学生成绩的标准差是 9.19 分。表 5－12 为其标准差计算表。

表 5－12 标准差计算表

成绩（分）	组中值 x	人数（人）f	xf	$(x-\overline{x})$	$(x-\overline{x})^2$	$(x-\overline{x})^2 f$
50～60	55	2	110	－21.75	473.06	946.12
60～70	65	5	325	－11.75	138.06	690.31
70～80	75	20	1500	1.75	3.06	61.25
80～90	85	10	850	8.25	68.06	680.62
90 以上	95	3	285	18.25	333.06	999.18
合 计	—	40	3 070	—	—	3 377.50

（四）标志变动系数

标志变动系数又叫离散系数，是在全距、平均差、标准差的基础上，用变异指标与相应的算术平均数进行对比，来反映总体各单位标志值之间离散程度的指标，是以相对数表示的标志变异指标。

前面介绍的全距、平均差、标准差都是表示标志变动程度的绝对指标，它们可以反映各标志值的离散程度，但要受标志值的一般水平的影响。所以不同的总体平均数不相等时，就不能用全距、平均差或标准差来直接比较。为了解决不同总体的可比性的问题，即消除不同的一般水平的影响，就需要计算标志变动系数。变动系数有全距系数、平均差系数、标准差系数，实践中运用最广泛的是标准差系数。

全距系数是全距与其算术平均数对比的相对数，计算公式为：

$$V_R = \frac{R}{x} \times 100\%$$

平均差系数是平均差与其算术平均数对比的相对数，计算公式为：

$$V_{A \cdot D} = \frac{A \cdot D}{\bar{x}} \times 100\%$$

标准差系数是标准差与其算术平均数对比的相对数，计算公式为：

$$V_{\partial} = \frac{\partial}{\bar{x}} \times 100\%$$

例 5－14 有甲、乙两组同学的身高资料如下：

甲组：1.4 m，1.5 m，1.6 m，1.7 m，1.8 m

乙组：140 cm，150 cm，160 cm，170 cm，180 cm

两组同学的身高实际上完全相同，仅仅是因计量单位不同，所以数字不同。下面我们来计算他们的标准差和标准差系数。

甲组：

$$\bar{x} = \frac{1.4 + 1.5 + 1.6 + 1.7 + 1.8}{5} = 1.6(\text{m})$$

$$\partial = \sqrt{\frac{(1.4 - 1.6)^2 + (1.5 - 1.6)^2 + (1.6 - 1.6)^2 + (1.7 - 1.6)^2 + (1.8 - 1.6)^2}{5}}$$

$$= 0.14(\text{m})$$

$$V_{\partial} = \frac{\partial}{\bar{x}} \times 100\% = \frac{0.14}{1.6} \times 100\% = 8.75\%$$

乙组：

$$\bar{x} = \frac{140 + 150 + 160 + 170 + 180}{5} = 160(\text{cm})$$

$$\partial = \sqrt{\frac{(140 - 160)^2 + (150 - 160)^2 + (160 - 160)^2 + (170 - 160)^2 + (180 - 160)^2}{5}}$$

$$= 14(\text{cm})$$

$$V_{\partial} = \frac{\partial}{\bar{x}} \times 100\% = \frac{14}{160} \times 100\% = 8.75\%$$

从例题中可以看到，尽管两组数字不同，而计算其标准差系数后，发现两组的标准差系数相等，他们的身高的离散程度一样，与事实一致。

例 5－15 某企业两个车间人均产量资料分别是：第一车间的人均产量是 500 件，标准差是 15 件；第二车间的人均产量是 200 件，标准差是 10 件。

一车间的标准差系数：

$$V_{\partial} = \frac{15}{500} \times 100\% = 3\%$$

二车间的标准差系数：

$$V_{\partial} = \frac{10}{200} \times 100\% = 5\%$$

如果从标准差来看，第一车间大于第二车间，但两个车间的平均指标不同，而平均指标的大小对标准差的大小有影响，所以不能用标准差的比较得出结论，而应该计算标准差系数。第一车间的标准差系数小于第二车间，说明第一车间的标志变异程度小，平均指标的代表性比第二车间强。

第五节　平均指标的运用应注意的问题

一、平均指标只能用于同质总体

所谓同质总体就是所研究的社会经济现象的各个单位，被平均的标志的性质是相同的。只有在同质总体中，平均指标才能代表各单位的一般水平，计算和分析平均指标才有意义。平均指标只能用于同质总体，这是计算和应用平均指标的基本原则。例如，在分析农作物的平均产量时，应分别按不同的农作物来计算，粮食作物和经济作物应分开，这样才能正确反映同类事物的一般水平。

二、以组平均数补充说明总平均数

总平均数可以综合反映现象总体各标志值的一般水平，但同时也把各单位的差异抽象化了。并且总平均数既受各标志的水平影响，也受各组的次数占总体次数的比重影响。所以，为了深入研究现象总体的特征和规律性，有必要在科学分组的基础上，计算组平均数，以补充说明总平均数。

例 5－16　甲、乙两企业生产同种产品，分两批投料，其产量和单位产品钢材消耗量如表 5－13：

表 5－13　单耗计算表

投料批次	甲企业		乙企业	
	产量（件）	单耗（千克/件）	产量（件）	单耗（千克/件）
一批	70	10.0	40	11.0
二批	30	6.0	60	7.0
合　计	100	8.8	100	8.6

从总平均数看，甲企业平均单耗为 8.8 千克/件，乙企业平均单耗为 8.6 千克/件，乙企业的单耗低。但从组平均数来看，两批产品的单耗甲企业都低于乙企业，事实上甲企业的单耗低，成本控制更好。乙企业的总平均数低是因为两批产品的结构影响，单耗较低的二批产品的比重较大，而甲企业的情况是单耗较高的一批产品的比重较大，引起总平均数较高。

从上例可见，只看总平均数可能得出错误的结论，需要计算和分析组平均数，以补充说明总平均数。

三、用次数分布资料补充说明总平均数

总平均数是用一个数值来说明总体的一般水平，掩盖了总体各单位标志值之间的差异、总体各单位的分布情况，亦即先进和落后的差别。因此，为了观察总体各单位的分

布情况，了解总体内部的先进水平和落后水平，要用次数分布资料来补充说明总平均数。

四、用变异指标补充说明平均指标

平均指标是标志值分布集中趋势的代表值，变异指标是标志值分布离散趋势的代表值，平均指标和变异指标从相反的方面对立统一地反映总体各标志值分布情况的规律性。将两者结合起来，能较好地认识事物的共性和差异性，有利于更全面地认识事物。

习 题 五

一、简答题

1. 什么是平均指标？它有什么作用？

2. 统计平均数有哪几种？

3. 什么是加权算术平均数？如何理解权数的意义？

4. 什么是调和平均数？加权算术平均数和加权调和平均数有什么关系？

5. 什么是标志变异指标？它有什么作用？它主要有哪几个指标？

6. 在什么情况下可用标准差来比较平均数代表性的大小？在什么情况下必须用标志变动系数来比较平均数的代表性的大小？

二、填空题

1. 平均指标反映了总体各单位某一数量标志值的__________。

2. 平均指标说明分布数列中标志值的__________，而标志变异指标则说明标志值的__________。

3. 根据平均指标的确定方法和依据资料不同，平均数主要有算术平均数、__________、几何平均数、__________和中位数。

4. 权数有__________和__________两种形式。

5. 权数对于算数平均数的影响作用，就其实质来看，不是决定于__________的多少，而是决定于__________大小。

6. 标志变异指标有________、________、________和________，其中________最常用。

7. 利用组中值计算算术平均数时，是假定各组内的标志值是________分布的，它只是一个________。

8. 由相对数或平均数计算平均数时，如果资料是相对数或平均数的分母数值，用__________计算；如果资料是相对数或平均数的分子数值，用__________计算。

9. 在变量数列中，哪一组单位数所占比重大，哪一组标志值对__________的影响就大。所以，当各组单位数所占比重相等时，加权算术平均数等于__________。

10. 标准差的大小，不仅取决于标志值的离散程度，还取决于总体___________的高低，所以标准差不能用来直接比较___________的总体的标志变动度的大小，而需用___________才能比较。

三、判断题

1. 平均指标可以对同类现象在不同单位、不同地区之间进行横向比较。(　　)

2. 对同一总体各单位标志值进行平均时，以次数为权数与以次数比重为权数，结果是不等的。(　　)

3. 中位数是变量数列中出现次数最多的标志值。(　　)

4. 各变量值的次数相同时，众数不存在。(　　)

5. 标志变异指标说明变量的集中趋势。(　　)

6. 标志变动度大说明平均数的代表性强，标志变动度小说明平均数的代表性弱。(　　)

四、单项选择题

1. 加权算术平均数的大小（　　）。

A. 主要受各组标志值的大小影响，而与各组次数的多少无关
B. 主要受各组次数的影响，而与各组标志值的大小无关
C. 既受各组标志值大小的影响，也受各组次数多少的影响
D. 既与各组标志值大小无关，也与各组次数多少无关

2. 分布数列中，当标志值较小而权数较大时，计算的算术平均数（　　）。

A. 接近于标志值大的一方　　B. 接近于标志值小的一方
C. 接近于大小合适的标志值　　D. 不受权数影响

3. 根据同一分组资料计算简单算术平均数和加权算术平均数，结果相同，是因为（　　）。

A. 各组权数不等　　B. 各组权数相等
C. 各组权数不起作用　　D. 变量值大致相等

4. 标志变异指标（　　）。

A. 说明总体各单位之间的差异程度　　B. 把总体各单位标志值的差异抽象化
C. 说明总体各单位标志值的变异程度　　D. 反映总体总量的变动程度

5. 标准差指标数值越小，则反映变量值（　　）。

A. 越分散，平均数代表性越低　　B. 越集中，平均数代表性越高
C. 越分散，平均数代表性越高　　D. 越集中，平均数代表性越低

6. 两组工人加工同样的零件，第一组工人每人加工零件数为：32，25，29，28，26；第二组工人每人加工零件数为：30，25，22，36，27。这两组工人加工零件数的变异程度（　　）。

A. 第一组变异程度大于第二组　　B. 第二组变异程度大于第一组
C. 两组变异程度相同　　D. 无法比较

7. 已知两个总体平均数不等，但标准差相等，则（　　）。

A. 平均数大，代表性大　　B. 平均数小，代表性大

C. 平均数大，代表性小　　D. 以上都不对

五、多项选择题

1. 平均数（　　）。

A. 是一个综合指标　　B. 是说明某种状态的

C. 是按某一总量指标计算的　　D. 是按某一数量指标计算的

E. 是在同质总体中计算的

2. 平均指标的特点是（　　）。

A. 某一数量标志在总体单位之间的数量差异抽象化

B. 总体各单位某一数量标志的代表值

C. 总体各单位的品质标志差异抽象化

D. 总体指标值的数量差异抽象化

E. 异质总体的各单位标志值的差异抽象化

3. 中位数（　　）。

A. 是根据各变量值计算的　　B. 是居于数列中间位置的那个数

C. 不受极端变量值的影响　　D. 不受极端变量值位置的影响

E. 是总体中出现次数最多的标志值

4. 标志变异指标可以反映（　　）。

A. 平均数代表性的大小　　B. 总体各单位标志值分布的集中趋势

C. 总体各单位标志值分布的离散趋势　　D. 社会生产的规模和水平

E. 社会生产过程的均衡性

5. 影响加权算术平均数大小的主要因素有（　　）。

A. 次数　　B. 离散程度　　C. 权数　　D. 变量

E. 标志值

6. 下列标志变异指标中用有名数表示的是（　　）。

A. 标准差系数　　B. 变异全距　　C. 平均差　　D. 标准差

E. 离散系数

7. 当一个变量数列中出现个别极端值时，这些极端值（　　）。

A. 对算术平均数、中位数、众数都没有影响

B. 对算术平均数、中位数、众数都有影响

C. 对众数没有影响，对算术平均数有影响

D. 对众数没有影响，对中位数也没有影响

E. 对算术平均数影响最大，对中位数影响最小

六、计算题

1. 某企业工人日产玩具资料如下表：

按日产玩具数分组（个）	工人数（人）	日产玩具数（个）
60	10	
70	20	
75	40	
80	25	
85	15	
合　　计		

要求：计算工人平均日产玩具数，并填入表中。

2．某加工车间月产量资料如下：

月产量（件）	工人数（人）
60～70	15
70～80	25
80～90	50
90 以上	30
合　　计	120

要求：用次数权数和次数比重权数分别计算该车间平均产量。

3．某地 A，B 两个农贸市场三种水果价格及销售额资料如下：

品　　种	价格（元/千克）	销售额（万元）	
		A 市场	B 市场
甲	1.0	150	100
乙	1.5	120	150
丙	2.0	200	200

要求：计算比较该地哪个农贸市场的水果价格较高产，并说明原因。

4．某公司各企业销售额计划完成情况资料如下：

企　业	计划完成（%）	实际销售额（万元）	计划完成程度（%）
甲	110	880	
乙	90	540	
丙	105	210	
合　　计			

要求：计算该公司的计划完成程度指标，并填入表中。

5. 某地区家庭月收入资料如下表：

家庭月收入（元）	户数（户）
1 000～1 500	500
1 500～2 000	800
2 000～2 500	1 500
2 500～3 000	600
3 000～3 500	400
3 500 以上	200
合　计	4 000

要求：计算家庭月收入的众数和中位数。

6. 某厂有 400 名职工工资资料如下表：

工资（元）	人数（人）
400～500	60
500～600	100
600～700	140
700～800	60
800 以上	40
合　计	400

要求：计算该厂职工平均工资、平均差、平均差系数、标准差、标准差系数。

7. 甲、乙两组工人按日产量分组资料如下：

甲　组		乙　组	
日产量（件）	人数（人）	日产量（件）	人数（人）
20 以下	2	20	3
20～30	4	25	4
30～40	5	30	5
40～50	6	35	6
50 以上	3	40	2

要求：(1) 计算甲、乙两组平均日产量。

（2）计算甲、乙两组的标准差。

（3）说明甲、乙两组平均日产量哪个代表性大。

8．某企业400名工人生产某种产品的资料如下：

按产量分组（kg）	工人数（人）	
	5月份	6月份
10以下	30	20
10～20	90	30
20～30	120	90
30～40	100	140
40～50	50	100
50以上	10	20
合 计	400	400

要求：计算5、6月份的平均产量，并说明两个月产量变化的原因。

第六章　时间数列

第一节　时间数列的构成及种类

一、时间数列的概念及构成

时间数列又叫动态数列，是指同一总体现象的指标数值按其发生的时间先后顺序排列而成的统计数列。

时间数列由两个要素构成：现象所属的时间和反映该现象的统计指标，如表6-1、表6-2。

表6-1　某村生猪存栏头数　　单位：头

年　份	1998	1999	2000	2001	2002	2003
年初存栏头数	4 000	4 200	4 500	4 800	5 200	5 500

表6-2　某县牛奶产量　　单位：万吨

年　份	1998	1999	2000	2001	2002	2003
牛奶产量	4	6	20	24	26	28

二、时间数列的种类

按照时间数列中统计指标的不同形式来划分，时间数列可分为总量指标时间数列、相对指标时间数列和平均指标时间数列三种类型。

（一）*总量指标时间数列*

将同一总体现象的总量指标按其发生的时间先后顺序排列而成的时间数列就是总量指标时间数列。它又可分为时期数列（如表6-2）和时点数列（如表6-1）。

时期数列与时点数列的区别：

（1）数列中指标数值的可加性不同。时期数列中若干个相邻指标值可以相加，其和代表在一个较长时期内总体现象发展的总量；而时点数列相邻指标相加没有意义。

（2）数列中指标数值的大小与时间长短的关系不同。时期数列与所属的时期有直接关系。一般情况下，时期越长，指标数值越大；而时点数列的指标值与时间长短（间隔长短）无关。

（3）获得资料的方法不同。时期数列中的指标数值通常是通过经常性调查取得的，而时点数列中的指标数值通常是通过一次性调查取得的。

（二）相对指标时间数列

由相对指标构成的时间数列叫相对指标时间数列。例如历年计划完成程度、男职工所占比重所形成的时间数列，就是相对指标时间数列。

（三）平均指标时间数列

把某一总体现象平均指标按其发生的时间先后顺序排列而成的时间数列就是平均指标时间数列。例如，历年的职工平均工资、历年平均职工人数所形成的时间数列。

总量指标时间数列是最基本的时间数列，相对指标时间数列和平均指标时间数列都是由它派生而成的。

三、时间数列的作用

时间数列在统计和现实中有很重要的作用，具体来说有以下几点：

（1）可描述总体现象的发展状态和结果。

（2）可借以分析事物发展变化的速度、趋势及其规律性。

（3）可借以限制事物未来的情况。

（4）是积累历史资料的方法和手段。

四、编制时间数列的原则

尽可能地保证时间数列中各指标值具有可比性，这是编制时间数列的总原则。具体而言，编制时间数列应遵循以下原则：

（1）指标的涵义必须相同。

（2）指标值所属的总体范围应该一致。有行政区划变动的地方要特别注意。如老乐山市与新乐山市的地域范围是不一致的，当编制乐山市的时间数列时，必须根据实际情况进行调整。

（3）指标值所属的时间应一致。时期指标应尽可能保持时期长短一致，时点指标应尽可能保持间隔长度一致。

（4）指标的计算口径一致。即时间数列中的各指标值必须采用统一的计算方法、计量单位、计价标准。

第二节　时间数列水平分析

一、发展水平

时间数列中的每个指标数值称为发展水平。

在统计分析中，发展水平一般用“发展为”、“增加为”、“增加到”、“降低为”、“降低到”等词语来叙述。

在时间数列中，首项指标数值称为最初水平，一般用 a_0 表示（用 a_1 表示最初水平亦可）；末项指标数值称为最末水平，一般用 a_n 表示；其余的统称中间水平。a_0 至 a_n 总共是 $n+1$ 项（a_1 至 a_n 是 n 项）。在动态对比分析中，用来作为对比基础或比较标准的水平，称为基期水平；所分析的那一期水平叫报告期水平。

二、平均发展水平

平均发展水平是对时间数列中各发展水平加以平均而得到平均数，以之反映总体现象在整个发展过程中的一般水平，又叫动态平均数或序时平均数。

序时平均数与静态平均数的区别：首先，两者涵义不一样。静态平均数是将总体各单位在同一时间内的数量差异抽象化，从时间截面上反映总体各单位标志值的一般水平；而序时平均数是将总体在不同时间内的数量差异抽象化，从动态过程上反映总体指标值的一般水平。其次，两者计算依据不同。静态平均数是根据变量数列来计算的，而序时平均数是根据动态数列来计算的。

序时平均数主要用来消除总体现象的短期波动，揭示总体固有的发展趋势。此外，还可以用来解决可比性的问题。

（一）总量指标时间数列序时平均数的计算

1. 时期指标时间数列序时平均数的计算

$$\bar{a} = \frac{\text{数列中各项指标数值之和}}{\text{项数}} = \frac{\sum_{i=1}^{n} a_i}{n}$$

例 6－1　根据表6－2计算该县年平均牛奶产量

$$\bar{a} = \frac{\sum_{i=1}^{n} a_i}{n} = \frac{4+6+20+24+26+28}{6} = 18(\text{万吨})$$

2. 时点指标时间数列序时平均数的计算

由于时点数列中各项指标不能直接相加，所以在计算序时平均数时，是以假定相邻时点间现象均匀变动为条件的。

（1）根据连续时点数列计算序时平均数。严格意义上讲不可能有连续的时点数列，但统计分析中一般把以天为间隔的时点数列称为连续时点数列。这又可分为两种情况：

第一种情况：时点数列是逐日登记又逐日排列的，用简单算术平均法计算。其计算公式为：

$$\overline{a}=\frac{\sum a}{n}$$

式中：a——各时点指标值；

n——天数。

例如：已知某公司一个月内每天的职工人数，要计算该月平均职工人数，即可将每天职工人数相加之和除以该月的日历天数。

第二种情况：时点数列资料不是逐日变动记载的，只在发生变动时加以登记。用每次资料持续不变的时间长度为权数进行加权平均。其计算公式为：

$$\overline{a}=\frac{\sum af}{\sum f}$$

例 6－2　某公司2003年12月份产品库存资料如表6－3，求平均库存。

表 6－3　产品库存变动情况　　单位：台

	1日	13日	20日	26日	31日
库存量	40	45	25	12	4
	持续12天	持续7天	持续6天	持续5天	持续1天

$$\overline{a}=\frac{\sum af}{\sum f}=\frac{40\times12+45\times7+25\times6+12\times5+4\times1}{12+7+6+5+1}=\frac{1009}{31}\approx32(\text{台})$$

(2) 根据间断时点数列计算序时平均数。用“首末折半法”计算，即用间断的两个端点（首点、末点）数值的一半来代表该段的平均水平，再根据它来计算整个数列的序时平均数。其计算公式为

$$\overline{a}=\frac{\sum\overline{a_i}f_i}{\sum f_i}=\frac{\frac{1}{2}(a_1+a_2)f_1+\frac{1}{2}(a_2+a_3)f_2+\cdots+\frac{1}{2}(a_{n-1}+a_n)f_{n-1}}{f_1+f_2+\cdots+f_{n-1}}$$

例6－3　某村生猪存栏头数如表6－4，求平均存栏头数。

表 6－4　某村生猪存栏头数调查表　　单位：头

调查时间	1月初	5月初	8月初	10月初	12月末
生猪存栏头数	400	400	440	430	420

$$\overline{a}=\frac{\sum\overline{a_i}f_i}{\sum f_i}=\frac{\frac{400+400}{2}\times4+\frac{400+440}{2}\times3+\frac{440+430}{2}\times2+\frac{430+420}{2}\times3}{4+3+2+3}$$

$\approx417.08(\text{头})$

如果所有的间断时间长度相等，即 $f_i=f$，则公式可简化为：

$$\overline{a}=\frac{\frac{1}{2}a_1+a_2+\cdots+a_{n-1}+\frac{1}{2}a_n}{n-1}$$

这个公式在会计核算分析中常用。

（二）相对指标时间数列序时平均数的计算

由于相对指标时间数列是由具有相互联系的两个总量指标时间数列对比构成的。所以计算序时平均数时就以总量指标序时平均数为基础，按下面公式计算：

$$\overline{c}=\frac{\overline{a}}{\overline{b}}$$

式中：$\overline{c}$—— 相对指标时间数列序时平均数；

$\overline{a}$—— 作为分子的总量指标序时平均数；

$\overline{b}$—— 作为分母的总量指标序时平均数。

例 6－4 根据表6－5、表 6－6、表 6－7 提供的数据计算序时平均数。

表 6－5 某公司计划完成情况表

	一季度	二季度	三季度	四季度
计划产值 b（万元）	860	887	875	898
计划完成程度 c（%）	130	135	138	125
实际产值 a（万元）				

$$\overline{c}=\frac{\overline{a}}{\overline{b}}=\frac{(860\times130\%+887\times135\%+875\times138\%+898\times125\%)\div4}{(860+887+875+898)\div4}$$

$$=132\%$$

表 6－6 某市年末社会劳动者构成表 单位：万人

	1996 年	1997 年	1998 年	1999 年	2000 年
社会劳动者总人数 b	400	480	520	600	640
其中第三产业人数 a	80	105.60	119.60	144	160
第三产业人数的比重 c（%）	20	22	23	24	25

该市 1996 年至 2000 年平均第三产业人数占全部社会劳动者比重为：

$$\overline{c}=\frac{\overline{a}}{\overline{b}}=\frac{(\frac{80}{2}+105.6+119.6+144+\frac{160}{2})\div4}{(\frac{400}{2}+480+520+600+\frac{640}{2})\div4}=\frac{122.3\%}{530}=23\%$$

表 6－7　某企业 2003 年上半年劳动生产率表

	1月	2月	3月	4月	5月	6月	7月
总产值 a（万元）	700	750	760	880	920	1 000	1 200
月初工人数 b（人）	800	820	820	880	880	900	920
劳动生产率 c（元/人）							

$$\overline{a} = \frac{\sum a}{n} = \frac{700 + 750 + 760 + 880 + 920 + 1000}{6} = 835(\text{万元})$$

（注意为什么没用 7 月总产值）

$$\overline{b} = \frac{\frac{b_1}{2} + b_2 + \cdots + b_6 + \frac{b_7}{2}}{n-1}$$

$$= \frac{\frac{800}{2} + 820 + 820 + 880 + 880 + 900 + \frac{920}{2}}{6}$$

$$= 860(\text{人})$$

该企业上半年平均月劳动生产率

$$\overline{c} = \frac{\overline{a}}{\overline{b}} = \frac{8\,350\,000}{860} = 9\,709.30\,(\text{元/人})$$

（三）平均指标时间数列序时平均数的计算

1. 静态平均指标时间数列序时平均数的计算

参照相对指标时间数列序时平均数的计算方法，即用分子序时平均数除以分母序时平均数即得静态平均指标时间数列序时平均数。

例 6－5　根据表6－8计算平均单位成本。

表 6－8　某企业产量与单位成本

	一季度	二季度	三季度	四季度
产量 b（千克）	366	324	328	402
单位成本 c（元）	122.8	136.1	118.5	118.5
总成本 a（元）				

$$\overline{c} = \frac{\overline{a}}{\overline{b}} = \frac{\overline{bc}}{\overline{b}}$$

$$= \frac{(366 \times 122.8 + 324 \times 136.1 + 382 \times 118.5 + 402 \times 118.5) \div 4}{(366 + 324 + 382 + 402) \div 4}$$

$$= 123.42(\text{元})$$

2. 动态平均数时间数列序时平均数的计算

直接以各动态平均数的时间长度为权数加权平均即得其序时平均数。例如知道一年 4 个季度的平均人数，则把它相加再除以 4 即可得年平均人数。如根据表 6－9 计算某旅游区的全年平均每日游客人次。

表 6－9　2002 年某旅游区游客的月平均人数

时　间	1月	2月至5月	6月至9月	10月至12月
月平均人数（万人次）	10	15	20	25

全年平均每日游客人次：

$$\bar{c}=\frac{10\times 1+15\times 4+20\times 4+25\times 3}{1+4+4+3}=18.75(\text{万人次})$$

三、增长量和平均增长量

（一）增长量

增长量是报告期水平与基期水平之差，表明现象报告期水平比基期水平增长的数量。其计算公式为：

增长量＝报告期水平－基期水平

如果增长量是正值，表明报告期比基期增加；如果增长量是负值，表明报告期比基期减少。增长量也称增减量。

由于采用基期的不同，增长量可分为逐期增长量和累计增长量。

1. 逐期增长量（以报告期前一期为基期）

逐期增长量＝报告期水平－前一期水平

2. 累计增长量（固定以时间数列期初水平为基期水平）

累计增长量＝报告期水平－固定基期水平

例 6－6　根据表6－2分别计算各年逐期增长量与累计增长量，结果见表 6－10：

表 6－10　某县各年牛奶产量增长情况　　（单位：万吨）

年　份	牛奶产量	逐期增长量	累计增长量
1998	4	—	0
1999	6	2	2
2000	20	14	16
2001	24	4	20
2002	26	2	22
2003	28	2	24

3. 累计增长量与逐期增长量的关系

累计增长量等于相应各期逐期增长量之和，即

$$a_n-a_0=(a_1-a_0)+(a_2-a_1)+\cdots+(a_n-a_{n-1})$$

（二）平均增长量

平均增长量就是时间数量各逐期增长量的序时平均数，反映现象在一定时期内各期

平均增长的数量。其计算公式为：

$$平均增长量=\frac{逐期增长量之和}{逐期增长量个数}=\frac{累计增长量}{时间数列项数-1}$$

根据表 6－10 计算该县 1998 年至 2003 年平均每年牛奶增长量为：

$$\frac{2+14+4+2+2}{5}=4.8\text{（万吨）} \quad 或 \quad \frac{28-4}{6-1}=4.8\text{（万吨）}$$

计算平均增长量，可以分析总体现象在一定时期内增长的一般水平，作为决策和编制中长期计划的依据。

第三节　时间数列的速度分析

一、发展速度

发展速度是用报告期水平与基期水平相比所得到的动态相对指标，用以反映总体现象发展变化的程度。其计算公式为：

$$发展速度=\frac{报告期水平}{基期水平}$$

根据所选基期不同，发展速度分为环比发展速度和定基发展速度。

（一）环比发展速度

环比发展速度以报告期水平的前一期水平为基期。其计算公式为：

$$环比发展速度=\frac{报告期水平}{前一期水平}$$

（二）定基发展速度

定基发展速度通常固定以最初水平为基期水平，又称总速度。其计算公式为：

$$定基发展速度=\frac{报告期水平}{固定基期水平}$$

例 6－7　根据表6－2资料可得该县历年牛奶产量发展速度，结果见表 6－11：

表 6－11　某县各年牛奶产量发展速度

年　份	牛奶产量（万吨）	发展速度（%）	
		环　比	定　基
1998	4	—	100
1999	6	150.0	150
2000	20	333.3	500
2001	24	120.0	600
2002	26	108.3	650
2003	28	107.7	700

在计算分析定基发展速度时，可根据具体情况或要求用百分数、倍数表示，有时还

要用翻了多少番表示。其计算公式为：

$$\frac{a_n}{a_0}=2^k(\text{即翻了 } k \text{ 番}) \qquad k=\frac{\lg(\frac{a_n}{a_0})}{\lg 2} \quad \text{或} \quad \frac{\ln(\frac{a_n}{a_0})}{\ln 2}$$

根据表 6－11 资料可得，该县 2003 年牛奶产量在 1998 年的基础上翻了 2.8（$\frac{\lg 7}{\lg 2}=2.8$）番。

（三）定基发展速度与环比发展速度的关系及扩展

（1）定基发展速度等于相应各期环比发展速度的连乘积：

$$\frac{a_n}{a_0}=\frac{a_1}{a_0}\times\frac{a_2}{a_1}\times\frac{a_3}{a_2}\times\cdots\times\frac{a_n}{a_{n-1}}$$

（2）两个相邻时期定基发展速度之商等于相应时期的环比发展速度：

$$\frac{a_k}{a_{k-1}}=\frac{a_k}{a_0}\div\frac{a_{k-1}}{a_0}$$

（3）相连贯的几个定基发展速度之连乘积等于整个时期的定基发展速度：

例如：1980 年至 1990 年发展速度乘以 1990 年至 1995 年的发展速度再乘以 1995 年至 2000 年的发展速度，再乘以 2000 年至 2003 年的发展速度，其结果等于 1980 年至 2003 年的发展速度。

二、增长速度

增长速度是用增长量与基期水平之比所得到的相对指标，表明总体现象增长的相对程度。其计算公式为：

$$\text{增长速度}=\frac{\text{增长量}}{\text{基期水平}}=\frac{\text{报告期水平}-\text{基期水平}}{\text{基期水平}}$$
$$=\frac{\text{报告期水平}}{\text{基期水平}}-100\%=\text{发展速度}-100\%$$

增长速度如果为正值，表明所研究现象的发展方向是上升的；如果为负值，说明所研究现象的发展方向是下降的。

（一）环比增长速度

环比增长速度的计算公式为：

$$\text{环比增长速度}=\frac{\text{逐期增长量}}{\text{前一期水平}}=\text{环比发展速度}-100\%$$

（二）定基增长速度（又称总增长速度）

定基增长速度的计算公式为：

$$\text{定基增长速度}=\frac{\text{累计增长量}}{\text{固定基期水平}}=\text{定基发展速度}-100\%$$

两种增长速度都是发展速度的派生指标，它们只反映现象增长的相对程度，定基增长速度不等于各环比增长速度的连乘积。

三、增长 1%的绝对值

增长量说明增长规模，增长速度则说明增长的相对程度。为了全面反映现象的发展变化情况，有必要计算增长1%的绝对值，用它可反映增长的难易程度。

$$增长1\%的绝对值=\frac{报告期水平-前一期水平}{100}=\frac{逐期增长量}{环比增长速度}$$

例6－8 根据表6－2资料可计算得该县各区牛奶产量的增长速度，结果见表6－12。

表6－12 某县各区牛奶产量增长速度

年 份	牛奶产量（万吨）	增长速度%		增长1%的绝对值（吨）
		环比	定基	
1998	4	—	0	—
1999	6	50	50	400
2000	20	233.3	400	600
2001	24	20	500	2 000
2002	26	8.3	550	2 400
2003	28	7.7	600	2 600

四、平均发展速度

平均发展速度也就是时间数列中各环比发展速度的一般水平，反映现象在较长时间内的平均发展程度。平均发展速度的计算不能采用算术平均的方法，而是要采用几何平均法和方程式法。

（一）几何平均法（水平法）

用几何平均法计算平均发展速度的出发点是：若某一现象各期都按平均发展速度发展，发展到最末一期刚好与实际水平相等。即如表6－13所示，$a_n=a_0\overline{x}^n$

表6－13 平均发展速度分析表

时 间	实际发展水平	按平均发展速度 $\overline{x}$ 发展的假定水平
0	a_0	a_0
1	a_1	$a_0\cdot\overline{x}$
2	a_2	$a_0\cdot\overline{x}\cdot\overline{x}$
3	a_3	$a_0\cdot\overline{x}^3$
⋮	⋮	⋮
n	a_n	$a_0\overline{x}^n$

$$\overline{x}=\sqrt[n]{\frac{a_n}{a_0}}=\sqrt[n]{\frac{a_1}{a_0}\times\frac{a_2}{a_1}\times\cdots\times\frac{a_n}{a_{n-1}}}=\sqrt[n]{x_1\cdot x_2\cdot\cdots\cdot x_n}$$

例 6-9 由表6-11的资料可计算某县 1998 年至 2003 年牛奶产量平均发展速度为：

$$\overline{x}=\sqrt[n]{\frac{a_n}{a_0}}=\sqrt[5]{\frac{28}{4}}\approx 147.6$$

或 $$\overline{x}=\sqrt[5]{150\%\times 333.3\%\times 120\%\times 108.3\%\times 107.7\%}\approx 147.6\%$$

水平法计算平均发展速度是实际工作中最常用的方法，也是我们重点要掌握的方法。计算中要注意有多少个环比发展速度就应开多少次方，即时间数列总项数少 1。

水平法的重点在于考察最末期水平，当我们所关心的是总体现象最末一期所达到的水平时，则可以应用几何平均法求平均发展速度。

（二）方程式法（累计法）

用方程式法求平均发展速度的出发点是：若某一现象各期都按平均发展速度发展，那么平均发展水平之和刚好与实际发展水平之和相等。即：

$$\sum_{i=0}^{n}a_i=a_0+a_0\overline{x}+a_0\overline{x}^2+\cdots+a_0\overline{x}^n$$

$$\overline{x}+\overline{x}^2+\overline{x}^3+\cdots+\overline{x}^n=\frac{\sum_{i=0}^{n}a_i}{a_0}$$

解方程可得到一个实数解（可查“累计法计算表”，也可借助计算机编程序求解）。

当我们关心的是各期发展水平的累计总和时，用累计法比较得当。

五、平均增长速度（又叫递增速度）

平均增长速度是各期环比增长速度的一般水平，用以反映现象在一段时期内平均每期增长的速度。

平均增长速度不能直接根据环比增长速度计算，而只能先计算平均发展速度，再将其减 100%得到。其计算公式为：

平均增长速度＝平均发展速度－100%

习 题 六

一、判断题

1. 时间数列是将不同时间的同一指标数值由小到大顺序排列而成的。（ ）
2. 时间数列中的发展水平可以是总量指标，也可以是相对指标或平均指标。（ ）
3. 时间数列的发展水平都是可以相加的。（ ）
4. 按首末折半法计算时点数列的序时平均数与现象真实水平可能有差异。（ ）
5. 时点数列的每一项指标值反映现象在某段时期达到的水平。（ ）
6. 若逐期增长量每年相等，则其各年的环比发展速度年年下降。（ ）

7. 若环比增长速度年年相等，则其逐期增长量也年年相等。(　　)

8. 发展速度计算值为负数，说明现象的发展方向是下降的。(　　)

9. 某地区农民人均消费支出逐年增加，2001 年、2002 年、2003 年各年的环比增长速度分别为 6%，7%，8%，所以该地区农民人均消费支出年递增 7%。(　　)

10. $\overline{x}=\sqrt[5]{a_5/a_1}=\sqrt[5]{x_1\cdot x_2\cdot x_3\cdot x_4\cdot x_5}$。　　(　　)

二、填空题

1. 时间数列是将__________的数值，按__________先后顺序排列而形成的统计数列，又叫__________。它由两个要素构成：__________和__________。

2. 编制时间数列，总的原则是__________。

3. 某厂生产 A 产品，1 月份生产 2000 件，其废品率为 0.8%；2 月份生产 1600 件，其废品率为 0.5%；3 月份生产 1800 件，其废品率为 0.6%。则该厂第一季度的平均废品率为__________。

4. 某校在校生 2001 年比 2002 年增加 5%，2002 年比 2001 年增加 12%，2003 年比 2002 年增加 15%，那么，这三年共增加学生__________。

5. 某企业 4 月份平均工人数为 200 人，5 月份平均工人数为 212 人，6 月份平均工人数为 218 人，7 月份平均工人数为 230 人。那么，第二季度该企业平均工人数为__________人。

三、单项选择题

1. 下列数列中哪一个属于动态数列(　　)。

A. 学生按成绩分组形成的数列　　B. 企业按地区分组形成的数列

C. 职工按工资水平高低顺序排列形成的数列

D. 职工人数按时间先后顺序排列形成的数列

2. 时期数列的每一项指标数值(　　)。

A. 无须连续统计　　B. 与时期长短无直接关系

C. 可以相加　　D. 不能相加

3. 连续 10 年每年年末国家黄金储备量是(　　)。

A. 时期数列　　B. 时点数列　　C. 发展速度　　D. 增长速度

4. 某车间月初工人数资料如下表，那么，该车间上半年的月平均工人数为(　　)人。

某车间月初工人数统计表　　单位：人

一月	二月	三月	四月	五月	六月	七月
280	284	280	300	302	304	320

A. 345　　B. 300　　C. 295　　D. 201

5. 已知某企业 1 月、2 月、3 月、4 月的平均职工人数分别为 280 人、290 人、286

人和288人，则该企业第一季度的平均职工人数的计算方法为（　）。

A. $(280+290+286)\div 3$

B. $(280+290+286+288)\div 4$

C. $\frac{280+290}{2}+\frac{290+288}{2}+\frac{286+288}{2}$

D. $\left(\frac{280}{2}+290+286+\frac{288}{2}\right)\div 3$

6. 已知某县粮食产量环比发展速度2000年为103.5%，2001年为104%，2003年为105%。2000年至2003年的定基发展速度为116.4%。则2002年的环比发展速度为（　）。

A. 103%　　B. 104.5%　　C. 113.0%　　D. 101.0%

7. 已知环比增长速度分别为8%，5%，35，6%，则定基增长速度为（　）。

A. 8%×5%×3%×6%　　B. 8%×5%×3%×6%－100%

C. 108%×105%×103%×106%－100%　　D. 103%×105%×103%×106%

8. 某县牛奶产量1990年为200吨，2003年为900吨，则2003年牛奶产量在1990年基础上翻了（　）番。

A. 4.5　　B. 2.5　　C. 2.2　　D. 2.0

9. 某企业生产某种产品，其产量每年增加5万吨，则该产量的环比增长速度（　）。

A. 年年下降　　B. 年年增长　　C. 年年保持不变　　D. 无法确定

10. 某地区1990年—2003年社会商品零售额平均每年增长8%，则各年环比增长速度（　）。

A. 年年下降　　B. 年年增长　　C. 年年保持不变　　D. 无法确定

11. 以1995年为基期，2003年为报告期，计算某现象的平均发展速度应开（　）次方。

A. 7　　B. 8　　C. 10　　D. 2

12. 若已知前5年的平均增长速度为10%，后5年的平均增长速度为8%，求这10年的平均增长速度为（　）。

A. $\sqrt[10]{0.1\times 0.08}$　　B. $\sqrt[10]{0.1^5\times 0.08^5}$

C. $\sqrt[10]{1.1^5\times 1.08^5}-1$　　D. $\sqrt[10]{1.1\times 1.08-1}$

13. 时间数列中的平均发展速度是（　）。

A. 各定基发展速度的几何平均数　　B. 各环比发展速度的算术平均数

C. 各环比发展速度的调和平均数　　D. 各环比发展速度的几何平均数

14. 增长1%的绝对值是（　）。

A. 报告期水平除以100　　B. 前一期水平除以100

C. 逐期增长量除以100　　D. 累计增长量除以100

四、多项选择题

1. 时点数列的特点是（　）。

A. 数列中各个指标数值不能相加
B. 数列中各个指标数值可以相加
C. 数列中每一个指标数值的大小与其间隔长短无直接关系
D. 数列中每一个指标数值的大小与其间隔长短有直接关系
E. 数列中每一个指标数值要通过连续不断的登记取得

2. 下面哪些属于时期数列（　　）。
A. "十五"时期社会商品零售总额　　B. "十五"时期年末固定资产原值
C. "十五"时期各年死亡人口　　D. "十五"时期各年货物周转量
E. "十五"时期各年人口出生率

3. 下面哪几项属时点数列（　　）。
A. 我国近10年年末耕地面积　　B. 我国近10年年末人口数
C. 我国近10年各年农作物播种面积　　D. 我国近10年各年人口净增额
E. 某企业某年各月份固定资产折旧额

4. 定基增长速度等于（　　）。
A. 累计增长量除以基期水平　　B. 环比增长量速度的连乘积减去100%
C. 环比发展速度的连乘积　　D. 定基发展速度减去100%
E. 逐期增长量之和除以基期水平

5. 已知某时间数列各期的环比发展速度，便能计算出（　　）。
A. 各期定基发展速度　　B. 平均发展水平
C. 平均发展速度　　D. 平均增长速度
E. 各期逐期增长量

五、计算分析题

1. 某企业2002年年末职工人数为400人，2003年1月份职工增减变动情况为：1月8日调入25人；1月15日调出8人，调进10人；1月23日调入5人；1月28日调出2人。试计算该企业2003年1月份的平均职工人数。

2. 设某公司职工人数情况如下表：

单位：人

日期	1月	2月	3月	4月	5月	6月	7月
月初人数	500	510	514	526			
月平均人数				533	549	564	577

要求：（1）将表中所缺数字补上。
（2）计算上半年该公司的平均人数。

3. 设某厂劳动生产率资料如下表所示：

月　　份	1	2	3	4	5	6
总产值 a（万元）	40	42	44	48.4	49.5	48
平均每个工人产值 c（元）	4 000	4 200	4 400	4 400	4 500	6 000
平均工人数（人）b						

要求：(1) 计算该厂第二季度平均月劳动生产率。

(2) 计算上半年平均月劳动生产率。

(3) 计算上半年劳动生产率。

4．计算并填表：

某企业工业增加值分析表

年　份	工业增加值（万元）	增长量（万元）		发展速度％		增长1％的绝对值（万元）
		逐期	累计	环比	定基	
1999	800					
2000	880					
2001	960					
2002	900					
2003	1 200					

某县牛奶产量分析表

年　份	牛奶产量（万吨）	增长量（万元）		发展速度％		增长1％的绝对值（万吨）
		逐期	累计	环比	定基	
1999		—	0	—	100	—
2000			100	25		
2001				10		
2002			300			
2003		－35				

（提示：先要求出各年牛奶产量）

5．设某县财政收入如下表：

单位：万元

年　份	1996	1997	1998	1999	2000	2001	2002	2003
财政收入	2 000							
逐期增长量	—	300	300	400	500	－50	600	800

要求：（1）算出各年财政收入填入表中。

（2）计算 1996 年—2003 年年平均财政收入。

（3）计算 1996 年—2003 年财政收入年平均增长量。

（4）计算 1996 年—2003 年财政收入年平均发展速度。

（5）计算 2003 年财政收入在 1996 年基础上翻了多少番。

6. 某县 1980 年牛奶产量为 500 万吨，1980 年—1985 年平均增长量为 80 万吨，1985 年—1995 年平均增长速度为 8%，2000 年在 1995 年基础上翻了一番，1995 年—2003 年累计增长 1114 万吨。

要求：（1）计算出 1985 年、1995 年、2000 年、2003 年该县的牛奶产量。

（2）计算出 1980 年—2003 年牛奶产量的年平均增长速度。

第七章　统计指数

统计指数和动态数列都是从动态分析的角度来研究现象的变化的。所不同的是，时间数列分析侧重于单个现象在较长一段时间内的连续变化；而统计指数分析着重于复杂现象总体在两个时期的综合对比。本章主要介绍统计指数的计算及其应用。

第一节　统计指数的概念和作用

一、统计指数的概念

指数是统计指数的简称。这一概念产生于 18 世纪的欧洲，由于当时资本主义社会物价飞涨，产生了对物价进行测定的要求。随着指数运用领域的扩大，指数的概念也在不断发展。一般认为，指数有广义和狭义之分。

广义指数是指社会经济现象数量变动的相对数。例如甲公司生产某种产品 110 万吨，去年为 90 万吨，计划为 100 万吨；乙公司产品产量 120 万吨，则甲公司计划完成程度为 110%，动态相对数为 122%，比较相对数为 91.67%。即前面介绍计划完成程度相对数、比较相对数、动态相对数、发展速度等，均属指数。

狭义指数是一种特殊相对数，它是用来反映不能直接加总的多因素所组成的社会经济现象的综合变动程度的相对数。例如，根据国家统计局报告，2001 年市场物价止降转稳。全年全国居民消费价格总指数比上年上涨 0.4%，改变了 1998 年以来连续两年下降的局面，在这里，“全国居民消费价格总指数”就是一个不能直接加总的，由多因素构成的“复杂现象总体”。全国居民消费是由上千万种商品和服务项目消费构成的，他们的使用价值不同，计量单位不同，单价和销售量也不同。因此，要求出全国居民全年总的销售价格，绝不能把各种不同类的商品和服务项目的价格简单相加，而必须采用特定的计算方法进行加总和对比，由此得出的指数，便是狭义的指数。本章重点研究狭义的指数。

二、统计指数的作用

利用指数分析社会经济现象的发展动态及其构成因素的影响程度称为指数分析法。它是社会经济统计中的重要分析方法之一，其作用可以归纳为以下三个方面。

（一）综合反映复杂现象总体变动的方向和程度

复杂现象总体往往是由不能直接相加的许多个别事物构成的，统计指数的主要作用就在于对这些复杂总体能够进行科学综合，并能反映其总的变动方向和变动程度。如2001年我国居民消费价格总指数比上年上涨0.4%，分项目看，服务项目上涨14.1%，居住上涨4.8%，食品中除水产品、蔬菜价格上涨外，其他继续下降。另外，受国际石油价格上涨的影响，工业品出厂价格上涨2.8%，能源、原材料、动力购进价格上涨5.1%。此外，我国统计部门公布的零售物价、农产品收购价格、生活费用价格等指数，都是利用指数的原理和方法编制的。

（二）分析和测定现象的各个构成因素对现象发展变动的影响程度和绝对效果

许多社会经济现象的数量变动是由它们的构成因素变动综合影响的结果。例如，商品销售额的变动要受商品销售量和销售价格两个因素的影响，即销售额＝销售量×销售单价。销售额的大小，由销售量和销售价格多少决定。指数分析法的任务之一，就是要根据影响事物主要因素的内在联系，分别编制相应的指数进行综合分析。例如，编制销售价格总指数和销量总指数，目的就是要分析它们对销售额变动的影响，这样就可以揭示出销售额这一现象总变动的原因。运用指数分析法，计算出现象总体和各因素的指数，就能深入分析各因素对现象总变动的影响，不仅可以从相对数方面分析其影响程度，还可以从绝对数方面分析其影响的绝对额。

利用指数分析法，除了可对总量指标及其构成因素进行分析外，也可用来分析平均指标和相对指标的变动受各个因素的影响。如企业职工平均工资的变动，不仅取决于各类职工工资水平的变动，还取决于各类职工人数占职工总人数的比重的变动。运用指数法可以分析这两个因素变动对全部职工平均工资的影响方向和程度。

（三）研究社会经济现象在长时间内的发展变化趋势

在由连续编制的动态指数形成的指数数列中，可以发现现象总体的发展变动趋势，也可以将有联系而性质又不同的指数数列加以对比，用以说明现象之间的关系和变化趋势。例如，工业品零售价格指数数列和农产品收购价格指数数列的对比，反映工农业产品比价的综合变化。

三、统计指数的种类

（一）按研究对象的范围不同，统计指数可分为个体指数和总指数

1. 个体指数

个体指数是反映个别的，简单现象变动情况的相对数。

如：反映某种商品价格变动的指数，即个体价格指数：$k_p = p_1/p_0$；反映某种商品销售量变动的指数，即个体销量指数：$k_q = q_1/q_0$；反映某种产品生产成本变动的个体指数，即个体成本指数：$k_z = z_1/z_0$。

可见，个体指数就是指同一种现象的报告期指标数值与基期指标数值对比而得到的发展速度指标。

2. 总指数

总指数是反映由不能直接相加的许多个别事物构成的复杂现象总体综合变动的相对数。在现代统计指数理论中编制总指数有两种主要形式，既综合指数和平均指数。其中，综合指数是编制总指数的基础，平均指数是综合指数的变形和运用。

（二）说明现象的性质不同，分为数量指标指数和质量指标指数

1. 数量指标指数

数量指标指数说明现象总规模、总数量变动的相对数。如产品产量、销售量、职工人数指数等都是数量指标指数。

2. 质量指标指数

质量指标指数是说明现象相对水平或平均水平变动的指数。如商品价格、生产成本、平均工资、劳动生产率指数等都是质量指标指数。

数量指标指数和质量指标指数的计算方法是不同的。

（三）采用的基期不同，可分为定基指数和环比指数

实际工作中指数通常按月、按季或按年连续编制，形成前后衔接的指数数列。在同一个指数数列中，如果各期指数都以某一固定时期作为对比基础，就称为定基指数；如果各期指数都以上期为对比基础，则称为环比指数。

（四）按说明现象的时间状况不同，可分为动态指数和静态指数

指数理论产生于动态对比分析，但随着指数理论的发展，其应用已超过了动态对比的范围，而广泛存在于静态对比之中。

动态指数是指现象在不同时间上变动情况的指数（前面提及的指数都是就动态指数而言的）；静态指数是说明复杂现象在同一时间不同空间的综合对比的指数或实际数与计划数综合对比的指数，如地区间物价分析比较指数、多项产品的成本计划完成指数等。

第二节　综合指数的编制原理及方法

总指数是相对于个体指数而言的，总指数有综合指数和平均指数两种形式。其中，综合指数是总指数的基本形式。

一、个体指数的编制

如前所述，个体指数是反映个别的，简单现象变动情况的相对数，是总指数中的一种特例。当我们研究的复杂社会经济现象是个别现象时，可以采用个体指数法来分析研

究它的变动。

例 7-1　某企业 A 商品销售情况如表 7-1 所示。

表 7-1　某企业 A 商品销售情况

	销量 q（万件）	单价 p（元）	销售额 pq（万元）
基　期	300	2 500	750 000
报告期	310	2 300	713 000
个体指数（%）	103.33	92	95.07

从表中可知，可以编制三个个体指数：

销售额个体指数 $k = p_1q_1/p_0q_0 \times 100\% = 713000/750000 \times 100\% = 95.07\%$

$$95.07\% - 100\% = -4.93\%$$

$$713000 - 750000 = -37000\text{（万元）}$$

表明该企业报告期销售额是基期的 95.07%，比基期下降 4.93%，销售额减少 37 000万元。

$$\text{销量个体指数}k_q = q_1/q_0 \times 100\% = 310/300 \times 100\% = 103.33\%$$

$$103.33\% - 100\% = 3.33\%$$

$$310 - 300 = 10\text{（万台）}$$

这表明该企业报告期的 A 商品销量是基期的 103.33%，比基期上升 3.33%，销量增加 10 万台。

$$\text{销售价格个体指数}k_p = p_1/p_0 \times 100\% = 2300/2500 \times 100\% = 92\%$$

$$92\% - 100\% = -8\%\text{——下降}$$

$$2300 - 2500 = -200\text{（元）——减少}$$

这表明该企业报告期的 A 商品销售单价是基期的 92%，比基期下降 8%，每件价格减少 200 元。

二、综合指数的编制原理及方法

简单来讲，由两个总量指标对比形成的指数，叫综合指数。具体来说，凡是一个总量指标可以分解为两个或两个以上的因素时，将其中一个或一个以上的因素固定下来，仅观察其中一个因素的变动，这样计算的总指数，就是综合指数。综合指数的计算形式有两种，即数量指标指数和质量指标指数。

编制综合指数要解决的基本问题是选择同度量因素和固定同度量的时期。所谓同度量因素，就是使原来不能相加过渡到能够相加的媒介因素。如研究几种产品产量的变动，即计算产量总指数，因为各种产品的使用价值不同，故不能简单的直接相加。但如果把各种产品通过价格转化为价值量，就可以相加。这里的价格因素就是一个同度量因素。我们在编制综合指数时，首先要确定一个合理的同度量因素，其次要把同度量因素固定在某个时期。只有这样，才能做到研究一个因素变化对总指数的影响程度时不受其他因素的干扰，指数比较准确。

(一) 质量指标指数的编制

质量指标指数是反映社会经济现象工作质量、管理水平的变化程度。如物价指数、劳动生产率指数、成本指数等。在编制质量指数时，要以数量指标作同度量因素。如产量、销售量可作产品价格的同度量因素。同样的道理，要考虑同度量因素固定在哪个时期。这里以产品价格指数为例，说明质量指数的编制原理及方法。

例 7-2 某企业产品产量和价格资料如表7-2所示：

表 7-2

产品名称	计量单位	价格（元）		产量		p_0q_1	p_0q_0	p_1q_1	p_1q_0
		基期 p_0	报告期 p_1	基期 q_0	报告期 q_1				
甲	m^2	10	12	100	130	1 300	1 000	1 560	1 200
乙	吨	110	120	50	60	6 600	5 500	7 200	6 000
丙	kg	4	5	1 000	800	3 200	4 000	4 000	5 000
合　计	—	—	—	—	—	11 100	10 500	12 760	12 200

根据上述资料分别采用基期产量和报告期产量作同度量因素，则产品价格总指数计算公式为：

1. 以基期产量为同度量因素

$$\overline{K_p} = \frac{\sum p_1q_0}{\sum p_0q_0} \tag{1}$$

2. 以报告期产量为同度量因素

$$\overline{K_p} = \frac{\sum p_1q_1}{\sum p_0q_1} \tag{2}$$

式中：$\overline{K_p}$——价格总指数。

上述公式（1）是德国经济学家拉斯贝尔于 1864 年提出的，称为拉氏价格指数公式；公式（2）是派许于 1874 年提出的，称为派氏价格指数公式。

将上例资料分别代入上述公式（1）、（2），得产品价格总指数为：

拉氏价格指数 $\overline{K_p} = \frac{\sum p_1q_0}{\sum p_0q_0} = 12200/10500 \times 100\% = 116.19\%$

派氏价格指数 $\overline{K_p} = \frac{\sum p_1q_1}{\sum p_0q_1} = 12760/11100 \times 100\% = 114.95\%$

这两个计算价格指数的公式，由于采用了不同时期的产品产量作同度量因素，其计算结果也不相同。公式一中，计算式的分母是基期的商品销售总额，而分子是基期的商品销量按报告期的价格计算的假定商品销售总额，不具有现实的经济意义；公式二中，计算式的分子是报告期的商品销售总额，而分母是报告期的商品销量按基期的价格计算的假定商品销售总额，更具有现实的经济意义。

因此，一般来讲编制质量指标指数时，应将同度量因素固定在报告期的数量指标上。

（二）数量指标指数的编制

数量指标指数是反映社会经济现象总规模、总数量变动程度的相对数。如工业产品产量指数、商品销售量指数等。在编制数量指标指数时，由于各种产品具有不同的计量单位和不同的使用价值，因此不能直接相加，而要以质量指标作同度量因素。如价格、成本等质量指标可以作为产品产量指数或商品销售量指数的同度量，当然这里还要考虑固定在哪一个时期。这里以产品产量指数为例，说明数量指标指数的编制原理及方法。

仍以上述资料为例，采用不同时期的价格作同度量因素，则产品产量指标指数计算公式为：

1. 以基期出厂价格为同度量因素

$$\overline{K}_q = \frac{\sum p_0 q_1}{\sum p_0 q_0} \tag{3}$$

2. 以报告期出厂价格为同度量因素

$$\overline{K}_q = \frac{\sum p_1 q_1}{\sum p_1 q_0} \tag{4}$$

式中：$\overline{K}_q$——产量总指数；

q_1——报告期产量或销售量；

q_0——基期产量或销售量；

p_1——报告期产品出厂价格或销售价格；

p_0——基期产品出厂价格或销售价格。

上述公式（3）是德国经济学家拉斯贝尔于1864年提出的，称为拉氏物量指数公式；公式（4）是派许于1874年提出的，称为派氏物量指数公式。

将表7-2的资料代入上述公式得产品产量总指数为：

拉氏物量指数 $\overline{K}_q = \frac{\sum p_0 q_1}{\sum p_0 q_0} = 11100/10500 \times 100\% = 105.71\%$

派氏物量指数 $\overline{K}_q = \frac{\sum p_1 q_1}{\sum p_1 q_0} = 12760/12200 \times 100\% = 104.59\%$

上述计算结果虽然由于采用了不同时期的同度量因素而各不相同，但理论上讲都有一定的经济意义。在实际应用中，同度量因素究竟固定在哪一个时期，不能一概而论，要根据研究对象的特点和研究目的具体加以确定。

一般来讲，研究数量指标指数时，将同度量因素固定在基期质量指标上。这样的计算结果能单纯反映数量的变动程度。

特别需要指出的是，上面介绍的计算综合指数的两条规则具有一般的应用意义，并不是固定不变的原则，要根据研究对象的不同情况以及分析任务的具体要求，来灵活确定同度量因素所属的时期。

例如，计算质量指标时，同度量因素所属的时期除了采用基期以外，也可以使用某一固定时期，如编制产量指数、销售量指数，其同度量因素价格可以固定在某一特定的年份（如 1990 年或 2000 年）。在我国实际的统计工作中，经常采用固定价格或不变价格编制工业产品产量总指数、商品销售量总指数等。其计算公式为：

$$\overline{K}_q = \frac{\sum p_n q_1}{\sum p_n q_0}$$

式中：p_n——某一固定时期的价格或不变价格。

又如，在反映多种产品成本计划完成情况时，需要计算成本计划完成指数。若按计算综合指数的一般原则，应该用实际产量作为同度量因素。但是，为了防止个别企业采用破坏产品品种计划的办法来完成成本降低任务，严格按照计划要求来检查成本降低任务的完成程度，用计划产量比用实际产量更具有现实意义。这样，成本计划完成指数、产量计划完成指数的公式为：

$$\text{成本计划完成指数}\ \overline{K}_z = \frac{\sum q_n z_1}{\sum q_n z_n}$$

$$\text{产量计划完成指数}\ \overline{K}_z = \frac{\sum q_1 z_1}{\sum q_n z_1}$$

式中：z_1——实际单位成本；

z_n——计划单位成本；

q_1——实际产量；

q_n——计划产量。

在产量计划完成指数中，用实际单位成本作同度量因素的理由是为了符合指数体系的要求。

第三节　平均指数的编制原理及方法

用综合指数法编制总指数，其经济内容和现实意义都十分明显。但它要求有全面的资料，而在实际工作中，对有些研究对象却难以取得全面的资料，这就需要从掌握的资料出发，采用其他的指数形式来计算。平均指数就是总指数的另一重要计算形式。

平均指数是从个体指数出发来编制总指数的，它的特点是“先对比，后平均”。即先计算出各种产品或商品的数量指标或质量指标的个体指数，而后进行加权平均，来测定现象的总变动程度。常用的基本形式有两种：一是加权算术平均指数，一是加权调和平均指数。

一、加权算术平均指数

加权算术平均指数是对个体指数按加权算术平均方式进行平均，即以个体指数为变量值，以综合指数公式的分母资料为权数，计算个体指数的加权算术平均数。加权算术平均指数主要用于数量指标指数的编制。

例 7－3　某商店销售的三种商品资料如表7－3所示：

表 7－3　某商店销售甲、乙、丙三种商品资料

产　品	基期销售额（万元）	销售量个体指数（%）	个体指数乘以权数（万元）
	p_0q_0	$k_q=q_1/q_0\times 100\%$	$k_q\times p_0q_0=p_0q_1$
甲	100	115	115
乙	200	110	230
丙	100	108	108
合计	400	—	443

由于已知个体销量指数，代入销量综合指数公式，则可得销量指数。即

$$\overline{K_q}=\frac{\sum p_0q_1}{\sum p_0q_0}=\frac{\sum k_qp_0q_0}{\sum p_0q_0}=443/400\times 100\% = 110.75\%$$

$$110.75\% - 100\% = 10.75\%$$

$$443 - 400 = 43(\text{万元})$$

计算结果表明由于该商店报告期销量比基期上升了 10.75%，其销售额增加了 43 万元。

二、加权调和平均指数

加权调和平均指数是对个体指数按加权调和平均数方式进行平均，个体指数仍是变量值，而权数是综合指数公式的分子资料。加权调和平均指数主要用于质量指标指数的编制。

例 7－4　某厂生产的三种产品的资料如表7－4所示：

表 7－4　某厂生产三种产品的资料

产　品	基期成本（元）	报告期成本（元）	个体成本指数	报告期总成本（万元）	报告期总成本除以个体指数
	z_0	z_1	$k_z=z_1/z_0$	z_1q_1	$1/k_z\times z_1q_1$
甲	35	40	114.29	110	96.25

续表 7-4

产　品	基期成本（元）	报告期成本（元）	个体成本指数	报告期总成本（万元）	报告期总成本除以个体指数
乙	60	58	96.67	120	124.138
丙	10	8	80	156.7	185.875
合计	—	—	—	386.7	416.263

已知个体成本指数 $k_z = \dfrac{z_1}{z_0}$，代入成本综合指数公式，则得到加权调和平均数指数公式，可求得产品成本指数，即

$$\overline{K}_z = \frac{\sum z_1 q_1}{\sum z_0 q_1} = \frac{\sum z_1 q_1}{\sum k_z z_1 / q_1} = 386.7/416.263 = 92.90\%$$

$$92.90\% - 100\% = -7.10\%$$

$$386.7 - 416.263 = -29.563(\text{万元})$$

计算说明该厂报告期由于产品单位成本下降了7.1%，从而使总成本减少了29.563万元。

由以上计算可以看出，无论加权算术平均数指数还是调和算术平均数指数，均是数量综合指数和质量综合指数公式的变形。两者计算结果完全一致。但从应用条件来看，综合指数不如平均数指数宽松和灵活。在商品（或）产品品种不多的情况下（如某个基层企业生产的产品品种不多），比较容易取得两个时期各品种的数量指标和质量指标资料，可以应用综合指数公式计算总指数，也可用平均数指数公式计算总指数；如果品种很多，像商业部门经营的商品品种成千上万，无法取得两个时期各品种的销售量和价格资料，但又能取得个体指数 k_q 或 k_p，且比较容易取得 p_0q_0 和 p_1q_1，这时，则不能用综合指数公式，只能用平均数指数公式来计算总指数。

三、固定权数平均数指数

所谓固定权数是指在较长一段时间内固定不变的权数，通常采用比重形式。

实际中，许多重要经济指数是连续编制的。若以 p_0q_0 或 p_1q_1 权数来计算平均数指数，不仅权数资料搜集的工作量较大，而且各期指数数值又不能直接比较。也就是说，由于各期权数不同，把各期指数数值的差异仅仅归因于所测定现象的变动是不恰当的。因此，在国内外的指数实践中，人们还常常采用一种叫做固定权数平均数指数的形式，使总指数的编制更加简便易行。从理论上讲，采用固定权数的平均数指数也有算术平均数指数与调和平均数指数两种，但在实际工作中，多用以固定权数加权的算术平均数指数，其计算公式如下：

$$\overline{K}_q = \frac{\sum kw}{\sum w} = \sum k \times \frac{w}{\sum w}$$

式中：K——个体指数或类指数；

w——固定权数（比重权数，该权数确定之后，使用一定时间，如1年、3年等才调整一次，所以称为固定权数）。

我国的零售物价指数、生活费用价格指数、农产品收购价格指数，以及西方国家的消费品价格指数、工业生产指数都是用固定权数平均数指数的形式计算的。例如，国外不少国家编制的工业生产指数，就是在计算代表产品产量个体指数的基础上，用部门或分类产品产值在全部产值中所占的比重为权数进行加权平均计算的。

综上所述，以固定权数 w 加权的算术平均数指数与综合指数之间不存在变形关系，是一种具有独立意义的平均数指数。它不仅可用于编制数量指标指数，也可用于编制质量指标指数，但不能直接说明所研究现象变动的绝对经济效果。

四、统计指数的实际应用

（一）我国零售物价指数

零售物价总指数全面反映城乡市场零售物价总水平的变动情况。它是国家编制国民经济计划，进行宏观调控，制定物价政策和收入政策的重要依据。我国自新中国成立初期开始一直采用平均数指数的形式来计算零售物价指数，其计算公式如下：

$$\text{固定加权算术平均数物价指数}\ \overline{K}=\frac{\sum kw}{\sum w}$$

式中：w——零售额比重权数。

由于这种零售物价指数要分小类指数、大类指数和总指数逐级进行编制，因此需要分级确定比重权数，各级权数之和等于100，如表7-5所示。

表7-5　我国零售物价指数的编制

商品类别和名称	代表规格品	计量单位	平均价格		权　数	以上年为基数	
			p_1	p_1	w(%)	个体指数 $\frac{p_1}{p_0}$	kw
甲	乙	丙	1	2	3	4=2/1	5=4×3
一、食品类					56	112.06	62.75
1. 粮食种类					18	118.03	21.25
(1)细粮小类					60	118.21	70.93
大米	中米	kg	0.66	0.787	95	119.24	113.21
面粉	标粉	kg	0.935	0.935	5	100.00	5.00
(2)粗粮小类					40	117.76	47.10
2. 副食中类					46	110.00	50.60
3. 烟酒茶中类					19	115.00	21.85

.续表 7－5

商品类别和名称	代表规格品	计量单位	平均价格		权　数	以上年为基数	
			p_1	p_1	$w(\%)$	个体指数 $\frac{p_1}{p_0}$	kw
甲	乙	丙	1	2	3	4＝2/1	5＝4×3
4. 其他食品中类					17	108.00	18.36
二、衣着品类					13	90.00	11.70
三、日用杂品类					20	102.00	20.40
四、文化用品类					5	102.00	5.10
五、药品及医疗用品类					3	95.00	2.85
六、燃料类					3	100.00	3.00
七、总指数					100		105.8

计算结果表明零售物价总指数上涨了5.8%。

各级权数一般根据上年消费品实际零售额，参照每年市场上零售构成的变化加以具体确定，每年确定一次，年内保持不变。

（二）副产品产品收购价格指数

这是用来反映国家收购农副产品价格变动趋势和程度的指数。编制的方法是：

（1）全部农副产品按商品用途分为粮食、经济作物、竹木材、工业用油漆、禽畜产品、蚕茧蚕丝、干鲜果及调味品、药材、土副产品、水产品11大类，各大类下又分为若干小类，各小类中再选择若干代表规格品。

（2）用固定加权平均调和平均数形式一次分层计算小类、大类及总指数。

固定加权调和平均数指数　　$\overline{K}=\frac{\sum w}{\sum \frac{w}{k_p}}$

（三）工业经济效益综合指数

这是衡量工业经济效益各个方面在数量上的总体水平的一种特殊相对数，是反映工业经济运行的综合指标。其计算公式为：

工业经济效益综合指数＝$\sum$（某项指标的报告期数值/该指标全国标准×该指标权数）/总权数

式中权数是1997年10月国家统计局等制定并颁发的《关于改进工业经济效益评价考核指标体系的内容及实施方案》中规定的七项效益指标的权数，如表7－6所示。

表 7-6　七项效益指标的权数

效益指标	权　数	标准值
总资产贡献率（%）	20	10.7
资本保值增值率（%）	16	120
资产负债率（%）	12	≤60
流动资产周转率（%）	15	52
成本费用利润率（%）	14	3.71
全员劳动生产率（元/人）	10	16 500
产品销售率（%）	13	96

（四）股票价格指数

这是反映证券交易中价格变动情况的一种指数。股票价格指数的编制方法很多，其中有些实际上是股价的加权算术平均数，并非统计意义上的指数，如美国纽约道琼斯工业股票指数和日本的日经指数等；另一类是以某一时期为基期对比计算的股价指数，如香港恒生股票价格指数、伦敦金融时报指数、东京股票交易所指数和国内的股价指数。

(1) 香港恒生股票价格指数，是香港恒生银行根据上市的 33 种代表性股票的报告期市值与基准期市值，以报告期上市量为权数进行加权计算的，其基准期为 1964 年 7 月 31 日。33 种股票的具体构成为：金融业 4 家，公用事业 6 家，地产业 9 家，其他产业 4 家。

(2) 上证股价指数，是上海证券交易所于 1991 年 7 月 15 日开始编制的一种证券指数，是以当时上市的延中实业、飞乐音响、爱使电子、申华电工、飞乐股份、豫园商场和凤凰化工等八种股票为样本，以股票发行量为权数编制的，是一种以报告期和基期（1990 年 12 月 9 日）的股票价格分别乘以报告期股票发行量进行加权计算的定基股价指数。其计算公式为：

$$\overline{K_p} = \frac{\sum p_1 q_1}{\sum p_n q_1}$$

式中：p_1——报告期的股价；

p_n——1990 年 12 月 9 日的股价；

q_1——报告期的股票发行量。

1996 年 4 月 1 日，上海证券交易所又推出了上证 30 指数，它是从所有上市股票中选出具有行业代表性的 30 家股票，以其流通量为权数进行加权计算得出的，其基期为 1996 年第一季度。

第四节　指数体系与因素分析

一、指数体系

社会经济现象之间总是相互联系的，其变动往往要受到多种因素变动的影响，即某一现象往往可以分解为两个或多个现象（或影响因素）的乘积。这些构成因素一般为数量指标因素和质量指标因素。对于这类现象，仅靠单个指数进行分析是无能为力的，必须借助于指数体系做更深入的研究和探讨，才能说明多种影响因素的作用。

（一）指数体系的含义

所谓指数体系，是反映若干个指数之间某种必然联系的数量关系式，或由若干个有联系的指数综合形成的一个整体。例如：

销售额指数＝销售单价指数×销售量指数

工资总额指数＝职工平均工资指数×职工人数指数

总成本指数＝单位产品成本指数×工业产品产量指数

也就是：

现象总量指标指数＝质量指标指数×数量指标指数

（二）指数体系的作用

（1）利用指数体系可以进行现象之间的相互推算。

在实际工作中，往往缺少一些必要的统计资料，按照现象之间的动态联系，利用指数体系可以将它们推算出来。例如，已知销售额总指数和价格总指数，就能推算出销售量总指数，即商品销售量指数＝销售额指数/价格指数。实践工作中，销售量指数的编制，往往借助于这种推算方法。

（2）利用指数体系可以分析复杂现象总变动中各个因素变动对其影响的程度，也即利用指数体系可以进行因素分析。例如：根据不同时期工业总产值指数，可以分析工业产品产量指数和单位产品价格指数的变动对其的影响程度和增减量。

二、因素分析

如前所述，社会经济现象的变动，总要受多种因素变动的影响。因素分析就是根据指数体系，分析现象总变动中各个因素的影响作用有多大。因素分析按其分析的指标性质不同，可分为总量指标变动的因素分析与平均指标变动的因素分析；按其分析因素的多少不同，又可分为两因素分析和多因素分析。

（一）总量指标变动的两因素分析

即将现象总量分解为两个构成因素，对其总量变动进行因素分析。

例 7－5 假设某工业企业对其产品生产成本的变动做因素分析，资料与计算如表 7－7示：

表 7－7 总量指标变动的两因素分析表

产品名称	计量单位	单位成本（元）		产量		成本总额（元）		
		z_0	z_1	q_0	q_1	z_0q_0	z_1q_1	z_0q_1
甲	kg	100	100	100	115	10 000	11 500	11 500
乙	台	50	55	200	220	10 000	12 100	11 000
丙	件	20	25	300	315	6 000	7 875	6 300
合计	—	—	—	—	—	26 000	31 475	28 800

计算分析过程如下：

$$产品总成本指数\ \overline{K}_z = \frac{\sum z_1 q_1}{\sum z_0 q_0} = 31\,475/26\,000 \times 100\% = 121.06\%$$

该企业总成本的变动：

$$总成本的增加额 = \sum z_1 q_1 - \sum z_0 q_0 = 31\,475 - 26\,000 = 5\,475(元)$$

其中：

（1）产量变动影响：

$$产量指数 = \frac{\sum z_0 q_1}{\sum z_0 q_0} = 28\,800/26\,000 \times 100\% = 110.77\%$$

$$产量增加影响额 = \sum z_0 q_1 - \sum z_0 q_0 = 28\,800 - 26\,000 = 2\,800(元)$$

（2）单位成本变动影响：

$$单位成本指数 = \frac{\sum z_1 q_1}{\sum z_0 q_1} = 31\,475/28\,800 \times 100\% = 109.29\%$$

$$单位成本提高影响额 = \sum z_1 q_1 - \sum z_0 q_1 = 31\,475 - 28\,800 = 2675(元)$$

（3）综合影响：

121.06% = 110.77% × 109.29%

5 475 元 = 2 800 元 + 2675 元

从计算结果可知，三种产品由于产量平均增加 10.77%，使总成本增加 2 800 元；又由于单位成本增加 9.29%，使总成本增加 2 675 元，二者共同作用的结果使总成本一共增加 21.06%，增加的绝对量为 5 475 元。

（二）总量指标变动的多因素分析

将现象总量分解为三个或三个以上的构成因素，对其总量变动进行因素分析称为多因素分析。例如原材料费用支出总额这个总量指标同时受产品产量、单位产品原材料消耗量（单耗）和单位原材料价格共同变动的影响；再如利税总额指标，可以分解为职工人数、工人占职工人数的比重、工人的劳动生产率和产值利税率四个因素指标的连乘积。

例 7-6 某工厂对原材料费用总额的变动进行因素分析，搜集有关资料并经过整理计算得表 7-8：

表 7－8 总量指标变动的三因素分析计算表

产品名称	计量单位	产量		单耗		原材料价格(元)		原材料费用总额（万元）			
		q_0	q_1	m_0	m_1	p_0	p_1	$q_1m_1p_1$	$q_0m_0p_0$	$q_1m_0p_0$	$q_1m_1p_0$
甲	吨	150	200	10	9	100	110	19.8	15	20	18
乙	件	500	600	2	1.8	20	24	2.592	2	2.4	2.16
丙	套	300	400	5	6	50	40	9.6	7.5	10	12
合计	—	—	—	—	—	—	—	31.992	24.5	32.4	32.16

分析过程如下：原材料费用总额变动情况为

$$\text{原材料费用总额指数}=\frac{\sum q_1m_1p_1}{\sum q_0m_0p_0}=31.992/24.5=130.58\%$$

$$\text{原材料费用增加额}=\sum q_1m_1p_1-\sum q_0m_0p_0=31.992-24.5=7.492(\text{万元})$$

其中：

（1）产品产量变动影响：

$$\text{产量指数}\ \bar{k}_q=\frac{\sum q_1m_0p_0}{\sum q_0m_0p_0}=32.4/24.5=132.24\%$$

$$\text{产量增加而增加的费用}=\sum q_1m_0p_0-\sum q_0m_0p_0=32.4-24.5=7.9(\text{万元})$$

（2）单耗变动的影响：

$$\text{单耗指数}=\frac{\sum q_1m_1p_0}{\sum q_1m_0p_0}=32.16/32.4=99.26\%$$

$$\text{单耗降低而节约的费用}=\sum q_1m_0p_0-\sum q_1m_1p_0=32.4-32.16=0.24(\text{万元})$$

（3）原材料价格变动的影响：

$$\text{原材料价格指数}=\frac{\sum q_1m_1p_1}{\sum q_1m_1p_0}=31.992/32.16=99.48\%$$

$$\text{原材料价格降低而减少的费用额}=\sum q_1m_1p_1-\sum q_1m_1p_0$$
$$=32.16-31.992=0.168(\text{万元})$$

（4）综合影响：$130.58\%=132.24\%\times 99.26\%\times 99.48\%$

$7.492\ \text{万元}=7.9\ \text{万元}-0.24\ \text{万元}-0.168\ \text{万元}$

计算结果说明，原材料费用总额上升 30.58%，增加 7.492 万元，是由于产品产量增长 32.24%而增加费用 7.9 万元，原材料单耗降低 0.74%而节约费用 0.24 万元，以及原材料价格降低 0.52%而减少费用 0.168 万元，以上三种因素变动共同作用的结果。

（三）平均指标变动的因素分析

这里所讲的平均指标是总体在分组的条件下，用加权算术平均法计算出来的平均指标。

即：
$$X=\frac{\sum xf}{\sum f}=\sum x\times\frac{f}{\sum f}$$

由公式可以看出，总体在分组条件下，加权算术平均数的大小，不仅受各变量值 x 的影响，同时还受各变量值的次数在总次数中所占比重 $\frac{f}{\sum f}$ 的影响。例如某企业职工总平均工资的增加，可能是由于各类职工工资水平的提高，还可能是由于平均工资水平较高的职工在职工总体中所占比重增大共同影响的结果。既然如此，我们也可以利用指数体系对其进行影响因素的分析。由于总体各部分的水平反映总体各部分内部的质量状况，而总体结构说明总体的一些基本特征，因此，进行平均指标的因素分析，可为促进总体结构合理化提供重要依据。

在平均指标变动的两个影响因素中，一般把各组水平看成质量指标，而把总体结构（即各组比重）当作数量指标。因此依据综合指数的一般原则，即可得出进行平均指标因素分析的指数体系以及影响绝对量的关系式如下：

可变构成指数＝固定构成指数×结构影响指数

$$\frac{\dfrac{\sum x_1f_1}{\sum f_1}}{\dfrac{\sum x_0f_0}{\sum f_0}}=\frac{\dfrac{\sum x_1f_1}{\sum f_1}}{\dfrac{\sum x_0f_1}{\sum f_1}}\times\frac{\dfrac{\sum x_0f_1}{\sum f_1}}{\dfrac{\sum x_0f_0}{\sum f_0}}$$

平均指标变动额＝各组水平变动影响额＋结构变动影响额

$$\frac{\sum x_1f_1}{\sum f_1}-\frac{\sum x_0f_0}{\sum f_0}=\left[\frac{\sum x_1f_1}{\sum f_1}-\frac{\sum x_0f_1}{\sum f_1}\right]+\left[\frac{\sum x_0f_1}{\sum f_1}-\frac{\sum x_0f_0}{\sum f_0}\right]$$

假设某厂对其工人工资的变动做因素分析，资料与计算如表 7－11 所示：

表 7－11

按熟练程度分组	平均工资（元）		人　数		工资总额（元）		
	x_0	x_1	f_0	f_1	x_0f_0	x_1f_1	x_0f_1
学徒工	1 000	900	300	1 300	300 000	1 170 000	1 300 000
技术工	1 200	1 220	700	700	840 000	854 000	840 000
合计	—	—	1 000	2 000	1 140 000	2 024 000	2 140 000

计算分析过程如下：

总厂工人平均工资：

$$\text{基期工人平均工资}=\frac{\sum x_0f_0}{\sum f_0}=1\,140\,000/1\,000=1\,140(\text{元})$$

$$报告期工人平均工资 = \frac{\sum x_1 f_1}{\sum f_1} = 2\,024\,000/2\,000 = 1012(元)$$

则该厂工人平均工资变动情况：

$$可变构成指数 = \frac{\dfrac{\sum x_1 f_1}{\sum f_1}}{\dfrac{\sum x_0 f_0}{\sum f_0}} = 1\,140/1\,012 = 88.8\%$$

$工人平均工资的变化 = \dfrac{\sum x_1 f_1}{\sum f_1} - \dfrac{\sum x_0 f_0}{\sum f_0} = 1\,012 - 1\,140 = -128\,(元)$，即总厂工人总平均工资报告期比基期下降了 128 元。

其中：

(1) 两类工人平均工资变动的影响：

$$固定构成指数 = \frac{\dfrac{\sum x_1 f_1}{\sum f_1}}{\dfrac{\sum x_0 f_1}{\sum f_1}} = 1012/1070 \times 100\% = 94.6\%$$

$$工人平均工资变动使总工资变化额 = \frac{\sum x_1 f_1}{\sum f_1} - \frac{\sum x_0 f_1}{\sum f_1}$$
$$= 1\,012 - 1\,070 = -58(元)$$

(2) 工人结构变动的影响：

$$结构影响指数 = \frac{\dfrac{\sum x_0 f_1}{\sum f_1}}{\dfrac{\sum x_0 f_0}{\sum f_0}} = 1\,070/1\,140 \times 100\% = 93.9\%$$

$$工人结构变动使总厂总平均工资变化额 = \frac{\sum x_0 f_1}{\sum f_1} - \frac{\sum x_0 f_0}{\sum f_0}$$
$$= 1\,070 - 1\,140 = -70(元)$$

(3) 综合影响：

$$88.8\% = 94.6\% \times 93.9\%$$
$$-128\,元 = -58\,元 + (-70)\,元$$

从计算结果可知，由于两类工人工资平均下降 5.4%，使总厂工人总平均工资降低 58 元；又由于工人结构变动使总厂工人总平均工资下降 6.1%，降低额为 70 元，两者综合使得总厂工人平均工资下降 11.2%，绝对额下降 128 元。

习　题　七

一、填空

1. 某企业报告期与基期相比，平均成本可变指数为94.1%，结构变动影响指数为97.5%，则固定构成成本指数为____________。

2. 按习惯做法，采用加权调和平均形式编制的物量指标指数，其计算公式实际上是________________综合指数公式的变形。

3. 零售物价指数为90%，零售商品销售量指数为110%，则零售商品销售额指数为____________。

4. 平均指数有独立应用的意义，它的计算形式有____________和____________两种。

5. 三个或三个以上在经济上有联系，数量上保持一定对等关系的指数形成的一个整体，称为____________________。

二、单项选择

1. 广义上的指数是指（　　）。

A. 价格变动的相对数　　B. 物量变动的相对数
C. 社会经济现象数量变动的相对数　　D. 简单现象总体数量变动的相对数

2. 总指数的两种计算形式是（　　）。

A. 数量指标指数和质量指标指数　　B. 算术平均数指数和调和平均数指数
C. 综合指数和平均指数　　D. 可变构成指数和固定构成指数

3. 如果职工人数变动而减少的产值为16万元，由于全员劳动生产率变动而增加的产值为27万元，则报告期比基期产值的增加额为（　　）。

A. 11万元　　B. 16万元　　C. 27万元　　D. 43万元

4. 若销售量指数下降，销售价格持平，则销售额指数必然（　　）。

A. 下降　　B. 上升　　C. 持平　　D. 为零

5. 某百货公司今年同去年相比，商品零售额增长了6%，各种商品的价格平均上涨了11%，则商品销售量增长（或减少）的百分比为（　　）。

A. −3%　　B. −5%　　C.4.7%　　D.17.7%

三、多项选择

1. 下列指数中按其所表明的经济指标性质划分的有（　　）。

A. 总指数　　B. 数量指数　　C. 质量指数　　D. 定基指数
E. 个体指数

2. 进行平均指标变动的因素分析需要编制的指数有（　　）。

A. 算术平均数指数　　B. 调和平均数指数

C. 可变构成指数　　　　　D. 固定构成指数
E. 结构变动影响指数

3. 同度量因素在综合指数计算中有（　　）。
A. 比较作用　　B. 平衡作用　　C. 同度量作用　　D. 权数作用
E. 因素分析作用

4. 设为价格，为销售量，则指数的意义是（　　）。
A. 综合反映商品销售额的变动程度　　B. 综合反映商品销售量的变动程度
C. 综合反映商品价格的变动程度
D. 综合反映商品销售量变动对销售额的影响程度
E. 综合反映商品价格和销售量变动对销售额的影响程度

四、名词解释

1. 统计指数　　2. 同度量因素　　3. 指数体系

五、计算分析题

1. 某商业部门商品价格和销售量的资料如下表：

商品名称	计量单位	商品价格（元）		商品销售量	
		1991 年	1992 年	1991 年	1992 年
手套	双	22.0	19.8	120	120
玩具	个	11.0	11.0	200	240
日记本	本	4	3.8	110	132

要求：(1) 计算三种商品的销售额总指数；
(2) 计算三种商品物价总指数；
(3) 计算三种商品销售量总指数；
(4) 分析三种指数间的经济联系（从绝对数和相对数两方面进行分析）。

2. 某商店销售额 1993 年为 280 万元，1994 年增加 56 万元，商品销售量增长 12%，试从绝对数和相对数两方面分析商品销售量和价格的变动对销售额的影响。

3. 某企业生产三种产品的有关资料如下表：

产品名称	总生产费用（万元）		报告期比基期产量增长（%）
	基　期	报告期	
甲	35	43	15
乙	20	24	12
丙	45	48	8

试计算：

(1) 三种产品的产量总指数及由于产量变动而增加的总生产费用；

(2) 三种产品的单位成本总指数及由于单位成本变动而增加的总生产费用。

4. 某集团公司销售的三种商品的销售额及价格提高幅度资料如下表：

商品种类	单位	商品销售额（万元）		价格提高（%）
		基期	报告期	
甲	条	10	11	2
乙	件	15	13	5
丙	块	20	22	0

试求价格总指数和销售额总指数。

5. 某厂报告期的生产总成本与基期相同，而单位成本降低了4%，该厂报告期产量变动如何？如果报告期产量较基期增长25%，而单位成本降低12%，该厂生产总成本将如何变动？

第八章　抽样推断

第一节　抽样推断的意义和作用

一、抽样推断的意义

（一）抽样推断的概念

抽样推断是按随机原则，从全部研究对象中抽取一部分单位进行观察，并根据样本的实际数据，对总体的数量特征做出具有一定可靠程度的估计和判断，从而达到对全部研究对象的认识的一种统计方法。抽样推断的中心问题是如何根据已知的部分资料来推断未知的总体情况。例如，根据对1%的日光灯管的使用寿命进行检验，对全部日光灯管的使用寿命做出推断；根据少数职工家庭的生活状况调查资料，推算全国职工生活的实际水平等，均属抽样推断。

可见，抽样推断既是搜集统计资料的方法（一般亦称抽样调查），同时又是对现象总体进行科学的估计和判断的分析方法。因此，抽样推断在统计调查和统计分析中都得到广泛的应用。抽样推断的理论是统计理论的重要组成部分。

（二）抽样推断的特点

1. 抽样推断是非全面调查

抽样推断只从总体中抽取一部分单位进行观察，是一种非全面调查方法。

2. 抽样推断是按随机原则抽选调查单位

随机原则是指在抽取调查单位时，总体中的每个单位都有同等被抽中的机会，调查单位的确定既不受调查者主观愿望的影响，也不取决于被调查者是否愿意合作，完全排除了人的主观意识的影响，抽中与否纯粹是偶然事件。按随机原则抽取调查单位，是抽样推断的基本要求。只有这样，才能使抽中的单位具有较大的代表性。

3. 抽样推断是用样本的指标数值去推算总体的指标数值

抽样推断要根据对样本单位进行观察所得的实际资料，对全部总体的数量特征做出判断，这是抽样推断的基本特征，也是抽样推断的目的。

4. 抽样推断中产生的抽样误差，可以事先计算并加以控制

抽样推断是以样本的统计量来估计总体的数量特征，虽然存在一定的误差，但在随机抽样条件下，抽样误差范围可以事先通过有关资料加以计算。因而也就有可能按一定的程序对总体数量特征做出具有一定可靠程度的推断，而且能够通过各种组织措施（如增加样本单位数，改善抽样组织等）来控制抽样误差范围，保证使抽样推断的结果达到预定的可靠程度的要求。

二、抽样推断的作用

随着抽样理论和技术的不断发展，抽样推断发挥着日益重要的作用，具体表现在以下几方面。

（一）对某些不可能进行全面调查的无限总体，而又要求反映其全面情况的总体现象，必须采用抽样推断的方法

无限总体是指总体中所包括的总体单位数是无限的。例如，在连续大量生产的某种小件产品中，总产量是无限的。对于这类无限总体，统计上无法进行全面的调查了解，只能借助于抽样推断的方法来认识总体的数量特征。

（二）对某些属于破坏性或消耗性产品的质量检查只能进行抽样推断

许多产品的例行质量检验是带有破坏性或消耗性的。例如，灯泡寿命试验要长期试点直到烧毁，罐头食品、烟、酒的质量品尝等，均属于消耗性的质量检验。这些都无法进行全面调查，只能从一批产品中抽出少量样品进行抽样推断，以了解其产品质量。

（三）对某些不必要进行全面调查的现象总体可以利用抽样推断法取得资料

以对城乡居民家庭收支情况的了解为例，虽然可以对所有城乡居民逐个进行调查，经常登记，定期观察，但这样做，牵涉的面太广，实际困难很多，也没有必要。只需从城乡各种类型的居民中，采用抽样推断方法抽取一部分居民家庭进行调查，就可以了解全部城乡居民家庭收支的一般情况。

（四）抽样调查可以对全面调查的资料进行验证，并以此作为修正数字的参考

由于全面调查的工作量大，在调查登记和整理汇总资料的过程中，受主观和客观原因的影响，工作容易发生差错。为了增强全面调查资料的准确性，可以用抽样推断取得的资料来验证全面调查资料，并以此作为修正的依据。例如，为了检查人口普查资料的准确程度，往往在普查完毕后，再抽取一定数量的居民户，对一些最重要的登记项目进行详细的复查，用复查的结果评价普查的准确程度，或者修正普查的资料。

（五）抽样推断法可以用于生产过程的质量控制

抽样推断不仅广泛用于生产成果的核算估计，而且还可以用于生产过程中的质量控制，检查生产过程是否正常。根据抽样推断反映的产品质量信息，能够进一步分析生产过程是否失控，从而找出影响因素，以便及时采取措施，使生产能正常进行，防止出现

不必要的损失。

（六）利用抽样推断原理，可以对某些总体的假设进行检验，判断真伪，为制定决策提供依据

由于事物的发展变化是复杂的，往往是随机的和不确定的。因此，人们可以借助抽样推断，对某些未知总体的假设进行真伪判断，以此获得比较正确的决策。例如，对于新工艺、新技术的可行性研究就可以利用抽样推断的方法。

三、抽样推断法的理论基础

从数量关系上讲，抽样推断是建立在概率论的大数法则基础之上的。大数法则证明：如果随机变量总体存在着有限的平均数和方差，则对于充分大的抽样单位数 n，可以用几乎趋近于1的概率，来期望抽样平均数与总体平均数的绝对离差为任意小，即对于任意的正数 a 有：

$$\lim_{n\to\infty}P(|\overline{x}-\overline{X}|<a)=1$$

其中：$\overline{x}$ 为抽样平均数；

$\overline{X}$ 为总体平均数；

n 为抽样单位数。

这就从理论上揭示了样本和总体之间的内在联系，即随着抽样单位数 n 的增加，抽样平均数 $\overline{x}$ 有接近于总体平均数 $\overline{X}$ 的趋势，或者说，抽样平均数 $\overline{x}$ 在概率上收敛于总体平均数 $\overline{X}$。

大数法则论证了抽样平均数趋于总体平均数的趋势，为抽样推断提供了重要的理论依据。

此外，概率论中的中心极限定理，论证了对任意分布总体，随着抽样单位数 n 的增加，抽样平均数的分布便趋于正态分布。这一结论也是抽样推断的重要理论依据。

第二节　抽样推断的基本概念

学习和掌握抽样推断方法，首先要明确抽样推断过程中几个常用的基本概念。

一、全及总体和抽样总体

（一）全及总体

全及总体，简称总体或母体，指调查对象的全部单位，由具有某种共同性质的许多单位组成。例如，要研究某乡粮食亩产水平，则该乡的全部粮食播种面积即是一个全及总体；再如，要研究某学校学生的学习情况，则该校的所有学生即构成全及总体。可见，全及总体既是我们所要研究的对象，又是样本所赖以抽取的母体。组成全及总体的单位称为总体单位，全及总体的单位数通常用 N 表示。

（二）抽样总体

抽样总体，简称样本或子样，指在全及总体中按随机原则抽取的那一部分单位所构

成的集合体。例如，从全市少年儿童中抽取100人进行健康状况调查，这100人即构成了一个抽样总体。

组成抽样总体的单位称为样本单位，样本单位数亦称样本容量，通常用 n 表示。样本单位数总是大于1而小于总体单位数 N 的，即 $1<n<N$。

样本单位数 n 相对于全及总体的单位数 N 要小得多。统计把 $\frac{n}{N}$ 称为抽样比例。一般来说，样本单位数达到或超过30个（$n\geqslant30$）称为大样本，而在30个以下（$n<30$）称为小样本。社会经济现象的抽样调查多取大样本，而自然实验观察则多取小样本。以很小的样本来推断很大的总体，这是抽样推断法的重要特点。

二、全及指标和抽样指标

（一）全及指标

全及指标是指根据全及总体各单位标志值计算出来的，反映总体某种属性或特征的综合指标，亦称为总体指标或总体参数。由于全及总体是唯一确定的，因此，根据全及总体计算的全及指标也是唯一确定的。常用的全及指标有总体平均数、总体成数、总体标准差和总体方差。

1. 总体平均数

代表总体单位数量标志一般水平的指标称为总体平均数或全及总体平均数。它表明变量变动的集中趋势，通常用 $\overline{X}$ 表示。

$$\overline{X}=\frac{X_1+X_2+\cdots+X_n}{N}=\frac{\sum_{i=1}^{n}X_i}{N}$$

其中：X_1，X_2，…，X_n 为总体中每一个调查单位的取值；

N 是总体单位数。

2. 总体成数

当总体的一个现象有两种表现时，其中具有某一种表现的单位数占总体单位数目的比重，叫总体成数，亦称全及成数，或简称成数，用 P 表示。例如，人口总体按人的性别可表现为男性和女性两组，男子所占全部人口或女子所占全部人口的比重就是成数。其计算公式为：

$$P=\frac{N_1}{N}$$

$$Q=\frac{N_0}{N}$$

其中：N 代表总体单位数；

N_1 代表具有某一种表现的总体单位数；

N_0 代表具有另一种表现的总体单位数；

P，Q 代表成数。

因为 $$N_1+N_0=N$$

所以 $$P+Q=\frac{N_1+N_0}{N}=1$$

则 $$Q=1-P$$

例如，某灯泡厂生产的10 000只灯泡中，有450只为不合格品，则：

灯泡不合格率 $P=\frac{N_1}{N}=\frac{450}{10000}=4.5\%$

灯泡合格率 $Q=1-P=1-4.5\%=95.5\%$

3. 总体标准差和总体方差

说明全及总体单位之间标志值的变异程度指标，叫做总体标准差，又称全及总体均方差，用 σ 表示；总体标准差的平方称为总体方差，用 σ^2 表示。其计算公式分别为：

$$\sigma=\sqrt{\frac{\sum(X-\overline{X})^2}{N}}$$

$$\sigma^2=\frac{\sum(X-\overline{X})^2}{N}$$

（二）抽样指标

抽样指标是指根据抽样总体各单位标志值计算的综合指标，又称样本指标。常用的抽样指标有抽样平均数、抽样成数、抽样总体标准差和抽样总体方差。

1. 抽样平均数

代表样本单位数量标志一般水平的指标称抽样平均数或样本平均数，通常用 $\overline{x}$ 表示。

$$\overline{x}=\frac{X_1+X_2+\cdots+X_n}{N}=\frac{\sum_{i=1}^{n}X_i}{n}$$

其中：x_1，x_2，…，x_n 代表样本总体中每一个调查单位的取值；

n 代表样本单位数。

2. 抽样成数

在抽样总体中，一个现象有两种表现时，其中具有某一种表现的单位数占抽样总体单位数的比重，叫做抽样成数，亦称样本成数，用 p 表示。其计算公式为：

$$p=\frac{n_1}{n}$$

$$q=\frac{n_0}{n}$$

其中：n 代表抽样总体单位数；

n_1 代表具有某一种表现的抽样总体单位数；

n_0 代表具有另一种表现的抽样总体单位数；

p，q 代表抽样成数。

因为 $$n_1+n_0=n$$

所以 $$p+q=\frac{n_1+n_0}{n}=1$$

则 $$q=1-p$$

例如，从某灯泡厂生产的灯泡中，抽样检查了100只灯泡，其中有3只不合格，则：

样本灯泡不合格率 $$p=\frac{n_1}{n}=\frac{3}{100}=3\%$$

样本灯泡合格率 $$q=1-p=1-3\%=97\%$$

3. 抽样总体标准差和抽样总体方差

说明抽样总体之间标志值变异程度的指标，叫做抽样总体标准差，用 S 表示；抽样总体标准差的平方称为抽样总体方差，简称样本方差，用 S^2 表示。其计算公式分别为：

$$S=\sqrt{\frac{\sum(x-\overline{x})^2}{n}}$$

$$S^2=\frac{\sum(x-\overline{x})^2}{n}$$

一个全及总体可以抽取许多个样本，而样本不同，抽样指标的数值也各不相同。可见，抽样指标的数值不是唯一确定的。抽样指标是样本变量的函数，是随机可变的变量。

现将上述基本概念及其代表符号归纳于表8－1。

表8－1 全及指标与抽样指标的代表符号

	全及总体	抽样总体
单位数	N	n
平均数	$\overline{X}$	$\overline{x}$
成 数	$P=\frac{n_1}{n}$　$Q=\frac{n_0}{n}$	$p=\frac{n_1}{n}$　$q=\frac{n_0}{n}$
	$Q=1-P$	$q=1-p$
标准差	σ	S
方 差	σ^2	S^2

三、重复抽样和不重复抽样

在所研究的总体中抽取样本单位，可采用两种不同的方法：重复抽样和不重复抽样。

（一）重复抽样

重复抽样，亦称重置抽样。采用这种方法抽取样本单位的特点是：同一单位有多次被抽中的机会，并且总体单位数目始终不变，每个单位抽中或抽不中的机会每次都是相同的。具体做法是：从总体 N 个单位中随机抽取一个容量为 n 的样本，每次只从总体中抽取一个单位，连续抽 n 次，得到 n 个单位，构成一个样本。每次抽出一个单位把结果登记下来后，又放回，重新参加下一次的抽选。这样重置抽样的样本是由 n 次连续抽取的结果所组成的，每次结果是相互独立的，而且每次抽取都是在相同的条件下进行的，因此，每一单位可能中选的机会在每一次是相同的。例如，从 10 个单位中抽取 2 个单位为样本，抽取第一个时每个单位被抽中的机会为$\frac{1}{10}$；抽取第二个时，每个单位被抽中的机会仍然是$\frac{1}{10}$。

（二）不重复抽样

不重复抽样，亦称不重置抽样。采用这种方法抽取样本单位的特点是：同一单位只有一次被抽中的机会，并且总体单位数目随着样本单位数目抽取次数的增多而愈来愈少。每个单位抽中或抽不中的机会在各次是不同的。具体做法是：从 N 个单位的总体中抽取 n 个单位构成样本，虽然也是由每次抽取一个单位，连续抽 n 次构成的，但每次抽出一个单位后，就不再重新放回。因此，不重置抽样连续抽几次，每抽一次总体单位数便少一个，所以各单位在每次抽取时中选的机会都不相同。例如，从总体 10 个单位中抽取 2 个单位构成样本，抽取第一个时每个单位都有$\frac{1}{10}$的中选机会；而抽取第二个时，每个单位就有$\frac{1}{9}$的中选机会，因此每个单位在各次抽取时的中选机会是不同的。

第三节　抽样误差

一、抽样误差的概念和影响抽样误差的主要因素

（一）抽样误差的概念

抽样误差是指由于随机抽样的偶然因素使样本结构不足以代表总体结构而引起的抽样指标与全及指标之间的离差。例如抽样平均数与总体平均数之差（$\overline{x}-\overline{X}$），抽样成数与总体成数之差（$p-P$）等。

在抽样中，误差的来源有许多方面。其中一类是登记性误差，即在调查过程中由于观察、测量、登记、计算上的差错所引起的误差。这类误差是所有统计调查都可能发生的。另一类是代表性误差，即由于样本各单位的结构不足以代表总体而引起的误差。代表性误差的发生有两种情况。一种是由于违反抽样调查的随机原则，如有意地多选较好的单位或较坏的单位进行调查。这样做，所据以计算的抽样指标必然会出现偏高或偏低的现象，造成系统性误差。系统性误差和登记性误差都是不应当发生的，是可以也应该采取措施避免发生或将其减小到最小限度的。另一种情况是，即使遵守随机原则，由于被抽选的样本各种各样，只要被抽中的样本其内部各单位被研究标志的构成比例和总体有所出入，就会出现或大或小的偶然性的代表性误差。这里我们所讲的抽样误差就是指这种偶然性的代表性误差，即按随机原则抽样时，在没有登记性误差和系统性误差的条件下，单纯由于不同的随机样本得出不同的估计量而产生的误差。抽样误差是抽样调查所固有的，是无法避免与消除的，但可以运用数学方法计算其数量界限，并通过抽样设

计程序控制其范围，所以这种抽样误差也称为可控制误差。

需要指出的是，抽样误差不是固定不变的数，它的数值是随样本不同而变化的，所以它也是随机变量。

（二）影响抽样误差大小的因素

1. 样本单位数的多少

在其他条件不变的情况下，抽样单位数愈多，抽样误差就愈小。因为抽样单位数越多，样本就越能反映总体的数量特征，如果把抽样单位扩大到接近总体，那抽样调查也就近似于全面调查，抽样误差就缩小到几乎完全消失的程度。

2. 总体被研究标志的变异程度

在其他条件不变的情况下，总体标志的变异程度愈小，则抽样误差也愈小。如果总体单位标志值相等，即标志变动度为零，这时抽样指标就完全等于总体指标，抽样误差也就不存在了。

3. 抽样方法

抽样方法不同，抽样误差也不同。一般来说，重复抽样的误差比不重复抽样的误差要大些。

4. 抽样调查的组织形式

不同的抽样组织形式，就有不同的抽样误差；而同一组织形式的合理程度不同，抽样效果也不同。

二、抽样平均误差

抽样误差是一个随机变量，它的数值随着可能抽取到的样本的不同而或大或小。

按相同的抽样单位数，对同一总体随机抽样，可以抽出许许多多不同的样本，而每个样本都可以计算出各自的抽样指标和抽样误差。也就是说，在理论上可以计算出许许多多个抽样误差。这些抽样误差带有偶然性，有的可能是正差，有的可能是负差；有的绝对值可能大些，也有的绝对值可能小些。进行抽样时，说不定会抽到哪一个样本，也不知道抽样误差是正是负，是大是小。为了从总体上衡量样本代表性的高低，就需要衡量抽样误差的一般水平。抽样平均误差就是反映抽样误差一般水平的指标。

抽样平均误差的作用，主要有以下两个方面：

一方面，它是抽样推断的基础。用抽样指标去推算全及总体指标，是离不了抽样平均误差的。

另一方面，它是衡量样本指标代表性大小的尺度。抽样平均误差越小，样本指标与全及总体指标的离差也越小，样本的代表性也就越大；反之，则样本的代表性越小。

抽样平均误差是指所有可能组成的样本的抽样指标（包括抽样平均数和抽样成数）与总体指标（包括总体平均数与总体成数）的平均离差，也就是抽样平均数（或抽样成数）的标准差。

设以 $\mu_{\bar{x}}$表示抽样平均数的平均误差，μ_p 表示抽样成数的平均误差，M 表示样本可能数目，则：

$$\mu_{\bar{x}} = \sqrt{\frac{\sum(x - \overline{X})^2}{M}}$$

$$\mu_p = \sqrt{\frac{\sum(p - P)^2}{M}}$$

这些公式表明了抽样平均误差的意义。但是由于样本的可能数目很多，总体指标 $\overline{X}$ 与 P 也是不知道的，故按上述公式来计算抽样平均误差实际上是不可能的。

数理统计证明，抽样平均误差和全及总体的标准差之间有密切关系，并能够推导出计算抽样平均误差的公式。

抽样指标有平均数和成数两种，所以计算抽样平均误差的公式也有计算平均数和计算成数两种，而且两者又分别有重复抽样与不重复抽样时不同的计算公式。

抽样调查可分为纯随机抽样、等距抽样、类型抽样和整群抽样等几种组织形式。不同的组织形式，计算抽样平均误差的方法也是不同的。其中纯随机抽样的抽样平均误差的计算是最基本的，下面就介绍这种方法。

（一）抽样平均数的平均误差

1. 重复抽样条件下的抽样平均误差

在重复抽样的条件下，抽样平均数的平均误差与总体的变异程度以及样本容量大小两个因素有关，具体关系如下：

$$\mu_{\bar{x}} = \frac{\sigma}{\sqrt{n}} = \sqrt{\frac{\sigma^2}{n}}$$

式中：$\mu_{\bar{x}}$代表平均数的抽样平均误差；

σ 代表总体标准差；

σ^2 代表总体方差；

n 代表样本单位数即样本容量。

由上式可以看出，抽样平均误差和总体标准差成正比，总体标准差大，抽样平均误差也大；总体标准差小，抽样平均误差也小。抽样平均误差与样本单位数的平方根则成反比。因此，要想减小抽样平均误差，以提高抽样指标的代表性，只能增大样本单位数 n，因为总体标准差是不能改变的，它是客观存在的一个确定的数值。例如，抽样平均误差要减少$\frac{1}{2}$，则样本单位数必须增大到 4 倍；抽样平均误差要减少到原来的$\frac{1}{3}$，则样本的单位数就要增大到 9 倍。

2. 不重复抽样条件下的抽样平均误差

在不重复抽样的条件下，抽样平均数的平均误差不但和总体变异程度、样本容量有关，而且还要考虑总体单位数 N 的多少，它们的关系如下：

$$\mu_{\bar{x}} = \sqrt{\frac{\sigma^2}{n} \cdot \frac{N - n}{N - 1}}$$

与重复抽样公式对比可以知道，不重复抽样误差等于重复抽样误差乘以修正因子（$\frac{N-n}{N-1}$）的开方。由于这个修正因子总是小于 1，因而不重复抽样平均误差总是小于重复抽样平均误差。但在总体单位数 N 很大的情况下，这个因子十分接近于1，两种抽样平均误差就相差很小，因而在实际工作中按不重复抽样方法进行抽样时，也往往简便地仍用重复抽样的公式来计算抽样平均误差。

另外，当 N 的值较大时（例如当 $N>100$ 时），修正因子 $\frac{N-n}{N-1}\approx\frac{N-n}{N}\approx1-\frac{n}{N}$，于是上式已简化为：

$$\mu_{\bar{x}}=\sqrt{\frac{\sigma^2}{n}(1-\frac{n}{N})}$$

上面介绍的重复或不重复条件下的抽样平均误差公式，都要在掌握总体标准差的数值后才能计算，而总体标准差一般是得不到的。实际中通常用以下几种办法解决这个问题：

第一，用历史资料代替。如果历史上做过同类型的全面调查或抽样调查，就用过去所掌握的总体标准差或样本标准差。倘若曾经做过多次调查，有几个不同的标准差资料，就应选用其中最大的标准差数值。

第二，用样本标准差代替总体标准差，即用 S 代替 σ。只要抽样总体分布接近总体分布，样本标准差就相当接近总体标准差，不过样本标准差只能在抽样调查之后方能计算。

第三，进行试验性抽样，取得估计材料。如果既没有历史资料，又需要在调查之前就计算抽样平均误差，则可组织一次小规模的试验性抽样调查，计算出抽样标准差作为总体标准差的估计值。

例 8－1 某灯泡厂生产电灯泡100 000个，从中随机抽取 500 个测定其耐用时间，所得分组资料如表 8－2 所示：

表 8－2 某灯泡厂灯泡耐用时间分组统计表

按灯泡耐用时间分组（h）	组中值（X）	灯泡个数（f）
850 以下	800	50
850～950	900	100
950～1050	1000	150
1050～1150	1100	110
1150～1250	1200	70
1250 以上	1300	20
合　计	—	500

解：已知 $n=500$　　$N=100\ 000$

灯泡平均耐用时数 $\bar{x}=\frac{\sum xf}{\sum f}=\frac{511\ 000}{500}=1\ 022(\text{h})$

标准差 $S=\sqrt{\frac{\sum(X-\bar{x})^2f}{\sum f}}=\sqrt{\frac{8\ 458\ 000}{500}}=\sqrt{16\ 916}=130.06(\text{h})$

按重复抽样的公式计算，抽样平均误差为：

$$\mu_{\bar{x}}=\frac{S}{\sqrt{n}}=\frac{130.06}{\sqrt{500}}=5.82(\text{h})$$

按不重复抽样的公式计算，抽样平均误差为：

$$\mu_{\bar{x}}=\sqrt{\frac{S^2}{n}(1-\frac{n}{N})}=\sqrt{\frac{16\ 916}{500}(1-\frac{500}{100\ 000})}=5.80(\text{h})$$

此例中，我们是用样本标准差代替总体标准差来计算抽样平均误差的。可以看到，用重复抽样公式和不重复抽样公式计算的结果相差甚微。

（二）抽样成数的平均误差

前面已经介绍过成数的标准差为：

$$\sigma_p=\sqrt{P(1-P)}$$

因此可以从抽样平均数的平均误差和总体标准差的关系推出抽样成数平均误差的计算公式：

（1）重复抽样条件下，抽样成数的平均误差是：$\mu_p=\sqrt{\frac{\sigma_p^2}{n}}=\sqrt{\frac{P(1-P)}{n}}$

（2）不重复抽样条件下，抽样成数的平均误差是：

$$\mu_p=\sqrt{\frac{\sigma_p^2}{n}(\frac{N-n}{N-1})}=\sqrt{\frac{P(1-P)}{n}(\frac{N-n}{N-1})}$$

在总体单位数 N 很大的情况下，μ_p 近似为：

$$\mu_p=\sqrt{\frac{P(1-P)}{n}(1-\frac{n}{N})}$$

在抽样成数平均误差公式中的 P 是总体的成数，一般也是无法知道的。这时我们也可以用实际抽样的样本成数，或用已掌握的历史同类现象的相应成数来代替。

例 8-2　某电子元件厂生产某种电子元件，按以往正常的生产经验，产品中属一级品的占 60%。现在从 10 000 件电子元件中抽取 100 件检验，用以推断 10 000 件的一级品率，试计算这样推断一级品率的抽样平均误差。

解：根据已知条件，$P=0.6$

$$\sigma^2=p(1-p)=0.6\times0.4=0.24$$

在重复抽样条件下，一级品率的抽样成数的平均误差为：

$$\mu_p=\sqrt{\frac{P(1-P)}{n}}=\sqrt{\frac{0.24}{100}}=4.90\%$$

在不重复抽样条件下，一级品率的抽样成数的平均误差为：

$$\mu_p=\sqrt{\frac{P(1-P)}{n}(1-\frac{n}{N})}=\sqrt{\frac{0.24}{100}(1-\frac{100}{10\ 000})}=4.87\%$$

三、抽样极限误差

用抽样指标来估计总体指标，要达到完全准确，毫无误差，几乎是不可能的。估计误差的大小，是非常重要的。要力争估计误差小一些，这样估计的结论就有较大的参考价值。因为误差越大，估计的结论参考价值就越小；当误差超过了一定限度，估计就会毫无价值。所以在进行抽样估计时，应该根据所研究对象的差异程度和分析任务的需要，确定可允许的误差范围，并将估计误差限制在这一范围之内。这一范围称为抽样极限误差。

抽样极限误差是指样本指标与全及指标之间抽样误差的可能范围。由于全及指标是客观存在的唯一确定的数值，而样本指标是随不同样本取值不同并围绕全及指标变动的一个随机变量，因而样本指标与全及指标可能产生正或负、大或小的离差。极限误差就是指变动的样本指标与确定的全及指标之间离差的可能范围。

设 $\Delta_{\bar{x}}$，Δ_P 分别表示抽样平均数极限误差和抽样成数极限误差，则有：

$$\Delta_{\bar{x}} = |\bar{x} - \bar{X}|$$

$$\Delta_P = |p - P|$$

将上面等式变换为下列的不等式关系：

$$\bar{x} - \Delta_{\bar{x}} \leqslant \bar{X} \leqslant \bar{x} + \Delta_{\bar{x}}$$

$$p - \Delta_p \leqslant P \leqslant p + \Delta_p$$

上面的式子说明，要将抽样误差的绝对值$|\bar{x} - \bar{X}|$保持在极限误差 $\Delta_{\bar{x}}$范围内，也就是要使 $\Delta_{\bar{x}} = |\bar{x} - \bar{X}|$这一式子成立，这就要求被包含在区间（$\bar{x} - \Delta_{\bar{x}}$，$\bar{x} + \Delta_{\bar{x}}$）之内。反过来说，如果 $\bar{X}$ 果然在$\bar{x} \pm \Delta_{\bar{x}}$的范围内，那么 $\bar{x}$ 与$\bar{X}$ 的误差就不会超过$\Delta_{\bar{x}}$这一极限误差。

抽样成数极限误差的两个式子，也可以做相似的分析。

但是，由于样本指标与抽样误差都是随机变量，因而全及指标包括在我们所希望的$\bar{x} \pm \Delta_{\bar{x}}$或$p \pm \Delta_p$ 范围内，并非必然事件。我们只能在一定的概率保证下，希望全及指标能包括在给定的误差区间范围之内。这一问题待后面再进一步研究。

基于概率估计理论上的要求，抽样极限误差通常要以抽样平均误差 $\mu_{\bar{x}}$或μ_p 为标准单位来衡量，表示为：

$$\Delta_{\bar{x}} = t\mu_{\bar{x}} \quad 或 \quad \Delta_p = tu_p$$

式中的 t 表示极限误差为平均误差的倍数，它是与概率有关的，测量估计可靠程度的一个参数，称为抽样误差的概率度。

于是
$$t = \frac{\Delta_{\bar{x}}}{\mu_{\bar{x}}} \quad 或 \quad t = \frac{\Delta_p}{\mu_p}$$

第四节　参数估计和推断

抽样估计是指用抽样指标来估计相应的全及总体指标的数值，而全及指标是表明总体数量特征的参数，所以这种估计也可以称为参数估计。总体参数的抽样估计有点估计和区间估计两种方法。

一、总体参数的点估计

总体参数的点估计就是用样本统计量直接估计总体参数，直接代表总体参数的估计方法。例如，以实际计算的抽样平均数 $\overline{x}$ 作为相应总体平均数 $\overline{X}$ 的估计值，以实际计算的抽样成数 p 作为相应总体成数 P 的估计值等。之所以这样做，乃是基于对所研究的全及指标结构形式都是清楚的。例如要研究某县的粮食平均亩产，虽然实际的平均亩产的数值是未知的，但平均亩产指标是由总体各单位变量值的代数和除以单位数求得的，这个指标的结构形式是已知的。自然地可以认为，如果抽样调查所取得的样本数据有足够的代表性，那么根据已知的指标结构形式计算抽样指标，便可作为相应总体指标的估计值。例如要了解全县粮食亩产[①] 水平，抽取 100 亩为样本，算得样本平均亩产是 300kg，我们就以 300kg 作为全县粮食平均亩产的估计值。

参数点估计的方法简便、易行、原理直观，但也有不足之处。其不足之处是这种估计既没有表明抽样估计的误差，更没有指出误差在一定范围内的概率保证程度有多大。要解决这些问题，就要采用区间估计的方法。

二、总体参数的区间估计

总体参数的区间估计不是直接给出总体参数的估计值，而是利用实际抽样资料，根据要求，构造出一个置信区间，用这个区间来表明总体参数可能存在的范围，并同时指明这个估计的可靠程度（又叫置信度）。

置信区间就是前面介绍抽样极限误差时已经引出的区间，即：

$$\overline{x}-\Delta_{\overline{x}}\leqslant\overline{X}\leqslant\overline{x}+\Delta_{\overline{x}}$$

$$p-\Delta_p\leqslant P\leqslant p+\Delta_p$$

或者

$$\overline{x}-t\mu_{\overline{x}}\leqslant\overline{X}\leqslant\overline{x}+t\mu_{\overline{x}}$$

$$p-t\mu_p\leqslant P\leqslant p+t\mu_p$$

这里，区间 $[\overline{x}-t\mu_{\overline{x}},\ \overline{x}+t\mu_{\overline{x}}]$ 和 $[p-t\mu_p,\ p+t\mu_p]$ 就是置信区间，我们估计 $\overline{X}$ 与 P 可能分别会落在这两个区间内。但是，$\overline{X}$ 与 P 是否一定会在所设计的区间内呢？显然并不是一定的、必然的。因为这两个区间都是以样本指标 $\overline{x}$ 或 p 为中心来设计的，

① 亩不是国际标准单位，1 亩 $=666\frac{1}{3}$ 平方米。因亩产量在农业统计中应用较广，故此处保留。以下同。

其区间大小分别是$2\Delta_{\bar{x}}$与$2\Delta_p$，这样的区间也就会随着抽到哪个样本而变化，不同的样本，对应的置信区间也就不同，当然不能指望全及指标一定会落在随机出现的某一置信区间内。也就是说，对于根据样本资料与抽样推断要求而设计的置信区间来讲，总体参数可能会在区间内，也可能不在区间内，这是一个随机现象。因此，只能用概率来描述总体参数存在于这一区间内的可能性大小，从而表明这一估计的可靠程度的高低。

数理统计的研究表明，这种概率是与概率度 t 直接有关的：

$$\text{概率 } P\ (A:\ \bar{x}-t\mu_{\bar{x}}\leqslant\bar{X}\leqslant\bar{x}+t\mu_{\bar{x}})=F(t)$$

$$\text{概率 } P\ (A:\ p-t\mu_p\leqslant P\leqslant p+t\mu_p)=F(t)$$

式中的 $F(t)$ 是正态分布概率函数，它是以概率度 t 为自变量的增函数，其函数表达形式比较复杂，计算也相当麻烦，在实际工作中我们可以查用正态分布概率表。表 8-3 摘录了正态分布概率表中常用的几组对应数据。

表 8-3　正态分布概率表的几组对应数据

概率度 t	概率 $F(t)$
1	0.6827
1.96	0.9500
2	0.9545
3	0.9973
4	0.9999

例 8-3　某地区随机抽取36亩水稻田，测得平均亩产为 422 kg，标准差为 30.61 kg，若要求抽样估计的误差不超过 10 kg，试估计该地区全部水稻的平均亩产。

解：已知 $n=36$，　$\bar{x}=422\text{ kg}$，　$S=30.61\text{ kg}$，　$\Delta_{\bar{x}}=10\text{ kg}$

因为　$$\bar{x}-\Delta_{\bar{x}}\leqslant\bar{X}\leqslant\bar{x}+\Delta_{\bar{x}}$$

所以　$$422-10\leqslant\bar{X}\leqslant422+10$$

故　$$412\leqslant\bar{X}\leqslant432$$

$$\mu_{\bar{x}}=\frac{\sigma}{\sqrt{n}}=\frac{30.61}{\sqrt{36}}=5.10\ (\text{kg})$$

$$t=\frac{\Delta_{\bar{x}}}{\mu_{\bar{x}}}=\frac{10}{5.10}=1.96,\quad \text{查表得 } F(t)=95\%$$

以上计算结果表明：估计该地区水稻平均亩产在 412 kg 至 432 kg 之间，而这个估计推断的可靠程度达到 95%。

可见，抽样估计的结论实际上是得到了一个有一定概率程度保证的置信区间，提供给我们作为参考。只要其可靠程度比较高，能达到我们的要求，这种并不是绝对正确的结论就有较大的参考价值。实际上，在日常工作与生活中已经这样做了。比如，人们在外出办事或旅游时特别关心天气预报，想知道天气好坏，但是天气预报的结论也并非绝对准确无误，而只能达到一定的可靠程度。如果根据以往的经验，知道气象台预报准确的概率很高，我们就会相信它，而将其作为工作安排的重要参考依据。

区间估计的结论应该包括两个方面：一是置信区间 $[\overline{x}-\Delta_{\overline{x}}, \overline{x}+\Delta_{\overline{x}}]$ 与 $[p-\Delta_p, p+\Delta_p]$，这是以抽取的样本指标 $\overline{x}$ 与 p 为基础、为中心来构造的一个长度为 $2\Delta_{\overline{x}}$ 和 $2\Delta_p$ 的区间。区间的大小决定了估计精确度的高低。区间越小，估计的精确度越高；区间越大，则估计的精确度越低。二是置信度 $F(t)$，也就是可靠程度、可信程度、概率保证程度。$F(t)$ 越大，表明估计可靠程度越高；$F(t)$ 越小，则表明估计可靠程度越低。区间估计的精确度与可靠程度是关系到估计结论参考价值大小的两个方面，我们当然希望估计既非常精确又非常可靠，但这两者是相互矛盾的。

从 $\Delta_{\overline{x}}=t\mu_{\overline{x}}$ 看，$\mu_{\overline{x}}$ 是一定的，$\Delta_{\overline{x}}$ 与 t 成正比，所以要提高精确度，就要减小 $\Delta_{\overline{x}}$ 和 t。但是要提高可靠程度，就要增大 $F(t)$ 和 t。

显然，估计的精确度和可靠度是一对矛盾，我们只能对两者适当兼顾，慎重选择。

当然，如果的确需要两者都加以提高，就要重新修改抽样方案，如扩大样本容量或者更改抽样组织形式等。

既然精确度与可靠度这两个方面互相矛盾，我们在实际工作中就往往只对其中一个方面先定出要求，对另一方面则是推算其所能够达到的程度。所以进行区间估计的时候，根据所给定的条件不同，总体平均数和总体成数的估计一般有两套模式，下面分别举例说明。

第一套模式是根据已经给定的抽样误差范围求概率保证程度。

例 8－4 对一批某型号的电子元件进行耐用性能检查，按重复随机抽样的资料分组列表如下（见表 8－5），要求估计耐用时数的允许误差范围 $\Delta_{\overline{x}}=10.5\text{ h}$，试估计该批电子元件的平均耐用时数。

表 8－5 某型号电子元件抽样资料

耐用时数	组中值 X	元件数 f
900 以下	875	1
900～950	925	2
950～1 000	975	6
1 000～1 050	1 025	35
1 050～1 100	1 075	43
1 100～1 150	1 125	9
1 150～1 200	1 175	3
1 200 以上	1 225	1
合计	—	100

解：

$$\overline{X}=\frac{\sum Xf}{\sum f}=\frac{105\ 550}{100}=1\ 055.5(\text{h})$$

$$S = \sqrt{\frac{\sum (x - \overline{x})^2 f}{\sum f}} = 51.91(\text{h})$$

$$\mu_{\overline{x}} = \frac{\sigma}{\sqrt{n}} = \frac{51.91}{\sqrt{100}} = 5.191(\text{h})$$

$$\overline{X} = \overline{x} \pm \Delta_{\overline{x}} = 1\ 055.5 \pm 10.5$$

即 1 045h$\leqslant \overline{X} \leqslant$1 066 h

这时 $t = \dfrac{\Delta_{\overline{x}}}{\mu_{\overline{x}}} = \dfrac{10.5}{5.191} = 2.02$

查概率表得置信度 F（t）：

$$F\ (2.02)\ = 95.66\%$$

我们可以做出如下估计：以 95.66% 的概率保证程度，估计该批电子元件的耐用时数在 1 045～1 066 h 之间。

例 8－5　仍按例8－4资料，设该厂的产品质量检验标准规定：元件耐用时数达到 1 000 h 及以上者为合格品，要求合格率估计的误差范围不超过 5%。试估计该批电子元件的合格率。

解：样本合格率 $P = 1 - \dfrac{9}{100} = 91\%$

$$\mu_p = \sqrt{\frac{P(1-P)}{n}} = \sqrt{\frac{0.91 \times 0.09}{100}} = 2.86\%$$

$$P = p \pm \Delta_p = 91\% \pm 5\%$$

$$86\% \leqslant P \leqslant 96\%$$

这时 $t = \dfrac{\Delta_p}{\mu_p} = \dfrac{5\%}{2.86\%} = 1.75$，查概率表得置信度：

F（t）$= F$（1.75）$= 91.99\%$

于是可以做出如下估计：可以 91.99% 的概率保证程度，估计该批电子元件的合格率在 86% ～96% 之间。

第二套模式是根据给定的置信度要求，来推算抽样极限误差的可能范围。

例 8－6　某市进行居民耐用品支出情况调查，随机抽取 400 户居民，调查得年平均每户耐用消费品支出为 350 元，标准差为 100 元，要求以 95% 的概率保证程度，估计该城市年平均每户耐用消费品支出。

解：
$$\mu_{\overline{x}} = \frac{\sigma}{\sqrt{n}} = \frac{100}{\sqrt{400}} = 5\ （元）$$

因为　F（t）$= 0.95$，查概率表得 $t = 1.96$

$$\Delta_{\overline{x}} = t\mu_{\overline{x}} = 1.96 \times 5 = 9.8\ （元）$$

所以该市每户平均耐用品支出 $\overline{X} = \overline{x} \pm \Delta_{\overline{x}} = 350 \pm 9.8$ 元即 340.2 元$\leqslant \overline{X} \leqslant$359.8 元

于是可以做出如下估计：以 95% 的概率保证程度，估计该市职工家庭平均每户年耐用消费品支出在 340.2 元～359.8 元之间。

例 8－7　为了研究某新式时装的销路，在市场上随机对 900 名成年人进行了调查，结果有540名喜欢该新式时装，要求以90%的概率保证程度，估计该市成年人喜欢该新式时装的比率。

解：样本喜爱人数比率 $p=\frac{n_1}{n}=\frac{540}{900}=60\%$

$$\mu_p=\sqrt{\frac{P(1-P)}{n}}=\sqrt{\frac{0.6\times 0.4}{900}}=1.63\%$$

因为 $F(t)=0.9$，查概率表得 $t=1.64$

$$\Delta_p=t\mu_p=1.64\times 1.63\%=2.67\%$$

所以 $P=p\pm\Delta_p=60\%\pm 2.67\%$

即 $57.33\%\leqslant P\leqslant 62.67\%$

于是可以做出如下估计：以90%的概率保证程度，估计该市成年人喜爱该时装的比率在57.33%～62.67%之间。

三、全及总体总量指标的推算

进行抽样调查，利用抽样平均数推断全及总体平均数、利用抽样成数推断全及成数是抽样推断的主要内容，但还需要利用抽样调查资料进一步推算全及总体的总量指标。常用的推算方法有直接推算法和系数推算法两种。

（一）直接推算法

直接推算法是用抽样平均数直接乘以全及总体单位数，推算出总体总量指标的方法，一般在没有全面调查资料的情况下使用。它也有点估计和区间估计两种方法，下面分别用例子来说明。

例8-8 某农场小麦播种面积为2 800亩，根据抽样调查，测得平均亩产为240kg，试估计农场的小麦总产量。

解：根据资料，可用点估计方法计算，即240千克/亩×2 800亩＝672 000 kg

例8-9 某农场小麦播种面积为2 800亩，在收割前夕进行抽样调查，测得平均亩产240 kg，抽样平均误差为3 kg，试在95.45%的概率保证下，推算该农场的小麦总产量。

解：根据资料，可用区间估计方法推算小麦总产量。

已知 $\bar{x}=240$ kg，$\mu_{\bar{x}}=3$ kg $F(t)=95.45\%$，查概率表得 $t=2$

因为 $\Delta_{\bar{x}}=t\mu_{\bar{x}}=2\times 3=6$，$N=2\,800$ 亩

所以 $\bar{x}-\Delta_{\bar{x}}\leqslant\bar{X}\leqslant\bar{x}+\Delta_{\bar{x}}$，故 $240-6\leqslant\bar{X}\leqslant 240+6$，

即 $234\leqslant\bar{X}\leqslant 246$

则该农场小麦总产量为：

234×2 800≤总产量≤246×2 800，即655 200 kg≤总产量≤688 800 kg

所以，该农场小麦总产量在 65.52×10^4 kg～68.88×10^4 kg之间，做此判断的可靠程度为95.45%。

（二）系数推算法

系数推算法是将抽样调查资料和相应范围内的全面调查资料相对比，求出一个修正

系数，然后用此系数对全面调查资料进行修正的方法。这种方法是在已经掌握全面调查资料的情况下使用的，所以通常和全面调查结合起来进行。在人口普查、物资普查以及许多日常统计工作中，常采用这种方法来核实和订正全面统计资料。

应用这种方法时，一般可先计算出一个差错比率，再以差错比率作为修正系数，对全面调查登记总数进行校正。差错比率的计算公式为：

$$差错比率=\frac{差错数}{全面调查登记数}=\frac{抽样复查登记数-全面调查登记数}{全面调查登记数}$$

$$=\frac{遗漏登记数-重复登记数}{全面调查登记数}=遗漏比率-重复比率$$

$$修正后总数=全面调查登记数\times(1+差错比率)$$

例 8-10　某县人口普查结果为30万人。后抽取人口数占全县人口数的 9% 即 27 000人的地区进行复查，发现重复登记的人数为 400 人，遗漏登记的人数为 920 人，试以此资料对该县普查登记人口数进行修正。

解：$差错比率=\frac{920-400}{27\ 000}=\frac{520}{27\ 000}=1.93\%$

修正后该县人口数＝普查登记人口数×（1＋差错比率）

＝300 000×（1＋1.93%）

＝305 790 人

第五节　抽样调查的组织方式

由于统计调查的目的不同，调查对象的性质不同，所以抽样调查的组织方式也不同。常用的基本抽样方式有以下 5 种：简单随机抽样、机械抽样、分类抽样、整群抽样和多阶段抽样。

一、简单随机抽样

简单随机抽样，就是完全按照随机原则，从总体单位数 N 中抽取 n 个样本单位进行调查。它可使总体中的各个单位具有同等被抽中的机会。其具体方法是，将总体各单位编好号，然后再以抽签的方式抽取样本；或者直接从总体单位中抽取样本。这种抽样方法简单易行，是抽样调查中最基本的方式。简单随机抽样，也叫纯随机抽样。

简单随机抽样的公式有以下几种。

（一）抽样误差的公式

1. 平均数的抽样误差公式

$$\mu_{\bar{x}}=\sqrt{\frac{\sigma^2}{n}}$$

其中方差 σ^2 可按两种方法计算：

（1）简单式：

$$\sigma^2=\frac{\sum(x-\bar{x})^2}{n}$$

（2）加权式：

$$\sigma^2 = \frac{\sum (x - \bar{x})^2 f}{\sum f}$$

2. 成数的抽样误差公式

$$\mu_p = \sqrt{\frac{P(1-P)}{n}}$$

（二）极限抽样误差公式

1. 平均数的极限抽样误差公式

$$\Delta_{\bar{x}} = t\mu_{\bar{x}} = t\sqrt{\frac{\sigma^2}{n}}$$

2. 成数的极限抽样误差公式

$$\Delta_p = t\mu_p = t\sqrt{\frac{P(1-P)}{n}}$$

（三）必要抽样数目的计算公式

1. 平均数的必要抽样数目的计算公式

$$n_x = \frac{t^2\sigma^2}{\Delta_x^2}$$

2. 成数的必要抽样数目的计算公式

$$n_p = \frac{t^2 p(1-p)}{\Delta^2 p}$$

由此可见，简单随机抽样所运用的公式，就是我们前面所讲的那些公式。

二、机械随机抽样

机械随机抽样，是先将全及总体的各单位，按照某一标志顺序排列，然后再按相等的间隔抽取样本。例如，对 2 000 个职工家庭生活情况进行抽样调查，先将职工按姓氏笔画多少顺序排队，然后再分成 200 个组，每组包括 10 个职工。从每组中抽取一个职工，即抽取的样本数共为 200 个。在对第一组职工抽样时，完全按照随机原则，即第一组的 10 个职工被抽中的机会是均等的。假如第一组抽中了 6 号，然后按照相等的间隔（本例中的间隔为 10），依次抽取 16 号、26 号、36 号、46 号……，依此类推。

将全及总体单位按某一标志排队时，可采用无关标志，也可采用有关标志。所谓无关标志，就是与所调查的问题无关的标志。如上例中，抽样调查的目的，是研究职工的家庭生活情况，而姓氏笔画就与此无关。所谓有关标志，就是按顺序排列的标志，与所调查的问题直接有关的标志。如将职工按收入多少顺序排队，职工收入多少就是有关标志，因为职工收入多少与其家庭生活水平是直接相关的。

机械抽样的方法也较为简便易行。由于各个样本在全及总体中的分布比较均匀，所以，机械抽样的误差接近简单随机抽样的误差。因此，计算机械随机抽样误差，可采用上述简单随机抽样的那些公式。机械随机抽样也叫等距抽样。

三、分类随机抽样

分类随机抽样，也叫分层随机抽样。分类随机抽样，是先将所要调查的总体，按照某一标志进行分组，然后再采用简单随机抽样的方法或者机械随机抽样的方法从各组中抽取样本。例如，在调查职工生活情况时，可先将职工按平均收入水平分为三个组：收入水平较高的组、收入水平中等的组、收入水平较低的组；然后再从每个组中，采用简单随机抽样的方法抽取样本，或者采用机械抽样的方法抽取样本。由于总体经过分组，同组内各单位之间的差异就比较小了，因此，从各组抽取的样本的代表性就比较高。它的抽样误差比简单随机抽样的误差和机械抽样的误差小一些。

各组的抽样数目如何分配呢？可采用两种方法：一种是按各组的标志变动度来分配。标志变动度大的组，抽样数目就多一些；标志变动度小的组，抽样数目就少一些。各组抽样数目不按比例分配。另一种方法是按比例分配抽样数目，即按各组单位数占总体单位数的比重来分配抽样数目。如果抽取样本的总数 $n=200$，若收入水平高的职工家庭占20%，收入水平中等的家庭占70%，收入水平低的职工家庭占10%，则三个组所分配的抽样数目如下：

收入水平高的组：$200\times20\%=40$

收入水平中等的组：$200\times70\%=140$

收入水平低的组：$200\times10\%=20$

各组抽样误差的计算，可按前面讲的简单随机抽样的公式进行。在分组计算抽样误差的基础上，再计算总的平均抽样误差。这种计算方法比较复杂，这里略而不讲。

四、整群随机抽样

前面讲的简单随机抽样、机械随机抽样、分类随机抽样，所抽取的样本都是个体的。而整群抽样是从调查对象中成批地抽取样本。它所抽取的样本，是由若干个体组成的群体。如对产品质量进行检验时，可每隔50分钟抽取10分钟所生产的全部产品进行检验，或者每隔7小时抽取1小时所生产的全部产品作为样本。这10分钟或1小时所生产的产品，就不是一件、两件产品，可能是十件、十几件，即有多少算多少。

整群抽样比较简单易行。但由于样本比较集中，分布不均匀，如果所抽取的样本群体特别好或特别差，都会影响样本的代表性。在抽样数目相同的条件下，整群抽样的误差，比其他几种抽样误差要大。为了减少抽样误差，需抽取较多的样本。

整群抽样一般按不重复抽样的方法抽取样本。其抽样误差公式如下：

$$\mu=\sqrt{\frac{\sigma^2}{R}\left(\frac{R-r}{R-1}\right)}\approx\sqrt{\frac{\sigma^2}{R}\left(1-\frac{r}{R}\right)}$$

式中：R——全及总体划分的群数；

r——所抽取的样本群数；

σ^2——组间方差或群间方差。

而群间方差可按下列公式计算：

$$\sigma^2 = \frac{\sum (\overline{x}_i - \overline{x})^2}{r}$$

式中：$\overline{x}_i$——抽选各群的平均数；

$\overline{x}$——所有抽选群的总平均数。

成数的组间方差，可按下列公式计算：

$$\sigma^2 = \frac{\sum (P_i - P)^2}{r}$$

式中：P_i——被抽取各群的成数；

P—所有被抽取各群的总成数。

极限抽样误差的计算公式如下：

$$\Delta = t\sqrt{\frac{\sigma^2}{R}(\frac{R-r}{R-1})}$$

例8－11 某连续生产的企业，对所生产的产品，每隔 50 分钟抽取 10 分钟生产的全部产品进行质量检验，检验结果合格率为 95%，并知群间方差 σ^2 为 0.1，试在概率为 95.45% 的保证下，推断全天生产的产品合格率的可能范围。

解：已知$R=24\times\frac{60}{10}=144$，$r=24$，$\sigma^2=0.1$，$t=2$（查概率表得）

将上列数字代入整群抽样极限误差的公式，可得：

$$\Delta = 2\times\sqrt{\frac{0.1}{144}(\frac{144-24}{144-1})}$$
$$= 2\times\sqrt{0.00058} = 2\times 0.024 = 0.048, \text{即 } 4.8\%$$

全天生产的全部产品合格率的可能范围如下：

$$95\% - 4.8\% \leqslant P \leqslant 95\% + 4.8\%$$
$$90.2\% \leqslant P \leqslant 99.8\%$$

由此可知，该企业全天生产的全部产品的合格率的可能范围在 90.2% 至 99.8% 之间。

五、多阶段抽样

多阶段抽样是指在抽样时先抽总体中某种更大范围的单位，再从中选较小范围的单位，依此类推，最后从更小范围单位中抽选样本的基本单位，分阶段完成抽样的组织工作。当总体很大时，抽样调查要直接抽选总体的基本单位在技术上有很大困难，一般都要采用多阶段抽样方法。

多阶段抽样的组织工作较复杂，但样本的代表性较高，可节约人力、物力和财力，因而在实际中得到广泛应用。

在多阶段抽样中，前几个阶段的抽样，都类似整群抽样，最后阶段类似分类抽样或等距抽样。每个阶段抽样都会存在抽样误差，因此，多阶段抽样的抽样误差是各阶段抽样误差之和。下面以两阶段抽样为例，说明多阶段抽样误差的计算方法。

以两阶段抽样而论，首先将总体划分为 R 组，每组包含 M_i 个单位。抽样第一阶

段从 R 组中随机抽取 r 组；第二阶段从中选的 r 组中分别从各组 M_i 单位随机抽取 m_i 个单位，构成一个样本，这种抽样就是两阶段抽样。其中总体单位数 $N=M_1+M_2+\cdots+M_R$，各组的单位数 M_i 可以是相等的，也可以是不等的。样本单位数 $n=m_1+m_2+\cdots+m_r$，各组抽取的单位数可以是相等的，也可以是不等的。为了简化起见，假定总体 R 组中每组单位都等于 M，则有 $N=RM$，而且从各组抽取的单位数也相等，都为 m，则有 $n=rm$。

从两阶段抽样的组织技术上可以看出这是整群抽样和类型抽样的结合，即整群抽样——第一阶段从总体的全部组（群）中随机抽取部分的组（群）和分类抽样——第二阶段从中选组中抽选部分单位两个程序的结合。

从总体 R 组中随机抽取 r 组，每组有 M 个单位，从 r 组中每组抽取 m 个单位构成样本。样本平均数可以这样计算：先计算第 I 组的样本平均数 $\overline{x}_i$：

$$\overline{x}_i=\frac{\sum_{j=1}^{m}X_{ij}}{m}\qquad(i=1,2,\cdots,r)$$

再计算样本的平均数 $\overline{x}$：

$$\overline{x}=\frac{\sum_{i=1}^{r}\sum_{j=1}^{m}x_{ij}}{rm}=\frac{\sum_{i=1}^{r}\overline{x}_i}{r}$$

两阶段抽样的平均误差是由两部分构成的：第一部分是第一阶段从总体全部组中抽取部分组所引起的组间误差；第二部分是由第二阶段在中选的组中抽取部分单位所引起的组内平均误差。在总体 R 组中抽取 r 组，又在 r 组中每组 M 个单位抽取 m 单位的情况下，样本平均方差 $\mu_{\bar{x}}^2$ 应等于组平均数组间方差的 $\frac{1}{r}$ 以及各组内方差平均数的 $\frac{1}{rm}$ 两项之和。再考虑阶段是不重置抽样，各项不定期必须乘以各自的修正系数，所以样本平均数的抽样平均误差 $\mu_{\bar{x}}$ 为：

$$\mu_{\bar{x}}=\sqrt{\frac{\delta^2}{r}\left(\frac{R-r}{R-1}\right)+\frac{\overline{\sigma^2}}{rm}\left(\frac{M-m}{M-1}\right)}$$

式中：$\delta^2=\frac{\sum_{i=1}^{r}(\overline{X}_i-\overline{X})^2}{R}$ 为组（群）平均数的组（群）间方差；

$\overline{\sigma^2}=\frac{\sum_{i=1}^{r}\sigma_i^2}{R}$ 为各组（群）内方差的平均数。

习　题　八

一、填空题

1．抽样推断是按__________原则，从全部研究对象中抽取一部分单位进行观察，并根据样本的实际数据，对____________特征做出具有一定可靠程度的估计和判断，从而达到对____________认识的一种统计方法。

2. 全及总体，简称总体或母体，组成全及总体的单位称为__________，全及总体的单位数通常用______表示。

3. 抽样总体简称__________，指在全及总体中按随机原则抽取的那一部分单位所构成的集合体。组成抽样总体的单位称为__________，样本单位数亦称样本容量，通常用______表示。

4. 全及指标是指根据________________计算出来的、反映总体某种属性或特征的综合指标，亦称为总体指标或总体参数。常用的全及指标有总体平均数、__________和______________、______________。

5. 抽样指标是指根据________________计算的综合指标，又称样本指标。常用的抽样指标有______________、____________、______________和抽样总体方差。

6. 抽样误差是指由于随机抽样的__________使样本结构不足以代表总体结构而引起之间的离差。

7. 响抽样误差大小的因素主要有：____________________；总体被研究标志的变异程度和______________及____________________。

8. 抽样平均误差是指所有____________________的抽样指标与总体指标的平均离差。

9. 总体参数的__________就是用样本统计量直接估计总体参数，直接代表总体参数的估计方法。

10. 总体参数的__________不是直接给出总体参数的估计值，而是利用实际抽样资料，根据要求，构造出一个__________，用这个区间来表明总体参数可能存在的范围，并同时指明这个估计的______________（又叫置信度）。

11. 抽样极限误差是指____________________之间的__________的可能范围。

12. 抽样调查的组织方式有______________、__________________、分类随机抽样和______________、__________________。

二、单项选择

1. 抽样误差是指（　　）。
   A. 计算误差　　B. 偶然性误差　　C. 系统性误差　　D. 登记性误差

2. 抽样平均误差是指（　　）。
   A. 抽样指标的标准差　　B. 抽样指标与全及指标的离差
   C. 偶然性误差的平均值　　D. 登记性误差的平均值

3. 抽样极限误差是指（　　）。
   A. 可能样本抽样指标之间的离差　　B. 样本指标与全及指标之间的离差
   C. 样本指标与全及指标之间的抽样误差的可能范围
   D. 抽样推断的最大误差范围

4. 区间估计的精确度和可靠度（　　）。

A. 既不能提高精确度也不能提高可靠度　B. 既能提高精确度也能提高可靠度

C. 精确度提高可靠度降低　D. 二者之间没有相互制约关系

5. 进行职工收入状况抽样调查，将被调查对象按年龄排队，然后每隔 10 名职工抽取一名进行登记，这种调查属于（　　）。

A. 简单随机抽样　B. 按无关标志排队的机械随机抽样

C. 按有关标志排队的机械随机抽样　D. 分类随机抽样

三、多项选择题

1. 影响抽样误差大小的因素有（　　）。

A. 总体各单位标志值的变异程度　B. 抽样的方法

C. 抽样调查的组织方式　D. 样本容量的大小

E. 偶然性误差的大小　F. 登记性误差的多少

2. 抽取样本的方法有（　　）。

A. 简单随机抽样　B. 机械随机抽样

C. 分类随机抽样　D. 整群随机抽样

E. 重复抽样　F. 不重复抽样

3. 在重复抽样条件下，抽样平均误差的大小决定于（　　）。

A. 样本容量的大小　B. 总体标准差的大小

C. 总体各单位标志值的变异程度　D. 总体单位数的多少

E. 样本标准差的大小　F. 系统性误差的大小

4. 极限抽样误差的大小决定于（　　）。

A. 抽样平均误差的大小　B. 概率度的大小

C. 概率的大小　D. 精确度的高低

E. 全及总体总量指标的推算方法　F. 抽取样本的方法

四、简答题

1. 什么是抽样误差？它的大小受哪些因素的影响？

2. 抽样推断具有哪些特点？

3. 抽样组织形式有哪些？它们的区别何在？

五、计算题

1. 某工厂有 1 500 名工人，用简单随机重复抽样的方法，抽出 50 个工人作为样本，调查其工资水平，情况如下表所示：

月平均工资（元）	524	534	540	550	560	580	600	660
工人数（人）	4	6	9	10	8	6	4	3

要求：(1) 计算样本平均数和抽样平均误差。

(2) 以 95.45% 的可靠性估计该厂工人的月平均工资和工资总额的区间。

2. 从一批袋装食品中，按简单随机重复抽样方式抽取 50 包检查，结果如下表所示：

每包重量（克）	90～95	95～100	100～105	105～110
包　数	2	3	35	10

要求以 95.45%（$t=2$）的概率估计该批食品重量在 100 克以上的合格率范围。

3. 某地区 1997 年随机抽取 100 户农户，测得户均年收入为 3 000 元，标准差 400 元，其中有 10 户的户均年收入在 6 000 元以上。若以 95.45%（$t=2$）的概率保证程度，试估计：

(1) 该地区农户户均年收入的可能范围。

(2) 在全部农户中，户均年收入在 6 000 元以上的户数所占比重的可能范围。

4. 从某厂生产的一批灯泡中，随机重复抽取 100 只，检查结果是：100 只灯泡的平均使用寿命为 1 000 小时，标准差为 15 小时。要求：

(1) 试以 95.45% 的概率保证程度（$t=2$）推断该批灯泡的平均使用寿命区间。

(2) 假定其他条件不变，如何将抽样极限误差减少为原来的 1/2，应抽取多少只灯泡进行检查？

第九章 相关分析与回归分析

第一节 相关分析的意义和内容

一、相关分析的涵义

在自然界和社会中，任何现象都不是孤立存在的，而是普遍联系和相互制约的。现象间的普遍联系、相互制约往往表现为相互依存的关系。这种依存关系通常有两种类型，即函数关系和相关关系。

（一）函数关系

函数关系是指现象间存在的一种十分严格的数量依存关系。在这种关系中，某个现象的数值发生变化，都有另一个现象的确定值与它相对应。这种关系可以用数学函数式反映出来。例如，圆的面积随半径的变化而变化，每给定一个圆的半径就有一个唯一确定的圆的面积和它对应，面积是半径的函数。在社会经济现象中，同样也存在着这种关系。例如，产品生产费用（总成本）＝ 产品产量×单位产品成本，当单位产品成本不变时，产品产量发生变化，就有一个确定的总成本与它对应，总成本是产品产量的函数。

（二）相关关系

相关关系是指现象间确实存在的，但并非严格的依存关系。这种关系的特征是：一种现象发生变化，会引起另一种现象的变化，但这种变动关系不是唯一确定的，它可以有许多种不同的数量表现。如粮食平均亩产和施肥量之间存在着一定的依存关系，随着施肥量的增加，平均亩产一般也会相应地增加，但平均亩产随施肥量变化的数量还受种子、土壤、气温、雨量、密植程度等因素的影响，平均亩产和施肥量之间的关系不是唯一确定的，这种关系就是相关关系。在许多社会经济现象中都存在着这种相关关系，如提高劳动生产率会使成本降低、利润增加，商品销售额增加会使商品流通费用减少等。

函数关系与相关关系虽然有明显的区别，但两者之间并无严格的界限。由于存在测算误差等原因，函数关系在实际中往往通过相关关系表现出来。而在研究相关关系时，为了找出现象间数量关系的内在联系和表现形式，又常需要借助于函数关系来加以描述。从这个角度可以说，相关关系是相关分析的研究对象，函数关系是相关分析的工具。

在相关分析中，若相关现象之间存在着一定的因果关系，通常把起决定作用的变量作为自变量，一般用 x 表示；把受自变量影响而相应变化的变量作为因变量，一般用 y 表示。例如，在研究劳动生产率与利润之间的关系时，劳动生产率是自变量，利润是因变量。若现象间只存在相关关系而并不存在明显的因果关系，如每万元产值耗电量与产值之间的关系、身高和体重之间的关系，在这种情况下，究竟以哪种现象为自变量，哪种现象为因变量，要根据研究的目的来决定。

二、相关分析的分类

社会经济现象之间的相关关系是错综复杂的，表现为各种不同的形态和类型。现从不同的角度对其进行划分。

（一）按相关的变量多少不同，可分为单相关和复相关

两个现象之间的相关关系称为单相关，亦即研究分析时只有两个变量。三个或三个以上变量之间的相关关系称为复相关。例如，商品销售额与居民收入水平、居民年龄构成、货币流通速度、流通费的支出等之间的相关关系就是复相关。实际工作中如果存在多个自变量对一个因变量的关系，就要抓住最主要的因素研究其相关关系，尽可能地将复相关转化为单相关。

（二）按相关的表现形式不同，可分为直线相关和曲线相关

对两个具有相关关系的现象进行实际调查，可获得一系列成对的数据。每对数据在平面直角坐标系中确定一个点。如果这些点的分布情况大致散布在一条直线的周围，则这两种现象就构成直线相关；如果这些点的分布并不表现为直线关系，而是近似于某种曲线关系，则这种关系就称为曲线相关。例如，施肥量和亩产量之间的关系，在一定数量界限内，施肥量增加，亩产量会相应增加；但一旦施肥量超过一定数量，亩产量反而会出现下降情况，这就是一种曲线相关。现象相关究竟是什么形式，取决于客观现象本身的实际变动，丝毫不能主观臆造。

（三）按相关的程度不同，可分为不相关、完全相关和不完全相关

如果两个现象之间的数量变化互相独立，彼此互不影响，则这两种现象间的关系称为不相关。如玉米的产量与农民的身高之间是不相关的。若两种现象之间，当一个现象的数量确定时，另一个现象的数量也随之确定，则这两种现象间的关系称为完全相关，也就是函数关系。如圆的面积随半径的变化而变化，面积是半径的函数。所以，函数关系是相关关系的一种特殊情况。若两个现象之间的关系介于不相关和完全相关之间，就称为不完全相关。大多数相关关系属于不完全相关，这是统计分析的主要研究对象。

（四）按相关的方向不同，可分为正相关和负相关

两个相关现象之间，若一个现象的数量由小变大，另一个现象的数量也相应地由小变大，则这种相关称为正相关。例如，工人的工资随着物价的上涨而增加，家庭的消费支出随着工资收入的增加而增加等，属于正相关。若一个现象的数量由小变大，而另一个现象的数量相反地由大变小，则这种相关称为负相关。例如，商品流通的规模愈大，流通费用水平则愈低等，属于负相关。

三、相关分析的主要内容

相关分析的主要目的，是要对现象之间的相互关系的密切程度和变化规律进行分析，取得具体数量上的认识，并进一步确定出相互关系的模式，以便于进行统计预测和推算。根据对现象分析研究的层次不同，相关分析的内容可分为狭义的相关分析与广义的相关分析。

狭义的相关分析的主要内容是：定性与定量相结合，正确选择变量，确定变量之间有无相关关系，并确定相关关系的表现形式、密切程度和方向等。

广义的相关分析除了狭义相关分析的内容外，还包括建立具有相关关系的变量之间的数学模型（或称回归模型），并对建立的回归方程及其参数进行显著性检验。通过检验，可用建立的回归方程来计算当自变量值有一定变化时，因变量值如何变化，以揭示变量之间依存关系数量上的规律性。同时，通过测定因变量估计值与实际观测值之间的差异程度，可认识因变量估计值的代表性大小。

相关分析的内容很多，本章仅介绍直线相关分析中最基本、最主要的内容。

第二节　相关关系的测定

一、相关关系的判断

（一）相关关系的一般判断

要分析说明现象之间相关关系的具体数量表现，首先要根据对客观事物的定性认识来判断。由于任何事物都有其质的规定性，质的规定性表明了事物自身与其他事物的区别和联系，因而对事物这种质的规定性的认识和分析，称为定性分析。按照人们认识事物的顺序，总是先有对事物的定性判断，才能据此进行量的分析。

在对客观现象进行定性分析时，需要借助有关的经济理论、专业知识和实践经验等。如判明了它们之间没有什么关系，就不需进行相关分析了。可见，对现象之间有无相关关系做出定性判断，是相关分析的一项重要工作。

（二）相关表

在对现象之间的相关关系做出定性分析后，可将现象之间的相关关系以表格形式反映出来，这种表称为相关表。在相关表中，以 x 为自变量，y 为因变量，每个自变量都有它相对应的因变量，并在表中一一对应排列。通过相关表可初步看出相关关系的形式、密切程度和相关方向。现在以某地区的 10 个同类工业企业 1997 年生产性固定资产

价值与工业增加值的有关资料，编制相关表，如表 9－1 所录。

表 9－1　固定资产价值与工业增加值相关表　　单位：百万元

企业序号	生产性固定资产价值 x	工业增加值 y
1	3	15
2	3	17
3	5	25
4	6	28
5	6	30
6	7	36
7	8	37
8	9	42
9	9	40
10	10	45

（三）相关图

将现象之间的相关关系通过图像来表示，这种图像称为相关图。相关图的绘制方法是在平面直角坐标系中，以横轴表示自变量，纵轴表示因变量，标出每对变量值的坐标点或散布点，观察其分布状况。通过相关图，可以大致看出两个变量之间有无相关关系及相关的形态、方向和密切程度。现在用表 9－1 的资料绘制相关图，如图 9－1 所示。

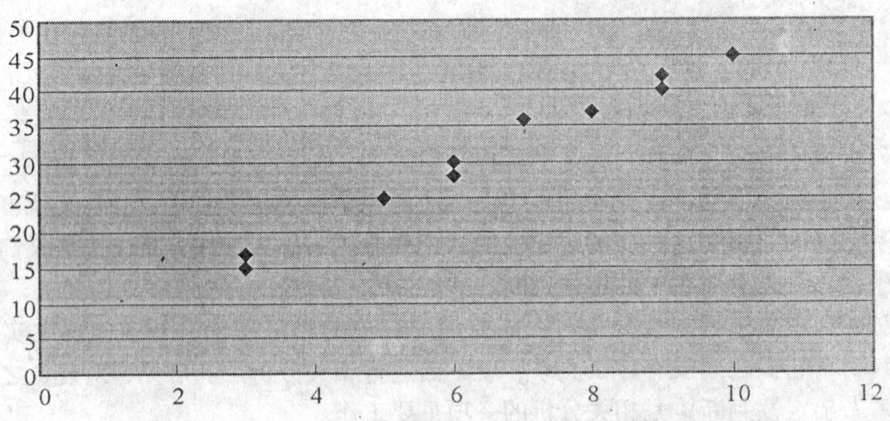

图 9－1　10 个企业固定资产价值与工业增加值相关图

从图 9－1 中生产性固定资产价值与工业增加值的 10 个散布点来看，因变量 y 随自变量 x 的增大而增大，减小而减小，并且散布点的分布近似地表现为一条直线。由此可以判断生产性固定资产价值与工业增加值这两个变量之间存在着直线正相关关系。

二、相关系数

（一）相关系数的意义

相关系数是在直线相关条件下，说明两个变量之间相关关系密切程度的统计分析指标，通常用 r 表示。

相关系数比相关表和相关图更能概括地表现相关的形式和程度。根据相关系数的大小，或把若干个相关系数加以比较，就可以发现在现象发展变化中具有决定作用的因素，因而相关系数对于判断变量之间相关关系的密切程度，有着重要意义。

相关系数的取值范围：是在 -1 和 $+1$ 之间，即 $-1 \leqslant r \leqslant +1$。$r>0$ 时，为正相关；$r<0$ 时，则为负相关。

相关系数 r 的绝对值越接近 1，表示相关关系越强，越接近零，表示相关关系越弱。如果 $r=+1$ 或 -1，则表示两个变量完全直线相关；如果 $r=0$，则表示两个变量完全不直线相关。但要注意的是，r 只表示 x 与 y 的直线相关密切程度，当 r 很小甚至为零时，并不表示 x 与 y 之间不存在其他非直线型的相关关系。为在实际分析时有个判断标准，现将相关关系密切的等级列于表 9－2。

表 9－2　相关系数绝对值

相关密切程度等级	相关密切程度等级
0.3 以下	不相关
0.3～0.5	低度相关
0.5～0.8	显著相关
0.8 以上	高度相关

应用上述标准进行判断时，要求计算相关系数的原始数据应比较多。当原始资料较少时，需要结合相关系数检验表来判断相关关系的密切程度。关于相关系数检验表的应用，请参阅有关的统计著作。

（二）相关系数的计算

不同的相关系数有不同的计算方法，本书只介绍直线相关系数的计算方法。在直线相关的条件下，相关系数的定义公式是通过自变量和因变量的各个离差的乘积来表明相关关系的密切程度的，所以用这种方法计算的相关系数叫积差法。

相关系数的基本公式如下：

$$r=\frac{\sum(X_i-\overline{X})(Y_i-\overline{Y})}{\sqrt{\sum(X_i-\overline{X})^2}\sqrt{\sum(Y_i-\overline{Y})^2}} \tag{9-1}$$

式中：r——相关系数

公式（9－1）是计算相关系数的基本公式，但在实际工作中利用它来计算相关系数相当繁琐，但（9－1）式经代数演算可得一简捷公式：

$$r = \frac{n\sum X_iY_i - \sum X_i \sum Y_i}{\sqrt{n\sum X_i^2 - (\sum X_i)^2}\sqrt{n\sum Y_i^2 - (\sum Y_i)^2}} \tag{9-2}$$

现在以表 9－1 的资料为例，计算 10 个企业生产性固定资产价值与工业增加值之间的相关系数。所需资料列于表 9－3。

表 9－3　相关系数计算表

企业序号	固定资产价值（百万元）X_i	工业增加值（百万元）Y_i	X_i^2	Y_i^2	X_iY_i
1	3	15	9	225	45
2	3	17	9	289	51
3	5	25	25	625	125
4	6	28	36	784	168
5	6	30	36	900	180
6	7	36	49	1296	252
7	8	37	64	1369	296
8	9	42	81	1764	378
9	9	40	81	1600	360
10	10	45	100	2025	450
Σ	66	315	490	10 877	2 305

由表中资料得如下有关数据：

$n = 10 \quad \sum X_i = 66 \quad \sum Y_i = 315 \quad \sum X_i^2 = 490$

$\sum Y_i^2 = 10\,877 \quad \sum X_iY_i = 2\,305$

代入（9－2）式，计算相关系数为：

$$r = 0.9918$$

计算结果表明，生产性固定资产价值和工业增加值之间存在高度的直线正相关关系。

通过以上的计算与分析过程，我们看到：统计所研究现象之间的相关关系，应该是真实的、客观存在的联系关系，而不是主观臆造的或形式上的偶然巧合。这就要求我们在实际进行相关关系分析时，应依据有关的科学理论，通过观察和试验，在对现象做深入分析的基础上来确定这种联系关系，而且还要经过理论和实践的进一步检验。只有这样，我们才可能得到正确的结论。

第三节 一元线性回归分析

一、回归分析的意义

相关分析中的相关系数指标可以从数量上说明在直线相关的条件下，变量之间相关关系的方向和密切程度。但它不能说明一个变量发生一定数量变化时，另一个变量会相应地发生多少数量的变动。为解决这一问题，就必须采用回归分析方法。

回归分析是指对具有相关关系的变量，依据其关系形态，选择一个合适的数学模型（或称回归方程式），用来近似地表示变量间数量平均变化关系的一 种统计方法。回归分析的内容很多，按分析变量的多少不同，可分为一元回归分析与多元回归分析；按分析变量间的表现形态不同，可分为线性回归分析与非线性回归分析等。本节只讨论一元线性回归分析的有关理论和方法。

二、相关分析与回归分析的区别与联系

（一）相关分析与回归分析的区别

（1）相关分析所研究的两个变量是对等关系；回归分析所研究的两个变量不是对等关系，必须根据研究目的，先确定其中一个是自变量，另一个是因变量。

（2）对两个变量 x 和 y 来说，相关分析只能计算出一个反映两个变量间相关密切程度的相关系数，计算中改变 x 和 y 的位置不影响相关系数的数值。回归方程有时可以根据研究目的的不同分别建立两个不同的回归方程：以 x 为自变量，y 为因变量，可以得出 y 对 x 的回归方程；以 y 为自变量，x 为因变量，可以得出 x 对 y 的回归方程。

（3）相关分析对资料的要求是，两个变量都必须是随机变量；而回归分析对资料的要求是，自变量是可以控制的变量或给定的变量，因变量是随机变量。

（二）相关分析与回归分析的联系

（1）相关分析是回归分析的基础和前提。如果缺少相关分析，没有从定性上说明现象间是否具有相关关系，没有对相关关系的密切程度做出判断，就不能进行回归分析，即便进行了回归分析，其回归方程的代表性也是值得怀疑的。

（2）回归分析是相关分析的深入和继续。对现象间仅仅进行相关分析，来说明它们具有密切的相关关系是不够的；只有进行了回归分析，拟合了回归方程，才可能进行有关分析的回归预测，相关分析才有实际的意义。

因此，如果仅有回归分析而缺少相关分析，将会因为缺乏必要的基础和前提而影响回归分析的可靠性；如果仅有相关分析而缺少回归分析，就会降低相关分析的意义。只有把两者结合起来，才能达到分析研究的目的。

三、一元线性回归模型

（一）一元线性回归模型的描述

一元线性回归模型又称简单直线回归模型，它是根据成对的两个变量的数据，配合直线方程，并根据自变量的变动，来推算因变量发展趋势和水平的一种数学关系式。

当 x 与 y 变量互为因果关系时，依据分析研究的目的的不同，可建立两个直线回归方程式。

1. y 对 x 的直线回归方程

$$\hat{y} = a + bx \tag{9-3}$$

式中：$\hat{y}$为因变量 y 的估计理论值；x 为自变量的实际值；a，b 为待定参数，其几何意义是：a 为直线方程的纵截距，b 为斜率。其经济意义是：a 为当 x 为 0 时 y 的估计值，b 是当 x 每增加一个单位时 y 的平均增加量，b 也称 y 对 x 的回归系数。

2. x 对 y 的直线回归方程

$$\hat{x} = c + dy \tag{9-4}$$

式中 c 与 d 的意义与（9-3）式中的 a 与 b 意义相同，只是 x 与 y 的位置互换而已。

当 x 与 y 变量只有单向的依存关系时，只能建立一个直线回归方程，一般是 y 对 x 的回归直线，即（9-3）式。

（二）一元线性回归模型的参数估计

在相关图中，如果自变量与因变量对应的散布点近似为直线，或计算出的相关系数具有显著的直线相关关系，则可以拟合一条回归直线。当然，我们拟合回归直线的目的是要找到一条理想的直线，用直线上的点来代表所有的相关点。统计理论已经证明，用最小平方法配合的直线最具有代表性，也称最佳直线。

应用最小平方法配合直线，其基本要求是实际值与估计理论值的离差平方和为最小。用公式表示为：

$$\sum(y - \hat{y}) = \sum(y - a - bx) = 最小值$$

令：$Q = \sum(y - a - bx)$，则 Q 是两个特定参数 a 和 b 的函数。要使 Q 为最小值，就要用数学中对二元函数求极值的原理，求 Q 关于 a 和 b 的偏导数，并令其等于零。整理得出直线回归方程中求解参数 a，b 的标准方程组：

$$\begin{cases} \sum y = na + b\sum x \\ \sum xy = a\sum x + b\sum x^2 \end{cases} \tag{9-5}$$

解上述关于 a 和 b 的二元一次方程组得：

$$a = \overline{y} - b\overline{x} \tag{9-6}$$

$$b = \frac{\sum xy - \frac{1}{n}\sum x\sum y}{\sum x^2 - \frac{1}{n}(\sum x)^2} \tag{9-7}$$

解出 a 和 b 的数值，代入方程 $\hat{y} = a + bx$ 即可建立起一元线性回归模型。

例 9-1 以表9-4资料为例，运用最小平方法，求解回归方程参数 a 和 b，并建立一元线性回归模型。

设所配合的一元线性回归方程为：$\hat{y}=a+bx$，根据表 9－1 的资料可得如下结果：

表 9－4　直线回归模型计算表

企业序号	固定资产价值（百万元）X	工业增加值（百万元）Y	X^2	XY	$\hat{y}$
1	3	15	9	45	16.5442
2	3	17	9	51	16.5442
3	5	25	25	125	24.8530
4	6	28	36	168	29.0024
5	6	30	36	180	29.0074
6	7	36	49	252	33.1618
7	8	37	64	296	37.3162
8	9	42	81	378	41.4706
9	9	40	81	360	41.4706
10	10	45	100	450	45.6250
Σ	66	315	490	2305	5315.0004

将表 9－4 中数据代入公式（9－7）和公式（9－6）：

$$b=4.1544$$

$$a=4.0810$$

将 a 和 b 的数值代入一元线性回归方程 $\hat{y}=a+bx$，得出工业增加值对生产性固定资产价值的直线回归方程：

$$\hat{y}=4.0810+4.1544x$$

式中：$a=4.0810$，是回归直线在 y 轴上的截距；$b=4.1544$，表示生产性固定资产价值每增加 1 个单位（百万元），工业增加值平均增加 4.1544 百万元。

回归直线确定后，将各企业的生产性固定资产值依次代入方程式，即可求得各企业工业增加值的理论值，将其填入表 9－4 中。如：

企业 1 的工业增加值$=4.0810+4.1544\times3=16.5442$（百万元）

企业 7 的工业增加值$=4.0810+4.1544\times8=37.3162$（百万元）

根据所建立的直线回归方程，也可以进行外推预测。例如：某企业下一年生产性固定资产价值预计可达 400 万元，在其他条件相对稳定时，可预测其工业增加值为：

$$\hat{y}=4.0810+4.1544\times4=20.6986\text{（百万元）}$$

这里需要指出，一个直线回归方程只能做一种推算，不能反向进行另一种推算。即只能以自变量 x 推算因变量 y，而不能以因变量 y 推算自变量 x。如上例所配合的直线回归方程，只能在给定生产性固定资产价值时来推算工业增加值，不能以给定的工业增加值来推算生产性固定资产价值。而在互为因果关系的变量之间，根据研究需要，可建

立 y 对 x 的直线回归方程和 x 对 y 的直线回归方程，但此时的两个回归方程是两条不同的回归直线，具有不同的斜率和意义，只能给定自变量来推算因变量。

四、估计标准误差

由于选择的模型不够完善以及观察和测量的误差等原因，实际值与估计值之间会产生一定的误差。为了测定回归方程的可靠程度，就需要计算估计标准误差。

估计标准误差是用来说明回归方程代表性大小的统计分析指标。其计算原理与标准差基本相同，估计标准误差说明估计理论值的代表性。若估计标准误差小，表明回归方程估计准确度高，代表性大；反之，则估计准确度低，代表性小。估计标准误差的定义公式为：

$$S_y = \sqrt{\frac{\sum (Y - \hat{Y})^2}{n}} \tag{9-8}$$

式中：S_y——估计标准误差。

利用定义公式法计算需要计算所有的估计值，估计标准误差比较麻烦。如果已求得回归直线的各个参数，则可用如下的简捷公式：

$$S_y = \sqrt{\frac{\sum Y^2 - a\sum Y - b\sum XY}{n}} \tag{9-9}$$

现仍以表 9－4 的有关资料为例，说明估计标准误差的计算方法。由表 9－4 已知：$n = 10, \sum Y^2 = 10\,877, \sum Y = 315, \sum XY = 2\,305$;且由回归直线方程知 $a = 4.081\,0$，$b = 4.154\,4$。将以上数据代入公式 9－9,则 $S_y = 1.248\,7$(百万元)。

本例的计算结果表明，10 个企业工业增加值的估计理论值与实际值的平均误差为 124.87 万元。由此可见，只有把回归估计值与估计标准误差结合起来分析运用，才更具有意义。

第四节　应用相关分析与回归分析应注意的问题

一、在定性分析的基础上进行定量分析

在定性分析的基础上进行定量分析，是保证正确运用相关分析和回归分析的必要条件。也就是说，在确定哪些变量做自变量，哪些变量做因变量之前，必须对所研究的现象有充分正确的认识。相关分析的方法不能解释相关关系产生的原因，它本身不能判断现象之间是否存在质的关系。这些问题的解决，必须依靠对现象的定性分析。如果对本来没有内在关系的现象进行相关分析，将会导致虚假相关的错误。比如，研究某地区人口出生数量与该地区老年人口再婚数量之间的关系，显然是没有任何意义的。若据此进行回归分析推算预测，其结论也是荒谬的。

二、要注意现象质的界限及相关关系作用的范围

在进行相关分析和回归分析时，要注意现象质的界限及相关关系作用的范围。超出

了这个范围，分析的结果就会有悖于客观实际。我们用数学模型得到的回归方程，一般都是根据一定范围内的有限资料来计算的。其有效性，一般只适用于该范围内，不适宜于该范围外。也就是说利用回归方程，一般只适宜于内插预测，不宜用于外推预测。这是由于最小平方法指的是对现有资料范围配合一条最佳线，如果外推到范围以外，就不一定是最佳线了。我们根据样本资料所配合的回归方程是在一定条件下建立的，因此也只能在一定条件下应用。如果忽视了这些条件，把这种关系无限制地向外推广是不正确的，由此得到的结论值得怀疑。例如，农作物生产量与施肥量只在一定范围内具有正相关关系，施肥量超过一定的限度，产量不但不会增加，反而会减少。因此，在用相关分析、回归分析进行推算预测时，要注意它的作用范围。

三、要将各种分析指标结合运用

相关分析与回归分析中的各种分析指标，既有区别又有联系。相关分析的相关系数，是反映现象之间直线关系密切程度的指标；回归分析的直线回归方程，反映着现象之间数量变化的联系；回归估计标准误差则表明了回归直线的代表性大小。它们分别从不同的侧面揭示了现象之间数量关系上的特征。因而在进行相关分析、回归分析时，只有把它们有机地结合起来，才能更加准确地描述相关现象之间数量变化的规律性。

四、要对参数的有效性进行检验

在回归分析中，要对回归模型计算出来的参数（包括常数项及回归系数）的有效性进行显著性检验，以判断回归预测的有效性。经过检验，如发现某回归系数的数值没有显著意义，或某些自变量间存在着多重共性，则具有这种情况的自变量应从回归方程中剔除，以保证回归预测的有效性和准确性。关于这类问题的检验方法本章不做介绍，读者可参阅有关相关分析与回归分析方面的著作。

习 题 九

一、填空题

1. 相关关系的基本特征主要表现在：一种________发生变化，会引起另一种现象的变化，但这种变动关系不是________________，它可以有________________的数量表现。

2. 相关系数 r 的取值范围是________________。

3. 相关系数 $r=-1$，说明两变量之间____________；$r=+1$ 说明两个变量之间____________；$r=0$ 说明两个变量之间____________。

4. 在相关分析中，若相关现象之间存在着一定的因果关系，通常把起决定作用的变量作为__________，一般用 x 表示，把受__________影响而相应变化的变量作为__________，一般用 y 表示。

5. 估计标准误差是用来说明____________代表性大小的统计分析指标。其计算原理与____________基本相同，估计标准误差说明____________的代表性。

二、单项选择题

1. 如果相关系数 $r=-0.8$，说明两个变量之间（　　）。
   A. 完全相关　　B. 不完全相关　　C. 高度相关　　D. 显著相关
2. 相关系数可以用来说明（　　）。
   A. 两个变量之间是线性相相关还是非线性相关
   B. 变量之间的因果数量关系
   C. 变量之间的相互依存关系　　D. 相关关系的性质和密切程度
3. 配合回归直线方程的前提条件是（　　）。
   A. 两个变量必须具备线性函数关系　　B. 两个变量必须具备显著的线性关系
   C. 两个变量必须有明显的依存关系　　D. 必须是对两个变量配合回归直线
4. 在回归直线方程中（　　）。
   A. 因变量是给定的，自变量是随机　　B. 自变量是给定的，因变量是随机的
   C. 自变量和因变量变量都是随机的　　D. 自变量和因变量变量都是给定的

三、多项选择题

1. 在直线回归方程中，两个变量 x 和 y（　　）。
   A. x 是自变量，y 是因变量　　B. x 是给定的变量，y 是随机变量
   C. 两个都是给定的变量　　D. 两个都是随机变量
   E. 两个变量显著相关　　F. 两个变量完全不相关
2. 如果 x 和 y 之间的相关系数等于 1，则（　　）。
   A. 实际值与估计值不存在离差　　B. y 的所有估计值与它的平均值一致
   C. x 与 y 是线性函数关系　　D. x 与 y 是完全的正相关关系
   E. x 与 y 没有显著的相关关系　　F. x 与 y 是完全的负相关关系
3. 在直线回归方程中（　　）。
   A. 在两个变量中须确定自变量和因变量　B. 一个回归方程只能作一种推算
   C. 回归系数只能取正值　　D. 回归系数与相关系数的符号是一致的
   E. 要求两个变量都是随机的
   F. 要求因变量是随机的，而自变量是给定的数值

四、简答题

1. 什么是相关关系？它与函数关系有何不同？
2. 试述相关关系与回归分析的区别与联系。
3. 相关与回归分析的应用须注意哪些问题？

五、计算题

1. 设某企业甲产品的产量与单位成本资料如下：

月　　份	产量（千件）	单位成本（元/件）
1	2	73
2	3	72
3	4	71
4	3	73
5	4	69
6	5	68

要求：（1）计算相关系数。

（2）以产量为自变量计算回归直线参数，确定回归直线方程，指出产量每增加 1000 件时，单位成本的平均下降幅度。

（3）计算出当产量为 6 000 件时，单位成本为多少元？单位成本为 70 元时，产量应为多少件？

2. 设某工厂的机床使用年限与维修费用的有关资料如下：

序　　号	机床使用年限	年维修费用（元）
1	2	400
2	2	540
3	3	520
4	4	640
5	4	740
6	5	600
7	5	800
8	6	700
9	6	760
10	6	900
11	8	840
12	9	1080

要求：（1）计算机床使用年限与维修费用之间的相关系数。

（2）以机床使用年限为自变量配合回归直线方程。

（3）预计机床使用年限为 15 年时的维修费用。

第十章　统计预测与统计分析报告

第一节　统计预测概述

一、统计预测的意义

前面各章所讨论的内容都属于统计资料的调查、整理以及在此基础上进行的统计分析，然而这并不是统计研究的全部内容。统计研究的另一重要内容是要对社会经济现象的发展变化进行科学的预测。统计预测是以实际统计资料为基础，根据事物的联系及其发展规律，运用适当的数学模型或统计方法，对所研究的社会经济现象的未来发展趋势、规模和水平进行预计和推测。

作为一种科学的方法，统计预测被广泛应用于各个领域，其作用主要表现在以下几个方面：

(1) 为国家制定政策和对国民经济的干预提供可供选择的方案；

(2) 为国家长期规划和编制年度计划提供数字资料；

(3) 为管理决策提供科学依据；

(4) 为统计工作和统计科学的发展开拓了一个新的领域。

二、统计预测的步骤

预测的步骤随预测目的和采用方法的不同而有所不同。统计预测通常采用以下步骤。

(1) 确定预测目的，分析预测对象的构成要素。任何预测都是为决策服务的，只有明确了预测目的，才能做到既节省人力物力，又收到较好的预测结果。

(2) 搜集、整理和分析有关资料。根据预测要求搜集充分的统计资料，并对资料进行认真地审核、调整和初步分析，观察资料的结构和发展变化趋势，为选择预测模型提供依据。

(3) 选择预测模型和确定预测方法。统计预测模型是多种多样的，根据预测对象的特点，选择合适的预测模型是统计预测的关键。而这里所说的预测方法，是指预测模型中参数值的估计方法。一定的预测模型和一定的预测方法相结合，就形成了预测公式。

(4) 进行预测。根据已选定的预测模型和预测方法，利用所掌握的资料，先求出模型中的参数值，然后再依据已具体化的预测公式进行预测。

(5) 分析预测误差。观察值与所对应的预测值之间的离差，称为预测误差。由于各种因素的影响，预测误差是客观存在的，其大小反映了预测准确度的高低。如果预测误差超出了允许的范围，就需要分析产生误差的原因，并修改预测模型或改进预测方法。

(6) 写出预测分析报告。将预测根据、结果及可信度等整理成报告或文件，提交有关部门作为决策的依据。

三、统计预测的原则

(1) 连贯原则，即事物的发展是有规律的，在其发展过程中，规律贯穿始终，事物未来的发展与其过去和现在的发展一般具有渐进性。

(2) 类推原则，即事物必须要有某种结构，而这种结构的形式及其变化是有一定规律的，可用数学方法加以模拟，然后根据所测定的模型，类比现在，预测未来。

可以说，统计资料的稳定结构是应用统计预测的必要条件。凡是没有一定结构或虽有结构但很不稳定的资料，是很难据以进行预测的。

四、统计预测的分类

从不同的角度，可以将统计预测分为各种类型，主要的分类方法有以下几种：

(1) 根据预测的应用价值，统计预测可以分为实质性预测和方法论预测。实质性预测是指针对具体的事件或明确的对象开展预测，它的实践性极强，如气象预报（测）、某市场具体产品销售预测等。方法论预测是研究预测的一般方法论，阐述预测方法中的预测模型结构及其选择、预测模型的适用条件、预测模型的参数求解等基本规则和基本方法，如回归预测、趋势预测、季节变动预测。

(2) 根据预测对象的范围，统计预测可以分为宏观预测和微观预测。宏观预测是指对总体的综合性预测，如社会总产值实质性预测、物价变动率预测等。微观预测是指对个别具体单位的经营管理活动所进行的实质性预测，如企业的产、供、销预测。

(3) 根据预测采用的计量方法，统计预测可以分为定性预测和定量预测。定性预测是指预测者根据所掌握的有关资料，凭借个人的工作经验和分析能力，对事物未来发展趋势或性质做出的主观判断。这种预测虽然也含有数字，但其目的主要不在于准确地预计未来的具体数值，而在于判断事物未来的发展方向和趋势。定量预测是指依据历史资料，运用统计方法对事物的未来进行科学推算，以求得准确的数量结果的预测。

(4) 根据预测的时间状态，统计预测可以分为静态预测和动态预测。静态预测是指同一时期内，由已知项目推算未知项目所进行的预测，如回归预测。动态预测是指根据事物过去的数量表现，对事物的未来数量和发展所进行的预测，如时间数列预测。由于大部分统计预测方法都属于动态预测，因此，本章将着重介绍动态预测方法。

第二节 定性预测

定性预测是根据预测的目的和要求，在调查研究的基础上，对未来的某一事物进行判断和推测。这种方法通常在缺少完备、系统的信息资料，或者在预测对象难以定量化的情况下使用。对于前一种情况，如新产品的市场需求情况，因无法获取历史资料，只能采用调查研究的方法；对于后一种情况，如某年秋装流行的色彩情况和式样情况，都是难以量化的，也需要通过市场调查的方法来完成预测工作。一般来说，市场调查大多采用典型调查法和抽样调查法。具体实施时，结合不同的操作过程，可以采用以下两种方法。

一、调查研究法

调查研究法就是组织有经验、有专长的专业人员，根据预测目的制定好调查提纲，选择好调查对象，深入实际，做广泛的调查，了解情况，搜集资料，然后加以综合整理和分析研究，用统计平均数和比例方法加以推算的方法。调查研究法一般不采用数学模型。

二、德尔菲法

这是一种向专家发函，征求意见的调研预测法，也称专家意见法。德尔菲法是美国兰德公司首创的，20 世纪 50 年代开始盛行于西方国家。它是将所要预测的问题和必要的背景材料用通讯的方式提供给选定的专家，让他们对问题进行推测，做出判断，并将各种意见进行归纳整理。如此反复多次，直到对所预测的问题得出较为一致的结论。这种方法适用于资料少、未知因素多、希望靠专家的经验判断来做出预测的问题。

（一）德尔菲法的一般步骤

（1）成立一个领导小组，负责组织调查预测工作。

（2）制作调查表和准备必要的背景材料。根据预测目的，制作明确具体、便于答复的调查表，还要准备一些与预测项目有关的背景材料，供专家们做出预测和判断时参考，背景材料的选编应遵循如下原则：要有对预测问题能起某种限制作用或可作前提条件的资料，以避免答复过于离散；要有与预测问题性质相同的比较资料（历史的或国外的都可以）；所选择资料一律不加分析，以免影响专家们独立思考。

（3）选择专家。专家是指在本专业领域中既有丰富的实践经验，又有较深的理论修养的人，这些专家可从本单位、本部门内部选，也可从社会上选，但一定要选热心负责的人。事前最好征求被选专家本人的同意，未经同意切勿贸然寄去调查表，以免碰壁。专家人数不宜过少，也不能过多，大致在 5～20 人之间为好。

（4）反馈调查。专家选定后，立即寄发调查表和背景材料，请专家在规定时间内记名或不记名填写后寄回。收到答复后，领导小组便将各种意见经过综合、整理和归纳，得出所提意见的中位数和第一个、第三个四分位数，再反馈给各个专家进一步征询意见。然后再加以综合反馈，如此反复三至四次，待专家们的意见趋于一致或得到较满意的结果时为止。

(5) 领导小组集中专家们的意见，做出预测。

(二) 德尔菲法的特点

(1) 匿名性。为了克服心理因素的影响，该方法采用函询的形式，这样专家们互不相知，既可以充分自由地发表意见，又不会因为改变自己的意见而有损其威望。

(2) 信息反馈性。在匿名的情况下，为了使参加预测的每一位专家掌握每一轮预测的情况，预测领导小组在对每一轮的预测结果做出统计分析之后，要将信息反馈给每位专家，以作为他下一轮预测时的参考。这种反馈一般需要进行三轮至四轮，才会得到较为满意的结果。

(3) 预测结果的定量性。该方法对预测结果采用统计评定回答的方式，以中位数代表小组的评定意见为最后结果。

第三节 动态数列预测

动态数列又叫时间数列，其各项发展水平的变化，是许多复杂因素共同作用的结果。其影响因素归纳起来大体有四类：

长期趋势。这是指现象在一段较长的时间内，由于普通的、持续的、决定性的基本因素的作用，使其发展水平沿着一个方向，逐渐向上或向下变动的趋势。例如，粮食生产由于种植方法的不断改良、日益发达的农田水利等根本因素的影响，从较长时间来看，总趋势是持续增加，向上发展的。认识和掌握长期趋势，可以把握事物发展变化的基本特点。

季节变动。这是指现象受季节的影响而发生的变动。其变动的特点是，在一年或更短的时间内随着时序的更换，现象呈周期重复的变动。引起季节变动的原因既有自然因素，也有人为因素，如气候条件、节假日以及风俗习惯等等。季节变动的影响有以一年为周期的，也有以一日、一周、一月为周期的。认识和掌握季节变动，对于近期的行动决策有重要作用。

循环变动。这是指现象发生周期比较长的涨落起伏的变动。通常所指的循环变动乃经济发展荣衰不绝相替变动。它与寒暑温凉相继不息的天时循环变动有明显的不同，也不同于朝单一方向持续发展的长期趋势。可能由于不同的原因，使得循环变动的周期长短不同，常在一年以上，甚至七八年、十来年；各期始末亦难定为何年何月；上下波动程度也不相同。

不规则变动。这是指现象除了受以上各种变动的影响以外，还受临时的、偶然的因素或不明原因而引起的非周期性、非趋势性的随机变动。不规则变动是无法预知的。

一般地说，动态数列变动包含了上述四类原因的影响，因而，动态数列的成分结构包括这四种变动形式。但就实际情况来看，季节变动和循环变动在某种场合并不存在，比如按年排列的动态数列就不体现季节变动。我国工农业生产发展趋势一般不存在循环变动。因此，在实际工作中，要对研究对象进行具体分析，实际包含什么因素就预测什么因素。

动态数列预测法是一种计算比较简便，并且只需要预测对象本身从过去到现在的内部信息资料的预测方法。它是在遵循连贯原则与类推原则的前提下，对现象的发展趋势所做的外推预测。虽然动态数列预测方法大多缺乏严密的数学论证，并不能给出预测的置信区间和可信程度，但由于它应用起来十分方便，尤其对于短期预测效果较好，仍然受到实际工作者的欢迎。在这里我们仅介绍通常使用的两种预测方法，即长期趋势和季节变动的测定方法。

一、长期趋势变动的测定

长期趋势变动的测定目的在于从时间数列中分离出长期趋势值。测定长期趋势变动的方法包括以下几种。

（一）时距扩大法

这是对长期的动态数列资料进行统计修匀的一种简便方法。它是把原有动态数列中各时期资料加以合并，扩大每段计算所包括的时间，得出较长时距的新动态数列。这种方法可以消除数列由于时距较短受偶然因素影响所引起的波动，清楚地显示现象变动的趋势和方向。

时距扩大法把较小时间跨度转化为较大时间跨度，如昼夜转化为星期或旬，由旬转化为月，月转化成季或年，由一年转化成为许多年。时间跨度的转化是有一定的逻辑可循的。如果数列水平波动有一定的周期性，扩大的时距应注意与各次摆动的周期相同；如果动态数列看不出有什么周期性，那么就要逐渐扩大时距，直到趋势的方向变得足够清晰为止。

时距扩大修匀可以用扩大时距后的总量指标表示，也可以用扩大时距后的平均指标表示。前者只适用于时期数列，后者可以用于时期数列和时点数列。表 10－1 是我国 1961 年—1990 年粮食产量的资料，可用它来说明时距扩大法的运用。

表 10－1　我国 1961 年—1990 年粮食产量表　　单位：万吨

年　份	产　量	年　份	产　量	年　份	产　量
1961	14 750	1971	25 014	1981	32 502
1962	16 000	1972	24 048	1982	35 450
1963	17 000	1973	26 494	1983	38 728
1964	18 750	1974	27 527	1984	40 731
1965	19 453	1975	28 452	1985	37 911
1966	21 400	1976	28 631	1986	39 151
1967	21 782	1977	28 273	1987	40 298
1968	20 906	1978	30 477	1988	39 408
1969	21 097	1979	33 212	1989	40 755
1970	23 996	1980	32 056	1990	43 498

从表中可以看出，30 年来我国粮食产量呈不断增长的趋势，但中间有过几次波动。

我们把时距扩大为5年，可消除短时间受偶然因素影响所带来的波动，见表10－2。

表10－2　我国1961年—1990年粮食产量情况　　单位：万吨

年　份	总产量	平均年产量
1961—1965	85 953	17 190.6
1966—1970	109 181	21 836.6
1971—1975	131 535	26 307
1976—1980	152 649	30 529.8
1981—1985	185 320	37 064
1986—1990	203 110	40 622

把时距扩大为5年，中间个别年份的波动被修匀了，就形成30年来完整上升的总趋势。

通过将计量统计指标的时间跨度加大，可以获得一个相对平衡的序列，因为在较长的时间内，周期变动的影响和随机扰动，都会得到有效的平衡。

（二）移动平均法

在时间数列中，选择包括本期在内的几个时期的实际值，计算其平均数，作为下一期的预测值。随着时间的推移，相应几个时期的数据也不断移动，故称为移动平均预测法。该方法有简单和加权两种形式。

1. 简单移动平均预测法

以 n 期实际值的简单移动平均数作为下一期预测值的方法，称为简单移动平均预测法。

假定时间数列有 t 个时期的数值，本期为第 t 期，下一期为 $t+l$ 期，t 期的实际值为 X_t，下一期的预测值为 $\hat{X}_{t+1}$。则简单移动平均预测公式为：

$$\hat{X}_{t+1} = \frac{X_t + X_{t-1} + X_{t-2} + \cdots + X_{t-n+1}}{n}$$

式中：n 为移动期（一般移动期取三期或五期）。

例10－1　某企业2000年1～11月的销售额资料如表10～3所示：

表10－3　某企业2000年1～11月销售额统计表

月　份	实际销售额（万元）	简单移动平均预测值（$n=3$）	加权移动平均预测值（$n=3$）
1	450	—	—
2	470	—	—
3	460	—	—
4	540	460	461.7
5	450	490	501.7

（续表 10-3）

月　份	实际销售额（万元）	简单移动平均预测值（$n=3$）	加权移动平均预测值（$n=3$）
6	480	483	481.7
7	440	490	480.0
8	390	457	450.5
9	380	437	421.7
10	360	403	393.3
11	380	377	371.7
12	-	373	373.3

根据简单移动平均预测公式，移动期取三期，得该企业 12 月份销售额的预测值：

$$\hat{X}_{11+1}=\frac{X_{11}+X_{10}+X_{9}}{3}=\frac{380+360+380}{3}\approx 373(\text{万元})$$

简单移动平均预测法实质上是将各期数值同等看待，没有考虑近期值对预测值有更大的影响，虽然计算简便，但只适用于一个较长时期内比较稳定、无显著增减变动趋势的现象。

2．加权移动平均预测法

在时间数列中，通常近期数值对预测值影响较大，而远期数值对预测值影响较小。因此，可根据距离预测期的远近，给近期值以较大的权数，给远期值以较小的权数，计算加权移动平均数，并以此作为下一期预测值的方法。这种方法称为加权移动平均预测法。

设 f 为权数，且 $f_t>f_{t-1}>\cdots>f_{t-n+1}$，则加权移动平均预测公式为：

$$\hat{X}_{t+1}=\frac{X_1 f_1+X_{t-1}f_{t-1}+X_{t-2}f_{t-2}+\cdots+X_{t-n+1}f_{t-n+1}}{f_1+f_{t-1}+f_{t-1}+\cdots+f_{t-n+1}}$$

如上例，令 $f_t=3$，$f_{t-1}=2$，$f_{t-2}=1$，得按加权移动平均预测公式计算的该企业 12 月份销售额预测值：

$$\hat{X}_{11+1}=\frac{3X_{11}+2X_{10}+X_{9}}{3+2+1}$$

$$\hat{X}_{12}=\frac{3\times 380+2\times 360+380}{6}\approx 373.3(\text{万元})$$

加权移动平均预测法重视近期数值对预测值的影响，因而其预测效果比简单移动平均预测法好。但计算较繁，且权数是人为给定的，缺乏客观依据，故近来已被其他预测方法所取代。

利用移动平均法进行长期趋势测定时，应注意以下几个问题：

（1）对于奇数周期的移动平均法，计算出来的平均值直接记录在居中的时间点上。对于偶数周期的移动平均法，则需要进行两次移动平均。第一次按偶数周期计算，结果分别写在居中的两个时间点中间；第二次再将居中的时间点两侧的两个移动平均结果进行一次移动平均，计算出最终结果。

（2）移动平均法除了选择时距之外，还可以选择移动平均计算时的权重。如以三年移动平均为例，在计算移动平均数时，不是采用简单移动平均，而是采用加权移动平均。

（3）移动平均法的时距选择是根据研究目的而定的。如果研究的目的是为了将经济周期变动的影响去除掉，则移动平均的周期需要与实际经济波动的周期一致；如果研究目的是为了修匀不规则变动，显示出周期的影响，则移动平均的周期应当大大小于实际周期，并应采用加权移动平均法，一定程度地突出实际数值。

（三）指数平滑预测法

指数平滑预测法也称指数修匀预测法，是统计预测中广泛使用的一种方法。它是简单移动平均法的改进和发展，是以本期实际值 X_t 和本期预测值 $\hat{X}_t$ 为依据，计算两者的加权平均数，并以此作为下一期预测值的一种预测方法。

在介绍预测方法之前，我们先来看一下指数修匀的基本公式及其预测思想。

基本公式：$S_t = S_{t-1} + \alpha(X_t - S_{t-1})$ 或 $S_t = \alpha X_t + (1-\alpha)S_{t-1}$

式中：S_t 为 t 期的指数修匀值；S_{t-1} 为 $t-1$ 期的指数修匀值；

X_t 为 t 期的实际值；α 为修匀常数（$0<\alpha<1$）。

至于它的预测思想，即指数修匀法为什么可用来进行预测，可通过指数修匀公式加以理解。如同 t 期的移动平均数可以作为 $t+l$ 期的预测值一样，一次指数修匀若应用于无明显趋势变动的常数模型时，t 期的指数修匀值就是 $t+1$ 期的预测值，即：

$$\hat{X}_{t+1} = S_t,\qquad \hat{X}_t = S_{t-1}$$

因此，将前面两个修匀公式加以变形，即可得到指数修匀预测公式：

$$\hat{X}_{t+1} = \hat{X}_t + \alpha(X_t - \hat{X}_t) \quad 或 \quad \hat{X}_{t+1} = \alpha X_t + (1-\alpha)\hat{X}_t$$

对于前一个公式，我们可以做这样的理解：下一期的预测值等于本期预测值加上本期预测误差（$X_t - \hat{X}_t$）乘以修匀常数。也就是说，下期预测值是在本期预测值的基础上，对本期的预测误差加以调整的结果。若 $\hat{X}_t < X_t$，则下一期的预测值将在本期的基础上适当提高；若 $\hat{X}_t > X_t$，则下一期的预测值将在本期的基础上适当降低。可见，下一期预测值提高或降低的程度主要取决于修匀常数 α 的大小。而对于后一个公式，α 则是实际值和预测值之间的分配比例：α 越大，下一期的预测值越接近于本期的实际值；α 越小，下一期的预测值便越接近于本期的预测值。

将上述预测公式展开，易证明指数修匀预测法实质上是加权移动平均预测法的改进形式。即：预测值 $\hat{X}_{t+1}$ 是 $t+1$ 期以前各期数值的加权平均数，其权数和为 1，且各期数值的权数是随着时间的往回追溯而等比递减。

应用指数修匀法进行预测，必须先解决好两个问题：一个是修匀常数的取值，另一个是初始值的确定。修匀常数表示由实质性原因导致的误差占总误差的比重。在实际运用中，要掌握这个比重是困难的，一般凭借预测者的知识和经验来决定。当数列波动较大时，α 取大值（如 0.6～0.8）；当数列波动不大时，α 取小值（如 0.1～0.3）。当不能做出很好判断时，可用不同的 α 值进行试算，取预测误差最小的那个 α 值。对于初始值问题，应视数列项数多少而定。一般来讲，当总项数 N 大于 50 时，经过长期逐推，初始值的影响会变得很小，为简便起见，可用第一期数值 X_1 作为初始值 S_0；若 N 小于 15 或 20，则初始值的影响较大，则可用适当的方法求出数列前面若干时期的平均数作为初始值 S_0。

仍用前例，设 $S_0=450$ 万元，$\alpha=0.7$，则用指数修匀预测法计算的各月销售额预测值如下表：

表 10－4　用指数修匀预测法计算的各月销售额预测值

月　份	实际销售额（万元）X_t	预测销售额（万元）$\hat{X}_{t+1}=\hat{X}_t+0.7\ (X_t-\hat{X}_t)$
1	450	450
2	470	450
3	460	464
4	540	461
5	450	516
6	480	470
7	440	477
8	390	451
9	380	408
10	360	388
11	380	368
12	－	376

计算过程如下：

$\hat{X}_1=S_0=450$（万元）

$\hat{X}_2=\hat{X}_1+\alpha\ (X_1-\hat{X}_1)\ =450+0.7\ (450-450)\ =450$（万元）

……

$\hat{X}_{12}=S_{11}=\alpha\ (X_{11}-\hat{X}_{11})\ =368+0.7\ (380-368)\ =376$（万元）

以上介绍的预测方法实际上是一次指数修匀预测法。当时间数列有明显的直线趋势时，必须采用二次指数修匀法来估计趋势直线的参数。同样，曲线参数则需采用三次指数修匀来估计。二次指数修匀是对一次指数修匀值再做一次指数修匀，三次指数修匀则是对二次指数修匀值再进行一次指数修匀。

指数修匀预测法符合近大远小的预测原则。在实际中只需选择一个合理的修匀常数值，即可进行预测，所需历史数据较少，计算简便且具有适应性，因此，这一方法特别适用于短期预测。

（四）数学模型法

数学模型法是对动态数列进行分析修匀的一种方法，它用适当的数学模型对动态数列配合一个方程式，据以计算各期的趋势值。测定长期趋势时广泛使用这种方法。下面主要介绍直线趋势的测定。

建立数学模型的方法有许多种，在此仅介绍两种简单的方法。

1．三点法

三点法是进行趋势预测的一种较为有效且计算简便的方法。其基本原理是：一般时间数列的趋势线，无论是直线还是曲线，其所包括的参数最多不超过三个，因此，可以从一个时间数列的首、中、尾分别取3项或5项数值，计算出三个加权平均数，据以估计参数并进行外推预测。为了保证首、中、尾三点之间的距离相等，数列的总项数应为奇数；若遇到偶数项时，应删去最早期一项。

设：R 为初期3项加权平均数；

S 为中期3项加权平均数；

T 为近期3项加权平均数；

N 为数列总项数（奇数）；

d 为数列中间项数（$d=\frac{n+1}{2}$）。

则：3项加权平均式：

$$R=\frac{1}{6}(X_1+2X_2+3X_3)$$

$$S=\frac{1}{6}(X_{d-1}+2X_d+3X_{d+1})$$

$$T=\frac{1}{6}(X_{n-2}+2X_{n-1}+3X_n)$$

利用从一组资料中算出的 R、S、T 值，可以导出趋势模型中所需参数的估计公式。

当所配合的趋势线为直线时，则只需确定首尾两点即可。

设所配合的趋势直线为：$\hat{X}_t=a+b\cdot t$，假定所观察的全部数据都落在这条直线上，则取3项平均时，可得：

$$\begin{cases} a=R-\frac{7}{3}b \\ b=\frac{T-R}{n-3} \end{cases}$$

由此便可得出直线趋势方程 $\hat{X}_t=a+b\cdot t$ 并用于预测。

例10－2　某工业企业1993年—2003年实现的利润总额资料如表10－5所示，试用三点法配合趋势直线，并预测2004年和2005年的利润总额。

表 10－5　某工业企业 1993 年—2003 年利润总额资料

年　份	利润总额（万元）X_t	年序 t	权数 f	$X_t f$	小计
1993	230	1	1	230	1418
1994	234	2	2	468	
1995	240	3	3	720	
1996	245	4			
1997	251	5			
1998	255	6			
1999	262	7			
2000	269	8			
2001	276	9	1	276	1707
2002	282	10	2	564	
2003	289	11	3	867	

$$\text{因为}\begin{cases}R=\dfrac{1418}{6}=236.33\\[2mm]T=\dfrac{1707}{6}=284.50\end{cases}$$

$$\text{所以}\begin{cases}b=\dfrac{T-R}{n-3}=\dfrac{284.50-236.33}{11-1}=6.02\\[2mm]a=R-\dfrac{7}{3}b=236.33-\dfrac{7}{3}\times 6.02=222.28\end{cases}$$

故所配合的直线趋势方程为：

$$\hat{X}_t=222.28+6.02t$$

则该企业 2004 年利润总额预测值为（$t=12$）：

$$\hat{X}_{12}=222.28+6.02\times 12=294.52\text{（万元）}$$

2005 年利润总额预测值为（$t=13$）：

$$\hat{X}_{13}=222.28+6.02\times 13=300.54\text{（万元）}$$

可以看出，三点法既简便又灵活，是可以广泛采用的一种预测方法。

以上着重介绍了直线趋势线的配合问题。若要配合曲线预测方程，其原理与直线预测相同，只是还需确定 R，S，T 三点的数值以及根据具体采用的曲线方程分别计算所需参数，其有关计算方法从略。

2．最小平方法

最小平方法又称最小二乘法，是统计学中估计数学模型参数使用的传统方法，也是进行趋势预测的常用方法。这里将对用最小平方法配合趋势直线进行预测的问题加以讨论。

其预测模型为：　$\hat{X}_t=a+b\cdot t$

求 a，b 两参数的公式如下：

$$\begin{cases} b=\dfrac{n\sum tX-\sum t\sum X}{n\sum t^2-(\sum t)^2} \\ a=\overline{X}-b\,\overline{t} \end{cases}$$

例 10－3　某工厂1996 年—2003年各年的工业总产值资料如表 10－6 所示，试用最小二乘法配合直线方程，并预测 2004 年的工业总产值。

表 10－6　某工厂 1996－2003 年各年工业总产值资料统计表

年　份	工业总产值（万元）X_t	t	t^2	tX_t
1996	348	l	l	348
1997	350	2	4	700
1998	340	3	9	1 020
1999	370	4	16	1 480
2000	400	5	25	2 000
2001	420	6	36	2 520
2002	450	7	49	3 150
2003	480	8	64	3 840
合　计	3 158	36	204	15 058

根据表中数据计算得：

$$b=\frac{n\sum tX-\sum t\sum X}{n\sum t^2-(\sum t)^2}=\frac{8\times 204}{36^2}\approx 20.17(\text{万元})$$

$$a=\overline{X}-b\,\overline{t}=\frac{3158}{8}-20.17\times\frac{36}{8}=304(\text{万元})$$

由此得预测公式：

$\hat{X}_t=304+20.17t$

预测 2004 年（$t=9$）的工业总产值为：

$\hat{X}_9=304+20.17\times 9=485.53$（万元）

以上计算方法称为直接法，当时间数列很长且各期数值又很大时，这样计算是很费事的。为了简化计算，若时间数列的项数为奇数，可取中间项为原点，即该项 t 为 0，其前各期依次为－1，－2，－3，……其后各期依次为 1，2，3，……则 $\sum t=0$，于是求 a，b 两参数的公式可简化为：

$$\begin{cases} a=\dfrac{\sum X}{n}=\overline{X} \\ b=\dfrac{\sum tX}{\sum t^2} \end{cases}$$

如果时间数列的项数为偶数，计算稍有不同，即原点应在两个中间时期之间。这时，中心点（原点）之前各期依次为－1，－3，－5，……，中心点之后各期依次为 1，

3，5……仍然使 $\sum t=0$。这样可大大减少计算的工作量。

如上例中，数列总项数为 8 项（偶数项），现用简捷法计算如下：

表 10－7　某工厂 1996 年－2003 年各年工业总产值资料统计表

年　份	序　号 t	工业总产值（万元）X_t	t^2	tX_t
1996	－7	348	49	－2 436
1997	－5	350	25	－1 750
1998	－3	340	9	－1 020
1999	－1	370	1	－370
2000	1	400	1	400
2001	3	420	9	1 260
2002	5	450	25	2 250
2003	7	480	49	3 360
合　计	0	3 158	168	1 694

将表中计算的数据代入简化公式：

$$a=\frac{\sum X}{n}=\frac{3\ 158}{8}=394.75$$

$$b=\frac{\sum tX}{\sum t^2}=\frac{1\ 694}{168}=10.08$$

由此得预测公式：

$\hat{X}_t=394.75+10.08t$

若预测 2004 年的工业总产值，即按顺序 t 应取 9，则；

$\hat{X}_9=394.75+10.08\times9=485.47$（万元）

二、季节变动的测定

测定季节变动的目的在于掌握季节变动的周期、数量界限及其规律，以便预测未来，及时采取措施；克服季节变动对人们经济生活所导致的不良影响，更好地组织生产和销售，提高人民的生活水平。

测定季节变动的主要方法是通过计算季节比率来反映季节变动的程度。季节比率高说明该季节是“旺季”，反之则说明该季节是“淡季”。计算季节比率通常有两种方法：按月（季）平均法和趋势剔除法。季节比率反映季节的实际数量与理论数量的差异，通常用比值表示。

$$季节指数=\frac{各季的实际数量}{各季的理论数量}$$

（一）按月（季）平均法

这种方法不考虑长期趋势影响，直接用原始动态数列来计算。按月平均法计算的季节比率是各月的水平和全年各月平均总水平之比。为了较准确地观测季节变动情况，要用连续三年以上的发展水平资料，加以平均分析。其计算步骤如下：

（1）根据各年按月（季）的动态数列资料计算出各年同月（季）的平均水平。

（2）计算各年同月（季）的总平均水平。

（3）将各年同月（季）的平均水平除以总平均水平，即得出季节比率。

某商场一年中四个季节的衬衣销售量变化情况如表 10－8 所示：

表 10－8　某商场一年中四个季节的衬衣销售量表

年　份	春季（件）	夏季（件）	秋季（件）	冬季（件）	平均（件）
1997 年	3 000	12 000	6 000	1 200	5 550
1998	3 500	13 500	7 000	1 600	6 400
1999	3 800	15 000	8 500	2 100	7 350
2000	4 200	17 000	9 300	2 500	8 250
2001	4 800	19 500	10 200	2 900	9 350
平　均	3 860	15 400	8 200	2 060	7 380
季节指数	52.30	208.67	111.11	27.91	400.00

根据上表的数据，可计算出 5 年中所有 20 个季度的总平均数为 7 380，再用每个特定季度的平均数除以 7 380，就可获得该季度的季节比率。

例如，5 年中春季的平均数为 3 860，除以 7 380 得 52.30%，所以春季的季节比率为 52.30%。

从这一结果可以看到，所谓季度比率，是指该季节的某一现象的数值与全年的平均值的比值。为了避免偶然因素对季度比率的干扰，往往要使用多个年份的结果来进行平均处理，从而获得一个较为稳定的指数。

（二）趋势剔除法

按月（季）平均法的优点在于简单易懂，其缺点在于没有考虑到社会经济现象本身的趋势变动。从表 10－8 中我们可以发现一个现象，同样是春季的销售量，2001 年的数值比 1997 年高出 50%以上，这意味着在整个序列中，除了存在季节的影响之外，还存在着增长趋势的影响。在存在趋势影响的情况下，夏季的销售量高于春季，除了季节差异的原因外，还由于时间上有先后关系而存在趋势差异。为了更精确地测定季度变动，就应当在计算时，首先把趋势变动的差异剔除掉。

趋势剔除法的核心在于充分考虑长期趋势对于时间数列的影响，在计算各月的理论数量时，使用当月的趋势值代替年平均值。

具体步骤为：

（1）利用移动平均法，求出对应各季的趋势值；

（2）以各季的实际数量与趋势值相除，获得各季的季节变化情况；

（3）将各年的同一季节情况进行平均，得各季未修正指数；

（4）进行指数修正。

我们仍根据表 10－8 的数据以趋势剔除法计算季节指数，计算过程如表 10－9 所示：

表 10－9　以趋势剔除法计算季节指数过程表

年 份	季 节	真实值（件）	第一次移动平均（件）	第二次移动平均（件）	季节变动比率（%）
1997	春 季	3 000	—	—	—
	夏 季	12 000	—	—	—
	秋 季	6 000	5 550	5 612.5	106.90
	冬 季	1 200	5 675	5 862.5	20.47
1998	春 季	3 500	6 050	6 175	56.68
	夏 季	13 500	6 300	6 350	212.60
	秋 季	7 000	6 400	6 437.5	108.74
	冬 季	1 600	6 475	6 662.5	24.02
1999	春 季	3 800	6 850	7 037.5	54.00
	夏 季	15 000	7 225	7 287.5	205.83
	秋 季	8 500	7 350	7 400	114.86
	冬 季	2 100	7 450	7 700	27.27
2000	春 季	4 200	7 950	8 050	52.17
	夏 季	17 000	8 150	8 200	207.32
	秋 季	9 300	8 250	8 325	111.71
	冬 季	2 500	8 400	8 712.5	28.69
2001	春 季	4 800	9 025	9 137.5	52.53
	夏 季	19 500	9 250	9 300	209.68
	秋 季	10 200	9 350		
	冬 季	2 900			

说明：首先我们使用移动平均法，计算各季度的趋势值。为了使计算结果中不残留季节影响，我们在选择移动平均周期的时候，应当使周期长度与季节变动的实际周期长度相一致。在本例中，应使用 4 个季度作为移动平均周期（如果使用月度数据，则应当

使用 12 个月作为移动平均周期，此时趋势剔除法也称为 12 个月移动平均法）。

根据上一节的知识，我们知道，当移动平均周期为偶数时，需要进行两次移动平均。

计算结果见表 10－9 中的第五列即第二次移动平均数据。

随后，我们用真实值与趋势值进行比较，即用第三列除以第五列，得出的结果如第六列所示。该列数据即为各个季度的季节变动比率。

为消除个别年份的特殊情况对季度指数的影响，我们使用若干年同一季度变动情况的平均值作为最终的计算结果，具体计算过程如表 10－10 所示。

表 10－10　以若干年同一季度变动比率修正指数情况

	1997 年（%）	1998 年（%）	1999 年（%）	2000 年（%）	2001 年（%）	未修正指数（%）	修正后指数（%）
春季		56.68	54.00	52.17	52.53	53.85	54.07
夏季		212.60	205.83	207.32	209.68	208.86	209.71
秋季	106.90	108.74	114.86	111.71		110.55	111.01
冬季	20.47	24.02	27.27	28.69		25.11	25.22
						398.37	400.00
					修正系数	1.0041	

以各季度的平均值作为最终的季节指数，还需要进行一次修正。从上表中可以看出，根据各季度的平均数计算的季节指数之和为 398.37，而理论上各季度的季节指数之和应当为 400。两者之间存在的差异，是由于计算过程中的一些误差造成的。

对指数进行修正的方法是先计算修正系数，再用修正系数乘以各季未修正指数，即得各季的修正后指数，该指数为最终的季节指数。修正系数的计算公式为：

$$修正系数 = \frac{季节数 \times 100\%}{\sum 各季未修正指数}$$

第四节　预测误差的分析

预测是对未来所做的设想和推断，其前提条件是假定根据已知资料而建立的预测模型在未来时期继续有效。然而，未来是一个不肯定因素，假定与现实总有一定差距，因此，预测值与实际值之间必然存在着差异，即会产生预测误差。统计预测的作用不仅仅是对未来做出推断，更重要的是说明预测值可以被信赖的程度，找出误差产生、变动的原因和规律，改进预测方法，控制预测误差，使预测值更接近实际值。因而，统计预测误差的分析是统计预测不可缺少的重要环节。

预测误差就是实际值与预测值的离差。一般用 $e_i = y_i - \hat{y}_i$ 表示，y_i 为实际值，$\hat{y}_i$ 为预测值。为了比较预测方法的精确度，需要测定一系列的预测误差，综合反映预测误差的大小。反映预测误差的综合指标有平均误差 $\bar{e}$、平均绝对误差 MAE、均方误差 MSE 和均方根误差 RMSE 四种。

一、平均误差 $\bar{e}$

平均误差是对预测误差的平均，其计算公式为：

$$\bar{e} = \frac{1}{n}\sum_{i=1}^{n} e_i = \frac{1}{n}\sum (y_i - \hat{y}_i)$$

平均误差是预测误差的简单平均，预测误差的数学期望值等于零，此时 $\bar{e}=0$。如果 $\bar{e} \neq 0$，表明预测存在偏误，其绝对值越大，偏误越大。当 $\bar{e} > 0$ 时，为正偏误；当 $\bar{e} < 0$ 时，为负偏误。

二、平均绝对误差 MAE

由于预测误差有正负值，为避免正负抵消，确切反映离差的大小，就要取离差的绝对值，计算平均绝对误差。平均绝对误差的计算公式为：

$$MAE = \frac{1}{n}\sum_{i=1}^{n} |e_i| = \frac{1}{n}\sum |y_i - \hat{y}_i|$$

三、均方误差 MSE

均方误差是预测误差平方和的平均数，其计算公式为：

$$MSE = \frac{1}{n}\sum_{i=1}^{n} e_i^2 = \frac{1}{n}\sum (y_i - \hat{y}_i)^2$$

四、均方根误差 RMSE

均方根误差是均方误差的平方根，其计算公式为：

$$RMSE = \sqrt{\frac{1}{n}\sum_{i=1}^{n} e_i^2} = \sqrt{\frac{1}{n}\sum (y_i - \hat{y}_i)^2}$$

以上四种指标均可综合测定误差的大小评价模型和方法的优劣。均方根误差还可用于对预测误差进行控制。在实际中，应用最广泛的是均方根误差（又称估计标准误差），其作用与标准差相似，不同的是这里的离差不是以变量值与某一个平均数为中心计算的，而是变量值与其对应的预测值的离差。标准差反映的是平均数的代表性大小，而均方根误差表示的是一条平均线的代表性大小。一般来讲，在以上四种指标中，指标数值越小，误差越小，预测精度就越高。具有最小误差的方法最优，模型最好，承担的风险也最小。

例 10－4 某地10年来职工工资总额与城镇储蓄存款余额资料如表 10－11 所示，由前面章节可知其回归方程为：$\hat{y} = -16.75 + 0.725x$，试计算预测误差。

表 10－11　某地 10 年来职工工资总额与城镇储蓄存款余额资料

年份	职工工资总额 x（亿元）	城镇储蓄存款余额 y（亿元）	$\hat{y}$	$y-\hat{y}$	$(y-\hat{y})^2$
1	32	7.3	6.5	0.8	0.64
2	34	8.5	7.9	0.6	0.36
3	35	9.4	8.6	0.8	0.64
4	37	10.5	10.1	0.4	0.16
5	40	11.5	12.2	−0.7	0.49
6	41	12.2	13.0	−0.8	0.64
7	43	13.5	14.4	−0.9	0.81
8	47	15.5	17.3	−1.8	3.24
9	51	20.2	20.3	0.1	0.01
10	60	28.3	26.8	1.5	2.25
合　计	420	137.0	137	0	9.24

将上表资料代入公式，得均方根误差：

$$RMSE=\sqrt{\frac{\sum(y-\hat{y})^2}{n}}=\sqrt{\frac{9.24}{10}}=0.96(\text{亿元})$$

需要说明的是，同一组资料可以采用不同的预测模型，配合不同的预测公式，如直线、指数曲线、抛物线等。也就是说，用不同的预测公式进行预测，都可以计算预测误差。这时，就应当尽量选择预测误差小的模型和公式。因为误差越小，预测的精度越高。此外，同一种预测模型，也可以采用不同的方法来配合预测方程，例如，对直线趋势模型，可以用三点法、最小平方法等方法来配合预测方程。预测方程不同，预测结果也有差异，计算出的预测误差也就不一样。一般情况下，最小平方法的预测误差均小于其他方法的预测误差，但也不能简单地认为最小平方法预测结果的准确性就一定高于其他方法。因为预测误差是根据过去已实现的资料计算的，如果单就配合的直线或曲线是否适合一个历史资料的变动情况来看，用最小平方法配合的当然是一条最适线，但它未必就是未来资料的最适线。在外推预测中，历史资料的近期数值比远期数值对未来的影响要大得多。因此，在选用预测方法时，要综合考虑多方面的情况（如预测模型和预测方法的特点和适用问题、历史资料的可靠性和完整性问题，以及计算中的差错、判断错误和情况变化等问题），不能以预测误差的大小作为评判的唯一标准。

第五节　统计分析报告

一、统计分析报告的种类

根据统计研究的目的和内容的不同，统计分析报告大体上可以区分为计划执行情况分析报告、专题分析报告和综合分析报告三类。

（一）计划执行情况分析报告

计划执行情况分析报告可以按月、季、半年或全年编写。凡是执行国家计划指标的地区、部门以及各行各业的基层企事业单位都要定期检查计划执行情况。一般来说，每月的检查只需检查当月主要经济指标的计划执行情况，并以文字说明的形式反映计划完成的进度；检查全年计划执行情况则要求比较全面，应尽可能地利用多种指标结合起来分析问题，以起到总结全年工作的作用。在具体编写计划执行情况报告时，不仅要对计划执行情况的好坏做出正确的评价，而且要具体分析说明其好坏的原因，以便为下期计划提供依据。

（二）专题分析报告

专题分析报告是对某一个专门问题进行调查研究的总结。这种分析报告基本上是一事一议，研究的专题可大可小，研究的范围可以是一个地区、一个部门，也可以是一个基层企事业单位，方式灵活多样，分析深入细致，在实际工作中应用非常广泛。

专题分析报告题目的选定有三条标准：一是根据实际需要；二是根据定期统计报表或专门调查中发现的问题；三是根据社会经济活动中出现的新事物和新问题。

（三）综合分析报告

综合分析报告是指对某一总体的全面分析。由于总体有大有小，所以综合分析报告的范围也有大有小，内容也有简有繁。以全国或一个省、市、县为一个总体进行综合分析研究的话，那么它的内容和范围，就应当是对全国或某一个省、市、县范围内国民经济的一些主要指标进行综合平衡研究，例如，研究农业、工业、第三产业的比例关系，积累和消费的比例关系，社会总供给和总需求的关系，财政收入与支出的平衡问题，主要产品投入和产出的比例关系，以及人力、物力与财力等资源的分配问题等等。这种综合分析报告主要由国家统计局或省、市、县的综合统计部门撰写。它对于国家或地区领导掌握国民经济的重大比例关系，编制国民经济计划，指导整个国民经济各部门协调地向前发展有重要的作用。

二、编写统计分析报告的步骤

编写统计分析报告，一般有四个步骤：

第一步，根据统计研究目的，确定分析的题目。不论写哪一种统计分析报告，都要首先确定分析的题目。

第二步，根据题目，搜集整理有关统计资料。如果是按季、半年编写计划执行情况分析报告，其主要依据就是定期统计报表资料。在分析时不仅要反映计划执行的进度，还要反映出发展速度；不仅要反映生产情况，还要反映经营管理的水平和问题。所以在整理资料时，一方面要按月、季的顺序列出分析必需的资料，另一方面还要列出上半年同期的资料。同时要尽可能地把与研究问题有关的资料都一一列出，以便联系起来进行比较分析。在进行年度计划执行情况的检查分析时，还要注意整理有关指标的统计历史资料，观察被研究现象发展变化的趋势和规律性，并可与历史最高水平做比较，力争在报告中反映出计划执行中的问题，找到发展潜力，为以后编制计划提供依据。

如果要编写综合分析报告或专题分析报告，则搜集、整理资料的范围和内容要广泛得多。一般来说，资料来源主要是定期统计报表和统计历史资料，但还应当根据研究问题的需要，广泛搜集整理有关业务部门的资料、财务报表资料和业务核算资料，以充实分析的内容。对于某些必需的而又短缺不全的资料还可以采用科学的方法进行必要的估计加以补充。如果是专门为了研究某些新情况和新问题，还应当深入实际进行专门调查，搜集必要的资料，以便进行深入细致的分析研究。

总之，无论进行哪一种分析，都必须充分占有大量的资料。同时，为了保证分析报告的质量，在搜集整理资料时，还要进一步检查其可靠性，鉴别其真实性。只有占有大量真实可靠的资料，才能保证分析得出的结论准确无误。

第三步，选用适当的统计分析方法，对占有的资料进行科学的分析。这是能否写出质量较高的分析报告的关键一步。因为在占有了丰富的统计资料以后，能不能把资料所体现的社会经济现象之间的内在联系和变动规律正确地反映出来，主要取决于能否选用适当的统计分析方法。前面我们介绍了多种统计分析方法，并不是在分析每一个专题时都要一个不漏地全面用到，但可以选取几种合适的方法结合运用，以便从纵、横各个方面进行比较，全面地分析问题。

第四步，根据统计分析得到的数据，研究发现问题，编写出统计分析报告。运用各种统计分析方法，对掌握的大量资料从不同角度进行分析时，计算出的各种分析指标，是分散的、不系统的。所以，最后一步必须要对统计分析的数据，进行判断和推理，做出系统的、合乎逻辑的、有鲜明政策观点的概括和总结。这一步，也就是要求运用分析的数据进行深入研究，对分析的题目进行具体、有力的论证，并将各个分析指标结合起来说明问题，写成一篇既有鲜明观点又有充分数据的统计分析报告。所以这是统计分析能否最终出成果的一个重要步骤。如果不善于对统计分析资料进行判断和推理、概括和总结，写成的统计分析报告就达不到统计分析的目的，也就不可能发挥统计的参谋作用。

三、写好统计分析报告的条件

掌握计算分析指标的方法是比较容易的，但是要学会编写统计分析报告却不是件容易的事。这是因为社会现象的数量关系十分复杂，并不是简单地用几个分析指标就能表述清楚的，它要涉及多方面的知识，如政治经济理论知识、各种专业知识、逻辑学知识以及写作知识，同时还要求编写人员熟悉国家的方针政策。

那么，怎样才能编写好统计分析报告呢？这没有统一的模式。我们只能提出关于写好统计分析报告的基本条件。

(一) 了解统计分析报告的结构

统计分析报告一般分为四个部分：第一部分，基本情况概述；第二部分，分析发现的问题及主要成绩；第三部分，问题产生的原因；第四部分，提出改进意见。当然这并不是千篇一律的格式，可根据不同的研究对象和研究目的，做适当的调整。掌握了统计分析报告的结构，就为写好统计分析报告搭好了一个平台。

(二) 了解统计分析报告的特点

统计分析报告主要是为各级政府提供各种信息，作为决策的依据。它应具有如下特点：(1) 要用数字语言说明情况和问题，切忌空洞的理论阐述；(2) 反映情况和问题，要观点鲜明，数据充分，并注意观点和数据的统一；(3) 文字表述要“开门见山”，简练清晰，不说空话套话，不做渲染，同时要注意逻辑性。

现以××省对消费品市场的调查分析为例说明统计分析报告的结构和特点。

2002 年××省消费品市场走势及 2003 年展望（提纲）

2002 年在国家坚持扩大内需方针的持续作用下，在积极、稳健的宏观经济政策强有力的支持下，全省消费品市场随着国民经济的快速增长、城乡居民收入的不断增加而日趋活跃，居民消费以较快的速度增长，消费结构加快升级。但也应该看到，经济运行中还存在一些问题，有效需求仍然不足，制约消费增长的因素依然存在。因此，我们应正确把握今后市场走势，采取积极对策，引导和扩大消费需求，使消费在较高基础上保持稳步增长，继续成为经济增长的坚实基础。

一、消费品市场运行的基本情况和特点

2002 年，我省消费品市场保持稳中趋旺的运行态势，全年实现社会消费品零售总额 1 663.31 亿元，比上年增长 10.5%，增幅提高 1.3 个百分点，高于全国平均增长 8.8% 的水平。扣除物价因素，实际增长 12.1%。

(1) 各季销售增幅呈现“前低后高”的走势。

(2) 城市消费增长明显快于农村。

(3) 市场流通主体呈现多元化。

(4) 餐饮业增幅居各行业之首。

(5) 商业企业经济效益显著提高。

二、促进全年消费品市场稳中趋旺的有利因素

(1) 消费品市场宏观运行环境良好。

(1) 城乡居民收入增长较快，有利于消费增长。

(3) 新兴行业的快速发展，促进了市场繁荣。

(4) 消费结构升级加快，新一轮消费热点逐步形成。

三、制约消费品市场增长的不利因素

尽管 2002 年我省消费品市场保持了稳中有升的运行态势，但也应该看到有效需求不足和结构性过剩的问题还没有得到根本解决，对消费增长形成了较大压力。

(1) 加入 WTO 后关税的下调，影响到国内价格水平。

(2) 收入差距进一步扩大，不利于新型消费热点的形成。

(3) 农村消费需求不足，市场启动乏力。

(4) 居民收入预期不理想，支出预期增加。

四、2003年消费需求稳步增长的积极因素

在国内外大环境整体比较有利的情况下，我国经济运行持续看好，宏观经济将继续保持平稳增长趋势，启动消费将被放在我国政府经济工作更重要的位置。在扩大内需政策的持续作用下，消费需求将继续较快增长，消费市场仍将保持稳步增长的态势。

(1) 积极稳健的宏观政策将保持连续性。

(2) 消费国际化将对消费品市场产生推动作用。

(3) 城乡居民收入提高，收入差距将逐步缩小。

(4) 继续实行鼓励性消费政策，消费环境将进一步改善。

(5) 城市化进程的加快，将会促进消费需求。

综上所述，可以预期2003年我省消费品市场仍将保持平稳的增长态势，继续保持繁荣、活跃的基调。

习 题 十

一、单项选择

1. 统计预测是指（　　）。

A. 各种预测现象　　B. 实质性预测

C. 方法论预测　　D. 等同于经济预测

2. 预测值可以视为（　　）。

A. 未来现象的实际值　　B. 未来现象的可能值

C. 非常准确的估计值　　D. 已经发生的数值

3. 一般认为动态预测应考虑到（　　）。

A. 因果关系　　B. 相关关系　　C. 时间序列　　D. 区域关系

4. 按年排列的动态数列就不体现（　　）。

A. 长期趋势　　B. 季节变动　　C. 循环变动　　D. 不规则变动

5. 在统计预测误差的分析中，应用最广泛的是（　　）。

A. 平均误差　　B. 平均绝对误差

C. 均方误差　　D. 均方根误差

二、多项选择

1. 一般认为，预测的原则主要包括（　　）。

A. 因果原则　　B. 自然原则　　C. 类推原则　　D. 连贯原则

E. 相似原则

2. 定性预测分析方法主要包括（　　）。

A. 移动平均法　　B. 调查研究法
C. 指数平滑预测法　　D. 专家意见法
E. 时距扩大法

3. 根据统计研究的不同目的和内容，统计分析报告大体上可以分为（　　）。

A. 专题分析报告　　B. 统计调查方案
C. 综合分析报告　　D. 计划执行情况分析报告
E. 统计预测误差分析报告

三、填空题

1. 进行定性预测，有________和________两种方法。

2. 根据预测的时间状态来分，可以分为________和________。

3. 德尔菲法的特点主要有________、________和________。

4. 影响动态数列各项发展水平的因素主要有________、________、________和________。

5. 统计分析报告的一般结构，可以分为四个部分：基本情况概述、分析发现的问题及主要成绩、问题产生的原因、____________。

四、简答题

1. 什么是统计预测？它在统计研究中的地位和作用如何？

2. 长期趋势测定的时距扩大法、移动平均法、指数平滑法和数学模型法各有什么不同的特点？

3. 什么是预测误差？测定预测误差的指标有哪些？如何计算？

4. 季节变动测定中的按月（季）平均法和移动平均趋势剔除法有什么不同？

五、计算题

1. 某煤矿采煤量如下表：

某煤矿一个月的采煤量情况表　　单位：吨

日　期	产　量	日　期	产　量	日　期	产　量
1	301	11	308	21	336
2	302	12	319	22	334
3	304	13	320	23	338
4	291	14	323	24	338
5	298	15	296	25	339
6	310	16	290	26	345

续上表

日 期	产 量	日 期	产 量	日 期	产 量
7	305	17	328	27	342
8	312	18	330	28	356
9	315	19	334	29	350
10	310	20	333	30	351

要求：（1）按五日和按旬合并煤产量编制动态数列；

（2）按五日和按旬计算平均日产量编制动态数列；

（3）运用移动平均法（时距扩大为 4 天）编制动态数列。

2. 某地区年粮食产量如下表所示，试用最小二乘法配合直线方程，并预测第 12 年的粮食生产水平。

年 份	产量（万吨）	年 份	产量（万吨）
1	230	6	257
2	236	7	262
3	241	8	276
4	246	9	281
5	252	10	286

3. 某百货公司某种商品年销售量资料如下，请用三点法配合直线模型，并预测该公司 2004 年的商品销售量。

年份	1993	1994	1995	1996	1997	1998	1999	2000	2001	2001	2003
售量	330	420	500	580	690	800	910	1020	1120	1210	1330

第十一章　国民经济核算体系

国民经济犹如一台大机器，由许多部门和单位组成。它们各尽其能，各司其职，有投入，有产出，构成了一个有机的整体。如果以国民经济的整体为研究对象，组织各部门进行核算，并且使各部门核算从指标数量上结成有机联系，便构成了国民经济核算体系。

第一节　国民经济核算的基本概述

一、国民经济核算的概念

国民经济核算，简称国民核算（National Accounting），是以国民经济整体为对象的宏观核算，是运用统计手段对国民经济运行过程进行的系统描述和说明。国民经济核算是国民收入统计的演化结果，包括对社会再生产过程和国民经济各部门的核算。研究国民经济的数量关系，对国民经济进行定量分析，必须通过国民经济核算提供国民经济数量材料。因此，国民经济核算是研究国民经济数量关系的基本手段。

国民经济核算材料的取得，需要依靠统计核算、会计核算和业务技术核算，但主要是统计核算。我国国民经济核算资料，主要是依靠基层企事业单位的报表汇总综合，辅以各种调查，如抽样调查、典型调查等取得的。

国民经济核算是宏观经济统计学的一个重要分支学科。20世纪20年代末在西方资本主义国家爆发的世界性经济危机，推动了凯恩斯宏观经济学的发展。为从整体上反映市场经济的运行状况，强化国家的经济管理职能，英美等国的经济学家编制了国民经济核算体系（The System Of National Accounts，缩写为

SNA)，简称旧 SNA 。随着 SNA 在实践中的不断完善和发展，英国经济学家 R·斯通和美国经济学家 S·库兹涅茨在国民经济核算发展史上做出了重要贡献：前者主要领导了联合国国民经济核算的研究和统计制度的制定工作；后者以美国全国经济研究所（NBER）为基础创立和发展了美国国民经济核算的理论方法，并开展了实际的统计工作。他们组织编制了由联合国统计委员会于 1968 年正式公布的国民经济核算体系，简称新 SNA。在国民经济核算体系发展过程中，曾出现过与之平行存在的国民经济平衡表体系或称物质产品平衡表体系（英文缩写 MPS），当时它们并称为世界两大核算体系即 SNA 体系和 MPS 体系。

二、国民经济核算原则

国民经济核算原则是国民经济核算基本理论的组成部分，对国民经济核算体系的设立、范围的确定、核算的系统一致性等具有直接的指导作用或决定作用。

1. 权责发生制原则

权责发生制原则是指对经济活动中机构单位之间的交易，按照其债权债务发生时或生产活动中价值转移或新价值形成与取消时进行统计的原则。这一原则适用于各种交易，包括同一机构部门内部的交易。权责发生制原则意味着交易在其实际发生时记录，而不是在相应的收入与支付发生时记录。权责发生制是国民经济核算的首要原则。

2. 所有权原则

所有权原则是确定国民经济核算中资产和负债范围的基本原则。在市场经济活动中，资产和负债是进行生产活动、获取经济利益的根本条件。因此，它必须表现为企业等机构单位或机构部门的所有权，才可能在生产经营等经济活动中产生决定作用。国民经济核算把资产界定为机构单位或机构部门能够行使所有权的统计范围，负债与资产相对应，这就是所有权原则。

3. 市场原则

市场原则是确定国民经济核算范围、分类、账户划分等方面的重要原则。在核算过程中从市场出发，考虑市场过程、市场活动以及市场发展变化等因素，凡发生货币支付的交易都应按交易双方认定的成交价格估价，即按市场价格估价。

4. 总量平衡原则

总量平衡原则是指国民经济运行过程中国民生产总值、国民收入与国民支出之间的等价统计原则。这是确定国民经济生产、收入分配、积累与消费核算一致性的重要原则。

三、国民经济核算的基本方法

国民经济核算的主要方法有平衡法和账户法两种。

（一）平衡法

平衡法是通过平衡表来分析现象的数量平衡关系的方法。平衡表归纳起来主要有收付式平衡表、并列式平衡表和矩阵式平衡表三种。

1. 收付式平衡表

收付式平衡表是一种以收支形式表现的平衡关系，它主要反映人力、物力和财力等的总量平衡。收付式平衡表可将收入项目与支出项目分左右排列或上下排列，排列双方呈数量对等关系。例如，某年全国综合能源平衡表如表 11－1 所示。

表 11－1　全国综合能源平衡表　　单位：万吨标准煤

资　源		使　用	
项　目	数　量	项　目	数　量
总　计	132 800	总　计	132 800
生产量	125 600	消费量	123 600
进口量	6 800	出口量	8 600
年初库存量	400	年末库存量	600

表 11－1 中，资源生产的数量与消费的总量是相等的，即：

生产量＋进口量＋年初库存量＝消费量＋出口量＋年末库存量

2. 并列式平衡表

并列式平衡表是以几个收付式平衡表并列地反映问题及其内在结构的平衡表。并列式平衡表中的主栏列示要素，宾栏列示平衡项目。例如，某年全国综合能源平衡表如表 11－2 所示。

表 11－2　全国综合能源平衡表　　单位：万吨标准煤

	资　源				使　用			
	合　计	生产量	进口量	年初库存量	合　计	消费量	出口量	年末库存量
能源合计	132 800	125 600	6 800	400	132 800	123 600	8 600	
原　　煤	93 000	91 200	1 800		93 000	90 200	2 500	600
原　　油	28 100	23 500	4 300	300	28 100	25 500	2 600	300
天 然 气	3 700	3 600	700	100	3 700	3 400		300
水　　电	8 000	7 300			8 000	4 500	3 500	

表 11－2 中，能源总量和各要素总量的生产和消费是平衡的，而且从表中可以看出各要素在能源总量中所占的比重，表中原煤占能源总量的 30％以上。

3. 矩阵式平衡表

矩阵式平衡表是一种综合反映某个地区间或部门间相互联系的平衡关系表。表格中横栏列示的地区或部门顺序要与竖栏列示的地区或部门顺序相对应，横栏列示资源的使用去向，竖栏列示资源的供给来源。例如，某产品地区间资源来源与使用情况如表 11－3所示。

表 11－3 某产品地区间资源来源与使用平衡表 单位：万砘标准煤

来源＼去向	合 计	地区 1	地区 2	地区 3
合计	1 500	670	380	450
地区 1	500	450	50	
地区 2	600	200	300	100
地区 3	400	20	30	350

从表 11－3 中可以看出，横行反映出地区生产量与使用量之间的平衡关系；竖栏反映出地区消费量与供给量之间的平衡关系；合计反映出生产总量与消费总量间的平衡关系。

（二）账户法

账户法是根据复式记账原理，按照收支记账规则，描述社会再生产过程和结果的一种方法。在国民经济核算中存在着四种最基本的账户，即生产账户、消费账户、积累账户和国外账户。例如，某国某年国民经济核算资料如下：

①消费品买卖 210
②资本物（如机器、设备）买卖 47
③出口 52
④进口 54
⑤增加值（国内生产的最终成果） 255
⑥提取固定资产折旧 －19
⑦来自国外的要素收入净额 5
⑧储蓄额 27
⑨向国外的转移额 4
⑩向国外贷出额 －1

运用复式记账法将四个基本账户的核算资料如表 12－4、表 12－5、表 12－6、表 12－7 所示连结起来。

表 11－4 生产账户（国内生产账户）

1. 进口品购买额（18）	54	3. 消费品购买额（6）	210
2. 增加值（9）	255	4. 资本物销售额（12）	47
		5. 出口品销售额（16）	52
合计：	309	合计：	309

表 11－5　消费账户（收入支出账户）

6. 消费品购买额（3）	210	9. 增加值（2）	255
7. 向国外的转移额（19）	4	10. 固定资产折旧（13）	－19
8. 储蓄额（15）	27	11. 来自国外收入净额（17）	5
合计：	241	合计：	241

表 11－6　积累账户（资本交易账户）

12. 资本物购买额（4）	47	15. 储蓄（8）	27
13. 固定资产折旧（10）	－19		
14. 向国外贷出净额（20）	－1		
合计：	27	合计：	27

表 11－7　国外账户（国际收支账户）

16. 出口品购买额（5）	52	18. 进口品销售额（1）	54
17. 要素收入净支付额（11）	5	19. 转移净收入（7）	4
		20. 借入净额（14）	－1
合计：	57	合计：	57

各项目后面括号内的数字是该项目对应的编号。通过这些数字可以从横向和纵向上把各个账户连接起来。国内的每一个账户都有一个平衡项目。

四、国民经济核算与其他学科的关系

国民经济核算体系与经济学、会计学、计量经济学等学科体系有着重要的关系。经济学是国民经济核算的理论基础。目前，国民经济核算直接运用市场经济理论和市场经济原则具体描述国民经济运行过程，在经济分析和宏观调控与管理领域有着重要作用，并推动着经济学理论研究向纵深发展。

国民经济核算运用会计账户形式和复式核算方法，因而它与会计学也有着密切联系。会计核算是从资金角度通过资产负债表、损益表及财务状况变动表等对企事业单位的生产经营过程及其成果进行核算，这与国民经济核算注重流量与存量的价值量核算要求相吻合；会计核算的借贷记账与国民经济循环账户的复式记账也基本相同。但是国民经济核算与会计核算也有许多不同，它们之间的区别首先在于国民经济核算是一种“社会会计”、“宏观会计”，一般没有明确的对象（单位）例如核算对象和目标不同。国民经济核算对象是国民经济运行过程，而企业会计核算对象是企业经营过程或微观资金运营过程。另外，在核算原则、计价基础、核算方法等方面，两者也存在着一些差异。

五、国民经济核算工作的重要性

国民经济核算不仅具有经济功能，而且具有政治影响。它既是一种经济运行的有效工具，又是一个检验经济结果的科学方法。认真研究它对一个国家的宏观管理和微观决策来说，都具有重要作用。只有充分认识到我们所从事的国民经济核算工作的重要意义，才能增强我们对国民经济核算的正确认识，提高我们的实务操作水平。

1. 国民经济核算是反映国民经济运行状况的有效工具

国民经济是一个极其复杂的运行系统，不同部门、不同环节之间都存在着复杂的经济联系，准确地了解和把握这个系统是很不容易的，需要借助国民经济核算这种有效工具。国民经济核算通过一系列科学的核算原则和方法把描述国民经济各个方面的基本指标有机地组织起来，为复杂的国民经济运行过程勾画出一幅简明的图，大大地提高了人们了解和把握经济运行过程的能力。

2. 国民经济核算是宏观经济管理的重要依据

社会主义市场经济条件下的宏观经济管理主要是通过规划、计划和一系列的宏观经济政策来引导和协调国民经济持续、健康、稳定和快速发展的。国民经济核算提供的关于整个国民经济运行状况的系统而详细的数据是制定这些规划、计划和政策的重要依据。如果没有国民经济核算提供有关生产、收入分配、消费、投资和对外经济往来等方面的基础数据，那么对一个国家的中长期规划和年度计划以及财政政策、金融政策、产业政策、收入分配政策、对外经济政策等一系列经济政策的制定而言是不可想像的。

3. 国民经济核算是制定和检验国民经济计划的科学方法

国民经济计划和规划涉及一系列宏观经济指标，这些指标所代表的经济现象彼此之间不是孤立的，而是具有内在的经济联系。为了符合经济发展的客观规律，计划和规划指标数量的确定也必须满足这种内在联系。国民经济核算系统地反映了相关指标之间的这种内在联系，因而是制定和检验国民经济计划的科学方法。

4. 国民经济核算是微观决策的重要依据

在社会主义市场经济条件下，企业管理者和居民需要进行生产、消费和投资决策，国民经济核算也是他们的重要决策依据之一。国民经济核算部门能否提供准确和丰富的国民经济核算信息，直接影响到他们的决策和决策的科学性。

5. 国民经济核算是协调经济统计数据的重要手段

如果孤立地看每种类型的经济统计数据，很难判断它本身是否存在问题以及它与其他类型的经济统计数据资料是否一致。当我们把各种不同类型的经济统计数据放在国民经济核算这个统一的基本框架下时，就很容易发现和解决问题，实现不同类型的经济统计数据之间的相互衔接。

6. 国民经济核算是经济统计的基本框架

不同类型的经济统计必须建立在一个统一的基本框架下，彼此之间才能表现出一致性，才能发挥出整体的功能作用。国民经济核算就是这样的基本框架，它对各类经济统计的基本概念、基本分类和指标设置提出了统一的要求，从而使得这些经济统计在满足国民经济核算要求的同时，实现彼此间的相互衔接，使整个经济统计形成一个统一的整体，从而增强了其应用功能。

7. 国民经济核算直接影响一个国家的经济利益和政治利益

国民经济核算的数据资料的科学性与准确性在一定程度上决定了一个国家所承担的

义务和享受的优惠待遇，决定了一个国家在国际社会中所能发挥的作用。例如，联合国根据连续6年的国民生产总值和人均国民生产总值来决定一个国家的会费；世界银行根据人均国民生产总值来决定一个国家所能享受的硬贷款、软贷款等优惠政策等等。

第二节　我国国民经济核算体系的建立、发展和完善

国民经济核算体系是对国民经济运行过程及其结果进行全面计算和描述的宏观经济信息系统，是监测与管理宏观经济运行状况的“温度计”。新中国成立50多年来，我国国民经济核算体系在不断地探索与发展中，突破了一个又一个的技术难点与理论误区，基本完成了由MPS向SNA的转换，确立了适合社会主义市场经济发展状况的新国民经济核算体系框架。回顾我国国民经济核算体系建立与发展的历史有助于正确认识新国民经济核算体系在社会主义现代化建设中的积极作用。

一、国民经济核算体系是一个循序渐进的变化体系

国民经济核算体系的建立及发展，不仅与经济波动密切相关，而且与政治变化也密不可分。我国的国民经济核算体系是随着我国经济体制由计划经济体制、有计划的商品经济体制向社会主义市场经济体制转变的过程发展变化的，迄今为止已经历了三个发展阶段。

1. 第一阶段为中华人民共和国建立初期的1952年至1984年，即MPS体系阶段

这一阶段采用的是源于前苏联、东欧国家的物质产品平衡表体系，它是当时高度集中的计划经济管理体制下的历史产物。它适应了当时社会的经济基础和生产力发展水平的需要，对我国开展大规模的社会主义经济建设，对科学的计划经济管理发挥了重要作用，是符合我国当时的历史发展进程的。但是，由于受当时各种条件的限制，我们并没有完整地实行MPS，而只是根据当时的实际需要有重点地采用了一些内容。因此，这一时期我国的国民经济核算体系是不系统、不全面的。特别是随着经济体制的发展变化，它的缺陷也日益突出，主要表现在如下四个方面：第一，体系不完整，不能反映国民经济循环的全貌；第二，其所界定的生产范围狭窄，不能反映包括大量服务业在内的非物质生产部门发展的情况；第三，提供的经济信息少，不能系统地反映社会资金运动情况；第四，核算方法单一，缺少联系性和严密性，不能反映国民经济各环节之间的联系和衔接情况。

2. 第二阶段为1985年至1992年，即MPS和SNA两种核算体系共存阶段

20世纪80年代中期以后，随着改革开放的不断深入和国民经济的迅速发展，MPS体系表现出明显的不足。因此，我国在继续实行MPS体系的同时，逐步引进产生于发达的市场经济国家并被世界上大多数国家广泛采用的“国民账户体系”（旧SNA）。1984年至1992年，国家统计局会同有关部门制定了中国国民经济核算体系（试行方案）（以下简称《试行方案》）。1992年1月，国务院组织有关方面的专家进行论证，通过了这个方案。同年8月，国务院发出《关于实施新国民经济核算体系方案的通知》，

要求在全国范围内实施这套方案。但是，我国经济分析和管理部门当时仍然主要采用MPS体系的有关指标分析和处理经济问题。新制定的国民经济核算体系仍存在一些不足之处，主要表现在：第一，随着形势的发展，保留MPS的内容已显得多余，使体系复杂化；第二，体系中机构部门的划分不适应经济发展的需要；第三，个别补充表如财政信贷资金平衡表等与基本表重复；第四，受核算基础薄弱的限制，相当一部分核算内容无法得到实施。因此这一体系的建立尽管具有重大的现实意义，但它是一个具有很大局限性的过渡时期体系。

3. 第三阶段为1993年至今，即建立和实施与联合国新SNA接轨的中国国民经济核算体系新版本的阶段

党的十六大确定了建设社会主义市场经济体制的改革目标，实现了社会主义经济理论的重大突破，为国民经济核算方面扫清了理论上的障碍。从国际环境看，以前实行MPS的前苏联、东欧国家也已陆续放弃了这个体系，而改用SNA，MPS的国际比较性与通用性已日趋淡化甚至消失。我国国民核算工作的实践也表明，MPS在反映国民经济发展变化方面的缺陷和不足越来越明显，宏观经济分析也逐步使用SNA的指标去分析和处理经济问题。从1993年起，根据联合国1968年制定的SNA标准，并采纳了1993年SNA的部分标准，我国对1992年的《中国国民经济核算体系（试行方案）》进行了重大修改，积极探索建立中国国民经济核算体系新版本。《中国国民经济核算综合报表制度》是新版本国民经济核算体系的雏形。与混合体系相比较，新版本国民经济核算体系的变化主要表现在以下三个方面：第一，取消了MPS的内容，简化了社会再生产核算表，取消了基本表和补充表中国民收入指标以及物质生产和非物质生产部门的划分，精简了补充表中的财政信贷资金平衡表等。第二，采用SNA的标准，修改了社会再生产核算表式；按照SNA的机构部门分类标准，修改了资金流量表和资产负债表中机构部门的划分；根据国际货币基金组织制定的第五版《国际收支手册》修改了国际收支平衡表，规范了部门指标的名称和定义等。第三，根据我国的实际情况，考虑其可操作性，修改了经济循环账户：暂时取消经济循环矩阵，简化收入分配及支出账户（即将收入初次分配账户和可支配收入及支出账户合并为一个账户），按照新的行业分类标准修改产业部门综合账户等。

经过统计工作者长期的理论探索与实践，中国国民经济核算体系新版本从2003年起逐步开始实施。新版本的中国国民经济核算体系不仅能比较全面地反映改革开放后的经济发展概况，保持理论上的合理性，而且具有很强的可操作性，是我国国民经济核算工作的一大飞跃。

二、建立新国民经济核算体系过程中实现的突破

从我国国民经济核算体系的变化过程看，国民经济核算体系经历了两次大的转变。第一次转变是从MPS向MPS和SNA两种体系并存的混合体系转变；第二次转变是从混合体系向SNA转变。每一次转变都是对原有体系的突破和改进。

1. 第一次转变

第一次转变是在“三个突破”的基础上完成的。一是理论认识上的突破。建立包括

所有服务业活动在内的新国民经济核算体系，首先需要在指导思想和理论认识上有所突破。尤其是面对长期“左”的思想的影响，更需要用发展的眼光来看待和运用马克思理论，才能突破认识上的误区。正是在实现了这一突破后，才将生产范围扩展到国民经济所有行业，明确了国民经济核算体系第一次转变的生产范围。二是核算技术上的突破。基于当时人们的思想认识水平以及宏观经济分析和决策的能力，在核算技术上大胆尝试，寻找 MPS 和 SNA 的结合点，根据我国当时的实际情况将国际上存在的两大核算体系有机地结合在一起，并且使之可以相互转换，这样既满足了习惯于 MPS 的人们的需要，又满足了全面反映经济发展情况的需要，这一创新成为国民经济核算体系第一次转变最突出的特点。三是突破核算基础比较薄弱的限制，全面系统地制定新国民经济核算体系。由于国民经济核算体系是实际核算工作的指南，因此，它不仅要在理论上具有合理性，而且还应在实践中具有可操作性。如果核算基础比较薄弱，可操作性差就会成为建立新体系的一大制约因素。在第一次转变中，我们在试点和总结实践经验的基础上，经过反复论证，从发展的角度，制定了全面、系统地反映国民经济运行情况的新国民经济核算体系。

2. 第二次转变

第二次转变的表现有三点：完善核算方案、改善核算基础和全面开展实施。在完善核算方案方面，提高了新体系的简洁性、规范性和相互协调性。具体表现在，取消混合体系中 MPS 的核算内容，以及实践中难以操作的部分，并根据 1993 年 SNA 的一些原则方法进行修改，简化了新体系；对机构部门进行划分、产业部门实行分类，按照新的核算标准对核算表中有关指标的设置、账户形式和指标名称如总投资、固定资产形成、库存增加、总消费、社会消费等进行了修改，提高了新体系的规范性；对五张基本核算表与经济循环账户相互间的具体核算方法进行了衔接和协调，消除核算体系内部间存在的矛盾现象，提高新体系的协调一致性。在改善核算基础方面以周期性普查为基础，以经常性抽样调查为主体，以必要的统计报表、综合分析为补充，为改善核算基础提供了保证。1994 年开始的统计方法制度改革，以及已完成的第一次全国第三次产业普查，极大地改善了核算基础资料的质量，是新体系得以实施的前提。在全面开展实施方面积极推进国民经济核算体系的全面实施，通过“先试点后推广”的方式，首次编制出国家及省级两级 1995 年经济循环账户和资产负债表，填补了我国国民经济核算中的空白，并由此完成了国民经济核算体系新版本在实际工作中全面实施。

三、中国国民经济核算体系新方案的最终确立

（一）中国国民经济核算体系新方案的特点

新方案对《试行方案》进行了全面系统的修订，主要从以下几个方面进行了大幅调整。

1. 取消了过时的内容

新方案取消了《试行方案》中保留的适应计划经济体制需要的一些内容，如国民收入核算、财政信贷资金平衡表等。

2. 清理了基本概念

新方案清理了《试行方案》中仍然保留的传统核算体系中的一些基本概念，比如在总消费中保留着传统核算体系中的集体消费和社会消费概念。

3. 调整了基本框架

新方案对《试行方案》的基本框架进行了系统的调整。两者在基本框架方面的主要区别是：

《试行方案》由社会再生产核算表和经济循环账户两大部分组成，其中社会再生产核算表包括基本表和补充表两部分；新方案由基本核算表、国民经济账户和附属表三大部分组成。

《试行方案》中的基本表包括国内生产总值及其使用表、投入产出表、资金流量表、国际收支平衡表和资产负债表，其中除了资金流量表由收入分配部分和金融部分两张表组成外，其他基本表均由一张表组成；新方案中的基本核算表包括国内生产总值表、投入产出表、资金流量表、国际收支表和资产负债表五套表，每套表都由两张或两张以上的核算表组成。

《试行方案》中的经济循环账户由国民经济账户（仅指就经济总体设置的账户）、机构部门账户、产业部门综合账户和经济循环矩阵四部分组成；新方案中的国民经济账户由经济总体账户、国内机构部门账户和国外部门账户三部分组成。可见，与《试行方案》相比，新方案在账户的设置上至少有以下两点不同：第一，取消了产业部门综合账户和经济循环矩阵；第二，单独设置了国外部门账户。实际上，在新方案中，产业部门综合账户被修订为生产法国内生产总值表和收入法国内生产总值表，并被纳入到基本核算表中；单独设置国外部门账户是为了更全面地反映我国对外交易的状况；经济循环矩阵并没有提供基本核算表和经济总体账户、国内机构部门账户及国外部门账户之外的内容，使得方案更简洁。此外，新方案还简化了国内机构部门账户的设置，把经济总体账户调整为国内机构部门账户的汇总账户。前者是从目前我国国民经济核算基础资料来源状况的角度考虑的，后者是采用了1993年SNA相应账户的设置方式。

《试行方案》中的补充表包括8张表，即人口平衡表、劳动力平衡表、自然资源表、主要商品资源与使用平衡表、企业部门产出表、企业部门投入表、财政信贷平衡表、综合价格指数表；新方案中的附属表只包括两张表，即自然资源实物量核算表和人口资源与人力资本实物量核算表。实际上，新方案用“自然资源实物量核算表”取代了《试行方案》中的“自然资源表”，用“人口资源与人力资本实物量核算表”取代了《试行方案》中的“人口平衡表”和“劳动力平衡表”，取消了《试行方案》中的“主要商品资源与使用平衡表”、“财政信贷平衡表”和“综合价格指数表”，将“企业部门产出表”和“企业部门投入表”分别修订为“供给表”和“使用表”，并调整到基本核算表中。

4. 补充和细化了核算内容

适应社会主义市场经济的需要，新方案补充和细化了核算内容。比如，为了满足宏观经济管理详细了解最终需求构成项目的需要，细化了支出法国内生产总值核算内容；为了反映对外经济交往过程中产生的资产和承担的负债存量情况，在对外经济核算中增加了国际投资头寸核算内容等等。

5. 修订了基本分类

《试行方案》把政府部门进一步划分为财政和行政事业两个子部门，其中的财政部门只用来反映财政收支情况，它本身不包括任何实体；政府部门中的所有常住行政事业单位均划入行政事业部门。这种机构部门分类不符合 1993 年 SNA 的分类原则，新方案取消了这种细分类。2002 年，国家质量监督检验检疫总局颁布了新的国民经济行业分类标准。新方案根据这部新的标准对《试行方案》中的产业部门分类进行了调整。

6. 修改了指标设置

根据 1993 年 SNA 和国际货币基金组织的《国际收支手册》（第 5 版），新方案对《试行方案》中的一些基本核算表和国民经济账户的指标设置进行了系统的修改。比如，对资金流量表的实物交易部分的指标设置进行了如下调整：第一，取消了上缴财政和财政拨款两个指标；第二，增加了净出口、生产税净额、初次分配总收入、其他非金融资产获得减处置、净金融投资等指标；第三，将其他转移改为经常转移，并细列收入税、社会保险付款、社会保险福利、社会补助和其他五个子指标；第四，在劳动者报酬下面细列工资及工资性收入和单位社会保险付款，在财产收入下面细列利息、红利、土地租金和其他，在最终消费下面细列居民消费和政府消费，在资本转移下面细列投资性补助和其他。经过上述调整后，新方案中资金流量表实物交易部分的指标设置更加完善，相应的内容更加具体和完整。

（二）国民经济核算体系新方案的基本框架

1. 国民经济核算体系新方案基本框架的主要内容

新方案由基本核算表、国民经济账户和附属表三部分构成。其中，基本核算表和国民经济账户是核心部分，附属表是对核心部分的补充。基本核算表包括国内生产总值表、投入产出表、资金流量表、国际收支表和资产负债表。国民经济账户包括经济总体账户、国内机构部门账户和国外部门账户。附属表包括自然资源实物量核算表和人口资源与人力资本实物量核算表。

在基本核算表中，国内生产总值表包括国内生产总值总表、生产法国内生产总值表、收入法国内生产总值表和支出法国内生产总值表。生产法和收入法国内生产总值表分别反映按生产法和收入法计算的国内生产总值及各产业部门增加值。支出法国内生产总值表反映按支出法计算的国内生产总值及其详细构成项目。国内生产总值总表概括地反映了生产法、收入法和支出法国内生产总值的基本构成项目以及三种计算方法之间的相互关系。

投入产出表包括供给表、使用表和产品部门×产品部门表。供给表反映各产业部门生产的产品结构和各种类型产品的产业部门来源结构，使用表反映各产业部门的中间投入结构和最初投入结构以及各种类型产品的中间使用去向和最终使用去向，产品部门×产品部门表反映产品部门的中间投入结构和最初投入结构以及产品部门的中间使用去向和最终使用去向。

资金流量表包括实物交易表和金融交易表。实物交易表反映各机构部门收入分配、消费、储蓄和投资情况。金融交易表反映各机构部门的各种类型金融资产和负债的变动情况。

国际收支表包括国际收支平衡表和国际投资头寸表。国际收支平衡表反映常住单位和非常住单位之间发生的交易状况。国际投资头寸表反映常住单位对外金融资产和负债的存量状况，以及由交易、价格变化、汇率变化和其他调整引起的存量变化情况。

资产负债表反映机构部门及经济总体所拥有的资产和承担的负债的历史积累状况。

在国民经济账户中，国内机构部门账户由生产账户、收入分配及支出账户、资本账户、金融账户和资产负债账户组成。其中，生产账户反映国内机构部门通过生产过程创造的价值及相应的价值形态；收入分配及支出账户反映国内机构部门通过生产过程形成的收入如何在拥有相应生产要素的机构部门之间进行分配，收入如何在不同机构部门之间进行转移以及机构部门如何将它们的可支配收入在消费和储蓄之间进行分配；资本账户反映国内机构部门可用于资本形成的资金来源、资本形成的规模以及资金剩余或短缺的状况；金融账户反映国内机构部门各种类型金融资产和负债的净变动额；资产负债账户反映国内机构部门资产负债存量状况。经济总体账户也由生产账户、收入分配及支出账户、资本账户、金融账户和资产负债账户组成，它们分别是国内机构部门对应账户的汇总账户。国外部门账户反映常住单位与非常住单位之间发生的各种交易活动以及相应的存量状况，包括经常账户、资本账户、金融账户和资产负债账户。经常账户反映常住单位与非常住单位之间的经常性交易，包括货物和服务进出口以及劳动者报酬、财产收入、生产税等的流入流出；资本账户、金融账户和资产负债账户与国内机构部门的相应账户所反映的内容相类似。

附属表用于描述我国自然资源和资产资源、人口资源和人力资本的规模、结构及变动情况。其中自然资源实物量核算表反映主要自然资源的实物存量及其变动情况，人口资源与人力资本实物量核算表反映人口资源和人力资本存量状况及其变动情况。

表 11—8 描述了新方案的基本框架：

2. 国民经济核算体系新方案基本框架各部分间的基本关系

（1）基本核算表与国民经济账户之间的关系。

在新方案中，基本核算表和国民经济账户通过不同的方式对国民经济运行过程及结果进行了全面的描述。两者之间既密切相联，又相对独立。每张基本核算表侧重于经济活动某一方面内容的核算，所有的基本核算表构成一个有机的整体，对国民经济活动进行全面的核算。国民经济账户则侧重于对经济循环过程的核算，各个账户按生产、收入分配、消费、储蓄、投资和融资等环节设置，相互之间通过平衡项来衔接，既系统地反映了经济循环过程中每个环节的基本内容，又清楚地反映了各环节之间的有机联系。

（2）基本核算表之间及与附属表的关系。

基本核算表之间及与附属表的关系详见表 11－9：

由于我国国民经济核算的历史较短，又经历了“文化大革命”时期的严重挫折和从适应计划经济体制的 MPS 体系向适应市场经济体制的 SNA 体系的转换过程，因此，目前我国国民经济核算基础还比较薄弱。与最新国际标准相比、与发达的市场经济国家的核算体系相比，新方案还存在一定差距，还需要在实践中不断地发展和完善。

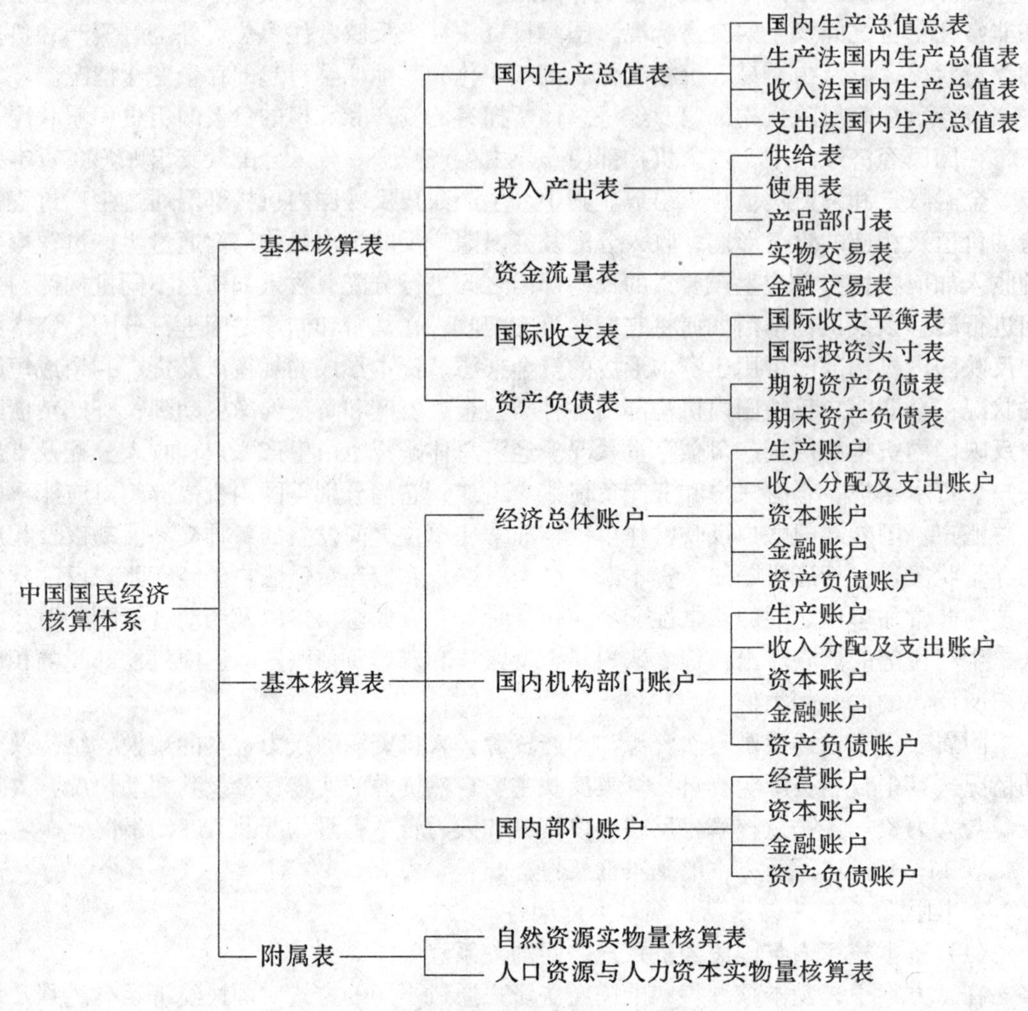

表 11－8　中国国民经济核算体系基本框架

第三节　国民经济核算中的基本概念与重要指标

一、国民经济核算中的基本概念

（一）常住单位

在我国的经济领土上具有经济利益中心的经济单位称为我国的常住单位，也叫常住机构单位。这里所说的经济领土由我国政府控制的地理领土组成，包括我国大陆的领陆、领水、领空，以及位于国际水域，但我国具有捕捞和海底开采管辖权的大陆架和专属经济区；还包括我国在国外的所谓领土“飞地”，即位于其他国家，通过正式协议为我国政府所拥有或租借、用于外交等目的、具有明确边界的地域，如我国驻外使馆、领

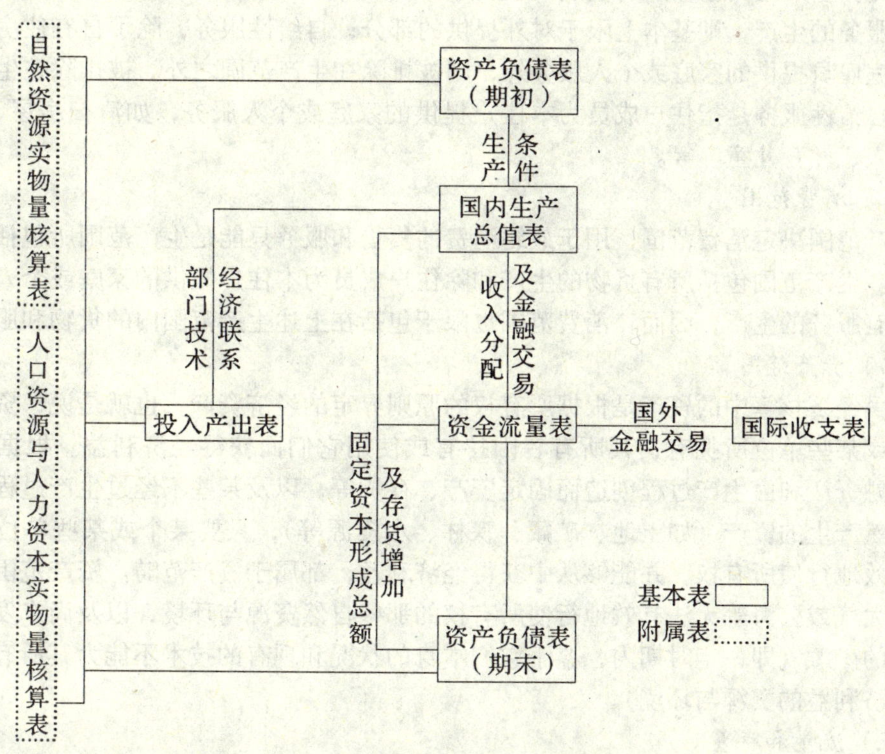

表 11－9　基本核算表之间及与附属表的关系

馆用地；不包括我国地理边界内的“飞地”，即位于我国地理领土范围内，通过正式协议为外国政府所拥有或租借、用于外交等目的、具有明确边界的地域，如外国驻华使馆、领馆用地及国际组织用地。一个经济单位在我国的经济领土范围内具有一定的场所，如住房、厂房或其他建筑物，从事一定规模的经济活动并超过一定时期（一般以一年为操作准则），则该经济单位在我国具有经济利益中心。

一个法人企业，如果它的全部经济活动发生在我国经济领土范围内，那么它就是我国的常住单位。一个企业虽然它的经济活动并非全部发生在我国的经济领土范围内，但在我国经济领土内建立了一个子企业，从事生产经营活动一年以上，则该子企业也是我国的一个常住单位。一个住户，如果它在我国的经济领土范围内拥有住房，该住房为它的主要住所，则认为是我国的常住单位。一个政府单位是它行使管辖权的经济领土范围内的常住单位。中央政府组成单位，包括位于国外的使馆、领馆等，均为我国的常住单位。

（二）生产范围

国民经济核算的生产范围包括以下三部分：第一，生产者提供或准备提供给其他单位的货物或服务的生产；第二，生产者用于自身最终消费或固定资本形成的所有货物的自给性生产；第三，自有住房提供的住房服务和付酬家庭雇员提供的家庭服务的自给性生产。

因此，生产范围包括所有货物的生产，不论是对外提供的货物还是自产自用的货物。而服务的生产，则基本上限于对外提供的部分；自给性服务，除了自有住房服务和付酬家庭雇员提供的家庭或个人服务外，则被排除在生产范围之外。被排除在生产范围之外的自给性服务是指住户成员为本住户提供的家庭或个人服务，如清扫房屋、做饭、照顾老人、教育儿童等等。

（三）消费范围

生产范围决定消费范围，用于最终消费的货物和服务只能是生产范围所包括的货物和服务。生产范围包括所有货物的生产和除住户成员为本住户提供的家庭或个人服务之外的所有服务的生产，因而，消费范围也限于包括在上述生产范围内的货物和服务。

（四）资产范围

国民经济核算中的资产是根据所有权的原则界定的经济资产，也就是说，资产必须为某个或某些单位所拥有，其所有者因持有或使用它们而获得经济利益。根据这个定义，金融资产和由生产过程创造而固定资产、存货等，以及某些不经过生产过程创造出来的自然产生的资产（如土地、矿藏、森林、水资源等），只要某个或某些单位对这些资产有效地行使所有权，并能够从中获得经济利益，都属于资产范畴。资产范围中不包括诸如大气或公海等无法有效地行使所有权的那些自然资源与环境，以及尚未发现或难以利用的矿藏（即一定时期内，鉴于它们本身的状况和现有的技术不能为其所有者带来任何经济利益的资源与环境）。

（五）流量和存量

流量是指某一时期发生的量，存量是指某一时点的量。期初存量与本期流量之和，形成期末存量。经济中的许多流量都有与其直接对应的存量，如金融资产流量与金融资产存量相对应，但也有一些流量没有直接对应的存量，如进出口、工资等。

（六）市场价格

市场价格是市场上买卖双方认定的成交价格，生产者价格和购买者价格都是市场价格。

生产者价格等于生产者生产并向购买者出售单位货物和服务时获得的价值，包括开给购买者发票上的增值税或类似可抵扣税。该价格不包括货物离开生产单位后所发生的运输费用和商业费用。

购买者价格是购买者购买单位货物和服务所支付的价值，包括购买者按指定的时间和地点取得货物所发生的运输费用和商业费用。购买者价格等于生产者价格加上购买者支付的运输费用和商业费用，再加上购买者缴纳的不可扣除的增值税和其他税。

二、国民经济核算中的基本单位和部门分类

（一）机构单位和机构部门分类

机构单位是指有权拥有资产和承担负债，能够独立地从事经济活动并与其他实体进行交易的经济实体。机构单位具有以下基本特点：

（1）有权独立拥有货物和资产，能够与其他机构单位交换货物或资产的所有权；

（2）能够做出直接负有法律责任的经济决定和从事相应的经济活动；

(3) 能以自己的名义承担负债、其他义务或未来的承诺，并能签订契约；

(4) 能够编制出包括资产负债表在内的一套在经济和法律上有意义的完整账户。

在现实经济生活中，具备机构单位条件的单位主要有两类：一类是住户，一类是得到法律或社会承认的法律实体和社会实体。

同类机构单位构成机构部门。国民经济核算体系把所有常住机构单位划分为四个大的机构部门，即非金融企业部门、金融机构部门、政府部门和住户部门。由非常住单位组成的国外部门也视同为机构部门。

非金融企业与非金融企业部门：非金融企业指主要从事市场货物生产和提供非金融市场服务的常住企业，它主要包括从事上述活动的各类法人企业。所有非金融企业归并在一起，就形成非金融企业部门。

金融机构与金融机构部门：金融机构指主要从事金融媒介以及与金融媒介密切相关的辅助金融活动的常住单位，它主要包括中央银行、商业银行和政策性银行、非银行信贷机构和保险公司。所有金融机构归并在一起，就形成金融机构部门。

政府单位与政府部门：政府单位指在我国境内通过政治程序建立的、在一特定区域内对其他机构单位拥有立法、司法和行政权的法律实体及其附属单位。政府单位的主要职能是利用征税和其他方式获得的资金向社会和公众提供公共服务，并通过转移支付，对社会收入和财产进行再分配。它主要包括各种行政单位和非营利性事业单位。所有政府单位归并在一起，就形成政府部门。

住户与住户部门：住户指共享同一生活设施、部分或全部收入和财产集中使用，共同消费住房、食品和其他消费品与服务的常住个人或个人群体。所有住户归并在一起，就形成住户部门。

非常住单位与国外部门：所有不具有常住性的机构单位都是非常住单位。将所有与我国常住单位发生交易的非常住单位归并在一起，就形成国外部门。对于国外部门来说，并不需要核算它的所有经济活动，只需核算它与我国常住机构单位之间的交易活动。

(二) 产业活动单位和产业部门分类

产业部门分类是按照主产品同质性的原则对产业活动单位进行的部门分类。所谓产业活动单位是指在一个地点，从事一种或主要从事一种类型生产活动并具有收入和支出会计核算资料的生产单位。产业活动单位是为生产核算而设立的，其目的在于比较准确地反映各种类型产业活动的生产规模、结构等。产业活动单位应同时具备以下三个条件：

(1) 地点的唯一性。如果一个单位在不同的地点从事生产活动，即使是同一种类型的生产活动，也要划分为不同的产业活动单位。

(2) 生产活动的单一性。一个产业活动单位要么只从事一种类型的生产活动，要么虽然允许有一种以上的生产活动，但主要活动在单位的增加值中占有绝对大的比重，也就是说，所有次要活动的总体规模与主要活动相比是很小的。

(3) 具有收入和支出会计核算资料。

国民经济核算体系根据新的国民经济行业分类标准和统计基础情况确定产业部门分

类。随着统计基础的改善，产业部门的分类要逐步细化，以便更好地满足宏观经济管理、社会公众和对外交流工作的需要。

三、国民经济核算中的重要指标

在我国新国民经济核算体系中，宏观经济问题指标的核算是通过社会再生产核算和经济账户核算来实现的。这两个方面核算所汇总的各种宏观经济总量相互联系、相互制约，构成一个有机的宏观经济总量指标体系。下面介绍国民经济核算的几种主要指标。

（一）国内生产总值（简称 GDP）

国内生产总值是指一国国内所有常住单位在一定时期内生产的最终产品和劳务的平均价值。我国的国内生产总值主要采用生产法、收入法和支出法三种不同的方法进行核算。

1．按生产法核算

按生产法核算，国内生产总值表现为一国国内常住单位在一定时期内所生产的全部货物和劳务价值与同期投入的全部非固定资产货物和服务价值的差额，即全部常住单位的增加值之和。其计算公式为：

总产出－中间投入＝增加值国内生产总值＝国民经济各部门增加值之和

式中，总产出是指常住单位在一定时期内全部生产活动的总成果，反映国民经济各部门生产活动的总规模。中间投入是指常住单位在一定时期内生产货物和劳务过程中消耗的原材料、燃料动力和各种劳务的价值。增加值是指常住单位在一定时期内生产货物和劳务过程中增加的值，反映了全部生产活动的最终成果，包括固定资产折旧、劳动者报酬、生产税净额和营业盈余四个科目。其中，总产出包括应缴增值税，而中间投入则不含增值税。

2．按收入法核算

按收入法核算，国内生产总值表现为一国国内常住单位在一定时期内的生产活动创造并向常住单位和非常住单位进行初次分配的收入总和。其计算公式为：

固定资产折旧＋劳动者报酬＋生产税净额＋营业盈余＝国内生产总值

式中，固定资产折旧是指常住单位在一定时期内为补偿生产活动中所耗用的固定资产而提取的价值，包括基本折旧基金和大修理基金，性质上属于转移价值。劳动者报酬是指常住单位在一定时期内以各种形式支付给劳动者的报酬，包括货币性收入、实物收入和劳动者个人的社会福利费用，系劳动者提供有效劳动的收入。生产税净额是指常住单位在一定时期内向政府缴纳的生产税与政府支付给常住单位的生产补贴相抵后余额。营业盈余是指常住单位在一定时期内从事生产活动所获得的收益。各生产部门在计算增加值时，主要利用财务有关资料进行核算。

3．按支出法核算

按支出法核算，国内生产总值是指一国在一定时期内最终使用的货物和服务与净出口之和。其计算公式为：

总消费＋总投资＋出口－进口＝国内生产总值

式中，总消费是指常住单位在一定时期内为满足个人物质、文化与精神生活的需要对货物和劳务的最终消费支出的总和，包括居民消费和社会消费两个组成总价。总投资是指常住单位在一定时期内建造和购置固定资产的投资和流动资产库存增加额的总称，包括固定资产的形成和库存增加两个组成总价。净出口是指出口与进口的差额。

从理论上讲，上述三种计算国内生产总值的方法应得出相同的结果，但在实际操作中，由于资料来源的不同，三种计算方法的计算结果会产生差异，这种差异属于统计误差。

例如：若某地区2003年国内生产总值资料如表11－10所示，按三种方法计算国内生产总值。

表11－10　某地区2003年国内生产总值　　单位：亿元

生产		使用	
项目	金额	项目	金额
总产出	154	国内生产总值	56
中间投入（－）	98	总消费	32
国内生产总值	56	居民消费	26
劳动者报酬	31	社会消费	6
固定资产折旧	7	总投资	23
生产税净额	8	固定资产形成总额	20
营业盈余	10	存货增加	3
		货物和服务净出口	1

按生产法：

国内生产总值＝154－98＝56（亿元）

按收入法：

国内生产总值＝31＋7＋8＋10＝56（亿元）

按支出法：

国内生产总值＝32＋23＋1＝56（亿元）

（二）国民生产总值（简称GNP）

国民生产总值是指一国所有常住单位在一定时期内初次分配收入的总和。国民生产总值等于国内生产总值加上来自国外的劳动者报酬和财产收入，减去支付给国外的劳动者报酬和财产收入。可见，国民生产总值与国内生产总值的区别在于：前者是一个收入概念，后者是一个生产概念；前者是从国民角度计算的，后者是从地理角度计算的。当国民生产总值大于国内生产总值时，意味着该国常住单位在国外所获得的经济活动收入大于外国人在该国所获得的经济活动收入。当国民生产总值小于国内生产总值时，意味着该国常住单位在国外所获得的经济活动收入小于外国人在该国所获得的经济活动收入。国民生产总值的计算公式为：

国民生产总值＝国内生产总值＋来自国外的劳动报酬、进口税和财产收入－国

外从本国获得的劳动报酬、进口税和财产收入

国民生产总值＝国内生产总值＋来自国外的净要素收入

（三）国民生产净值

国民生产净值是国民生产总值扣除固定资产折旧后的净额。其计算公式为：

国民生产净值＝国民生产总值－固定资产折旧

（四）国民可支配收入

国民可支配收入是本国在一定时期内经过初次分配的原始收入与在初次分配基础上再分配的经常转移收支之和。

在初次分配基础上的再分配是指经常转移收支。经常转移收支是指单位间无偿的、无回报的收支，主要包括所得税、财产税、社会补助和福利、社会保险与赔偿、无偿捐赠等。

国民可支配收入可按其总额计算成本，也可按净额计算。计算中只包括国外的经常转移收支，而不包括国内经常转移收支。其计算公式为：

国民可支配总（净）收入＝国民生产总（净）值＋来自国外的经常转移－支付给国外的经常转移

参考文献

1. 吴明礼. 统计学原理. 北京：中国商业出版社，1999

2. 张永固. 统计学原理. 成都：西南财经大学出版社，1995

3. 黄良文，陈仁恩. 统计学原理. 北京：中央广播电视大学出版社，1996

4. 顾岚. 时间序列分析－在经济中的应用. 北京：中国统计出版社，1994

5. 李观龙等. 统计基础知识. 北京：中国财政经济出版社，1998

6. 中国统计年鉴（2001 年）. 北京：中国统计出版社

7. 谢菊娣，康绍迪. 统计学原理. 南京：江苏科学技术出版社，1991

8. 史寅生，陈金菊，李新. 统计学基础. 北京：中国财政经济出版社，1990

9. 孙立山，宋力. 统计原理与工业统计. 杭州：浙江大学出版社，1995

10. 黄良文，高成庄. 社会经济统计学原理. 北京：中国财政经济出版社，1980

11. 张昌法. 统计学原理. 北京：高等教育出版社，1994

12. 国家统计局信息办. 统计词语的产生. 2002－04－11

13. 国家统计局信息办. 统计名言. 2002－04－11